ŒUVRES PHILOSOPHIQUES

DE

SOPHIE GERMAIN

PENSÉES ET LETTRES

*Droits de reproduction et de traduction réservés
pour tous les pays,
y compris la Suède et la Norvège.*

TYPOGRAPHIE FIRMIN-DIDOT ET Cie. — MESNIL (EURE).

à mon vieil et bon ami Desbeaux
affectueusement

SOPHIE GERMAIN.

D'après le buste de Zacharie Astruc, commandé par le *Conseil municipal de Paris*, pour l'École supérieure de Filles, rue de Jouy.

PHILOSOPHIE MODERNE

ŒUVRES PHILOSOPHIQUES

DE

SOPHIE GERMAIN

SUIVIES

DE PENSÉES ET DE LETTRES INÉDITES

ET PRÉCÉDÉES

D'UNE ÉTUDE SUR SA VIE ET SES ŒUVRES

PAR

H^{te} STUPUY

NOUVELLE ÉDITION

PARIS
LIBRAIRIE DE FIRMIN-DIDOT ET Cie
IMPRIMEURS DE L'INSTITUT, RUE JACOB, 56

1896

PRÉFACE DE LA NOUVELLE ÉDITION

Sophie Germain était oubliée.

L'édition de 1879, quoique fort incomplète, rappela son nom aux amis des sciences et de la philosophie ; elle fut rapidement épuisée. Depuis plusieurs années, il était impossible de la trouver et, cependant, de toutes parts, en France comme à l'étranger, on la réclamait avec instance.

Notre *Nouvelle édition* répond donc à un vœu de l'opinion. Nous publions, aux *Annexes,* les manifestations d'admiration et de sympathie que la publication de ses œuvres a provoquées.

Sophie Germain a repris cette seconde

vie qui est faite du souvenir des vivants : son œuvre et sa biographie ont conquis leur place dans la mémoire des hommes; son tombeau, délaissé, a été retrouvé et restauré ; le Conseil municipal de Paris, toujours soucieux des gloires parisiennes, a donné le nom de Sophie Germain à l'une des rues de la Capitale, à l'une de ses écoles supérieures de jeunes filles (1), et son buste, reconstitué d'après la tête phrénologique qui existe au *Museum d'histoire naturelle,* orne la cour principale de cette école (2). De plus, une plaque commémorative a été apposée sur la maison où elle est morte.

Si l'édition de 1879 a eu pour effet la glorification méritée de l'auteur de tant d'importants travaux scientifiques et philosophiques, nous espérons que notre *Nouvelle édition,* mieux soignée, revisée, enrichie de détails et de documents qui faisaient

(1) Rue de Jouy.
(2) C'est celui que nous reproduisons en tête de ce volume.

défaut à sa devancière, consacrera définitivement la mémoire de Sophie Germain et donnera satisfaction à ceux qui, aujourd'hui, connaissant son nom, sont encore imparfaitement renseignés sur sa vie et sur son œuvre.

ÉTUDE

SUR LA VIE ET LES OEUVRES

DE

SOPHIE GERMAIN

ÉTUDE

SUR LA VIE ET LES ŒUVRES

DE

SOPHIE GERMAIN

Il faut en faire l'aveu pénible. Tandis que tant de femmes ont trouvé la célébrité dans les écrits frivoles, la seule femme française qui ait réussi dans les travaux sévères, estimée des géomètres, auxquels d'ailleurs tout un aspect de son génie échappe, est à peine connue du public. Fontenelle, faisant l'éloge d'un savant anatomiste, remarque que ses travaux furent, pendant une longue carrière, comme ensevelis dans le silence, et il s'en explique : « Il n'a « rien mis du sien dans sa réputation que son « mérite, et communément il s'en faut beau- « coup que ce soit assez (1) ». La réputation discrète de Sophie Germain offre le même ca-

(1) Éloge de Mery.

ractère. Son œuvre néanmoins est de celles dont la science et la philosophie ont tiré profit et honneur, et son nom, que l'avenir connaîtra mieux, appartient à l'histoire des progrès de l'esprit humain.

Mademoiselle Germain (Marie-Sophie), naquit à Paris, rue Saint-Denis — l'acte de naissance ne porte point de numéro — le 1er avril 1776, de Ambroise-François Germain et de Marie-Madeleine Gruguelu.

Les détails manquent sur sa famille; on sait cependant que son père (1) appartenait à cette

---

(1) Voici quelques renseignements que nous empruntons à différents recueils :

« *Germain*, électeur de 1789. Marchand de soie en bottes, rue « St-Denis, n° 336 ». (Cette maison se trouvait à la hauteur de la Fontaine des SS. Innocents). — *Almanach des adresses de Paris et celles des députés à l'Assemblée nationale législative pour l'année 1792. — 1 volume in-18, Paris, Lemoine, éditeur. n°* 4051 *de la Bibliothèque Carnavalet.*

Siégeait à l'Hôtel de Ville les 13, 14, 15, 16 juillet, etc., dans cette même année. Commissaire de district. Député à l'Assemblée nationale de Versailles; il habitait dans cette ville 5, rue de Clagny. — *Les élections et les cahiers de Paris en 1789. Documents recueillis par Ch.-L. Chassin. Quantin, éditeur.* Pages 311, 330, 331.

Germain (Ambroise-François). Député en 1789, né à Paris le 20 janvier 1726, mort à Paris le 15 décembre 1821. Fils de Tho-

bourgeoisie libérale et instruite qui, après avoir applaudi aux tentatives réformatrices de Turgot, s'éveilla au désir plus étendu de terminer la servitude en laquelle, depuis Louis XIV, la France s'amoindrissait et se ruinait (1). M. Germain fut-il le partisan, sinon l'ami, des philosophes et des économistes? Sympathique aux idées nouvelles, se fit-il remarquer et apprécier dans les luttes qui précédèrent les événements de 1789? Les documents témoignent en faveur de l'affirmative. Député du Tiers-État pour la ville de Paris, on voit M. Germain s'associer aux résolutions qui transformèrent les États Généraux en Assemblée Constituante; constituant, on le rencontre à la tribune, et deux discours prononcés par lui, l'un le 8 octobre 1790, l'autre le 5 mai 1791, indiquent suffisamment la nature de ses idées en matière économique.

mas Germain, orfèvre, sculpteur et architecte, était lui-même orfèvre, rue St-Denis, quand il fut élu député du Tiers-État (pour la ville de Paris) avec 142 voix. Il mourut presque centenaire. — *Dictionnaire des parlementaires*, par Robert.

(1) On connaît le mot de Calonne à propos du règne de Louis XIV : « ce règne éclatant où l'État s'appauvrissait par « des victoires et se dépeuplait par l'intolérance ». (*Discours à l'Assemblée des Notables*, 22 février 1787.)

Le premier discours, en lequel, à propos d'un projet concernant la Caisse d'escompte, M. Germain combat, au nom des commerçants, « les « banquiers et tous ces messieurs qu'on appelle « faiseurs d'affaires », débute ainsi : « Je suis mar-« chand ; je demeure dans la rue Saint-Denis ». L'orateur, au cours de son second discours, déclare qu'il a « toujours fait profession publique « de regarder l'agiotage comme un crime d'É-« tat ». Ce modeste titre de marchand dont il s'honore, cette haine de l'agiotage dont il se vante, voilà des indices, non seulement du caractère personnel de M. Germain, mais aussi de la pensée collective de la classe dont il était le mandataire : la bourgeoisie n'avait pas encore imaginé d'ériger la richesse, bien ou mal acquise, en idéal social.

Après la Constituante, le nom de M. Germain ne figure plus dans aucune asssemblée politique ; la présomption est que les événements avaient dépassé la portée de ses opinions. On a prétendu que lui-même, malgré ses protestations contre l'agiotage, s'occupa plus tard de spéculations ; on a dit aussi que le mauvais état de sa santé l'éloigna des affaires publiques : le certain c'est qu'il fut un moment l'un des directeurs de la Banque.

Ainsi, née l'année même du renvoi de Turgot, c'est-à-dire au seuil de la Révolution, Sophie Germain reçut dès sa plus tendre enfance, dans les conversations qu'elle entendit chez son père, l'influence de la vigueur intellectuelle que le dix-huitième siècle manifestait alors ; que si une inclination naturelle la porta aux études mathématiques, la philosophie scientifique dont elle vit l'éclosion laissa dans son esprit une empreinte ineffaçable. On verra plus loin comment, par sa méthode de raisonner, elle se rattache à l'école de Diderot et de Condorcet.

La manière dont elle fut avertie de sa vocation mathématique mérite d'ailleurs d'être rapportée.

C'était en 1789. L'agitation révolutionnaire éclatait de toutes parts et, déjà, à l'âge de treize ans, avec la sagacité dont elle devait donner tant de preuves plus tard, Sophie Germain comprenait et, a-t-on dit, prédisait l'étendue et la durée d'un mouvement en lequel beaucoup ne voulaient voir qu'une tourmente passagère. Désireuse de se choisir une occupation assez sérieuse pour faire diversion à ses craintes, elle passait de longues heures dans la bibliothèque de son père. Un jour, par hasard, elle ouvre l'*Histoire des Mathématiques* de Montucla, et, en ce livre plein d'érudition, trouve le récit éloquent de la mort d'Archimède : ce grand homme, occupé à réfléchir sur une figure géométrique, les yeux et la pensée tout entiers à cette méditation, ne s'aperçoit ni de la prise de Syracuse, ni du bruit des vainqueurs qui saccagent la ville, ni du glaive levé sur lui, et il tombe sans daigner répondre aux brutales injonctions de son assassin. Aussitôt le choix de la jeune fille est fait. Cette science géométrique si attachante que rien n'en peut détourner, pas même une menace de mort, cette science dont elle connaît à peine le nom, voilà bien celle qui lui convient ; et, sur l'heure, elle prend la résolution héroïque de s'y donner complètement.

La résolution héroïque, ai-je dit. Le mot n'est pas excessif. En effet, justifiant à son insu cette parole de Fontenelle, que la plupart de ceux qui ont excellé en quelque genre n'y ont point eu de maîtres ; sans autre guide qu'un Bezout ; seule, dépourvue de conseils, elle se met à étudier tout ce qu'elle a sous la main, pénètre, devine, s'intéresse, se passionne : c'est un labeur de jour et de nuit, c'est une ardeur telle que sa famille s'en effraie. On essaya d'abord d'entraver son goût. A quoi pourrait servir la géométrie à une personne de son sexe? Sans doute sa réponse fut plus respectueuse que celle de Galilée (1) ; toutefois, en cherchant à mettre obstacle à son désir, on ne réussit qu'à l'accroître. Alors, pour la forcer à prendre le repos nécessaire, on retire de sa chambre le feu, les vêtements, la lumière. Elle feint de se résigner ; mais, quand la famille est endormie, elle se relève, s'enveloppe de couvertures et, par un froid tel que l'encre gèle en son écritoire, se livre à ses chères études. Plusieurs fois on la surprit ainsi le matin, transie de froid sans s'en être aperçue. Devant une volonté si extraordinaire pour son âge, on eut la sagesse de laisser la jeune Sophie disposer à son gré de son temps et de son génie, et l'on fit bien : comme le géomètre de Syracuse, elle serait morte

---

(1) On demandait à Galilée à quoi servait la géométrie : il répondit que la géométrie servait principalement à *peser*, à *mesurer* et à *compter*; à peser les ignorants, à mesurer les sots, et à compter les uns et les autres.

plutôt que d'abandonner le problème ébauché.

Malgré la force de tête qu'ils supposent, combien durent être pénibles les premiers efforts de la jeune fille! Quoi qu'il en soit ses progrès furent rapides et, bientôt, elle se trouva en état d'étudier avec fruit le calcul différentiel de Cousin. Le temps de l'ingrate préparation était passé, et l'opiniâtre travailleuse goûtait la joie que procure la certitude d'arriver au but, joie sans doute bien vivement ressentie puisque vers la fin de sa vie, au témoignage de personnes qui l'avaient connue, Mlle Germain parlait encore avec animation du bonheur qu'elle éprouva à ce moment où elle comprit enfin le langage de l'analyse. Mais alors, et précisément à cause de ses progrès, une nouvelle difficulté se présenta ; il lui devint indispensable de connaître et d'approfondir des ouvrages de science écrits en latin, et elle n'entendait point cette langue ; en ceci encore Mlle Germain ne prit secours de personne et, seule, elle se rendit capable de lire Euler et Newton. Le croira-t-on ? Tant de soins ne suffisaient pas à son activité. Imbue de l'esprit généralisateur qui se révèle dans l'Encyclopédie, elle commençait en même temps à explorer tout le domaine de la connaissance et, par une sorte d'instinct, rencontrait ainsi les conditions nécessaires de l'œuvre qui, quarante ans après, devait la ranger parmi les fondateurs de la psychologie réelle. C'est absorbée dans ces travaux qu'elle traversa les phases de la Révolution : celle, si lumineuse, où les grandes perspectives furent ouvertes par le savoir émancipé ; celle, si sombre, où la hache du rhéteur déiste, aussi stupide que le fer du soldat romain, infligea à l'Académie des Sciences le deuil de Bochart de Saron, de Condorcet, de Lavoisier (1).

Cependant, après la chute des déclamateurs, la parole fut rendue aux savants. Fourcroy monte à la tribune de la Convention : « Les « lumières, dit-il, ont commencé la Révolution « française, les lumières ont fait marcher le

---

(1) On put craindre un instant que Lagrange ne fût éloigné. Robespierre avait fait rendre un décret qui forçait à sortir de France tous ceux, sans aucune distinction, qui étaient nés en pays étrangers ; et le grand géomètre se trouvait dans ce cas. Voici un passage du discours de Robespierre : « La mesure est « rigoureuse, elle pourra atteindre quelques philosophes amis de « l'humanité ; mais cette espèce est si rare que le nombre des « victimes ne sera pas grand ». (Séance de la Convention, 25 octobre 1793.) Voir les notes fournies par Guyton de Morveau dans les *Mémoires de l'Institut*.

1.

« peuple français de triomphe en triomphe ;
« c'est à elles à vaincre tous les obstacles, à
« préparer tous les succès, à soutenir la Répu-
« blique française à la hauteur où elle s'est
« élevée ». Il dénonce la conjuration des dis-
ciples de Rousseau contre les progrès de la
raison humaine, progrès qui, en effet, sont insé-
parables de l'avènement et du développement des
sciences exactes : « Persuader au peuple que
« les lumières sont dangereuses, et qu'elles ne
« servent qu'à le tromper ; saisir toutes les oc-
« casions de déclamer vaguement, et à leur
« manière constante, contre les sciences et les
« arts ; accuser jusqu'au don de la nature et
« proscrire l'esprit ; tarir toutes les sources de
« l'instruction publique, pour perdre en quel-
« ques mois le fruit de plus d'un siècle d'efforts
« pénibles ; proposer la destruction des livres,
« avilir les productions du génie, mutiler les
« chefs-d'œuvre des arts, sous des prétextes
« astucieusement présentés à la bonne foi ; placer
« près de tous les dépôts précieux pour les arts
« et les lettres la torche d'Omar pour les in-
« cendier au premier signal ; arrêter sans cesse
« par de frivoles objections les projets d'instruc-

« tion proposés dans cette enceinte ; présenter
« un plan d'éducation inexécutable dans les cir-
« constances où se trouvait la République, pour
« qu'il n'y eût point d'éducation ; détruire à
« la fois tous les établissements publics, sans
« rien mettre à leur place ; en un mot anéantir
« toutes les choses et tous les hommes utiles à
« l'instruction : voilà une légère esquisse de la
« vaste conspiration ourdie, avec la plus dange-
« reuse et la plus perfide adresse, par les der-
« niers conspirateurs (1) ». Et il propose l'établissement de cette *École centrale des travaux publics* qui, un an plus tard, prit le titre d'*École polytechnique*. L'École, immédiatement organisée, eut pour premiers professeurs, entre autres, Lagrange, Prony, Monge, Fourcroy, Vauquelin, Berthollet, Chaptal, Guyton de Morveau, toute une pléiade d'hommes supérieurs.

Sophie Germain avait alors dix-huit ans. Frappée de l'utilité d'un enseignement que son sexe lui interdisait de suivre en personne, et voulant du moins en profiter, elle se procura les leçons de divers professeurs, spécialement les

---

(1) *Rapport à la Convention nationale,* 28 septembre 1794.

cahiers de la chimie de Fourcroy, ceux de l'analyse de Lagrange. Elle fit plus. Une habitude s'était établie parmi les élèves de présenter aux professeurs, à la fin des cours, des observations par écrit ; sous le nom supposé d'un élève de l'École — Le Blanc, pseudonyme dont elle se servit pendant quelque temps, — elle envoya les siennes à Lagrange. Celui-ci les remarqua, en fit publiquement l'éloge, s'informa du véritable auteur et, l'ayant connu, devint le conseiller et l'appui de la jeune mathématicienne.

Les circonstances originales de son apparition, l'approbation de l'illustre auteur de la *Mécanique analytique,* l'âge de la nouvelle géomètre, quelques détails sur ses commencements qui transpirèrent, tout cela fit du bruit, piqua la curiosité, provoqua la sympathie ; on s'étonna, on s'intéressa, et aussitôt Mlle Germain se trouva en relations, soit directes, soit épistolaires, avec tous les savants connus de l'époque. Chacun sollicitait l'honneur de lui être présenté : ceux-là lui communiquaient leurs travaux, ceux-ci lui adressaient leurs ouvrages, on venait causer chez elle. Et tout de suite ceux qui l'approchèrent reconnurent que « cette femme savante » échappait aux sarcasmes de Molière pour justifier ce mot de La Bruyère : « Si la science et la sagesse se « trouvent unies en un même sujet, je ne m'in- « forme plus du sexe, j'admire ». Que si, d'ailleurs, Mlle Germain fit son entrée dans le monde au murmure favorable d'une bonne renommée, après une existence toute de travail et de réserve, elle en sortit de même, quittant une œuvre impérissable et non une gloire tapageuse.

Tant de marques de sympathie, tant d'amitiés illustres, loin d'être pour celle qui en était le digne objet une occasion de vanité ou de distraction, devinrent pour elle un nouveau stimulant. Pendant plusieurs années, on la trouve puisant dans des conversations familières, où elle-même excellait, des aliments pour son esprit, et, labeur incessant à un moment où la science biologique se constituait par une infinie variété d'efforts (1), se tenant au courant des cours, des livres et des découvertes, déjà obsédée peut-être de la pensée

---

(1) GŒTHE, *Essais d'Histoire naturelle et de Morphologie*, 1790 ; CUVIER, *Tableau élémentaire de l'histoire naturelle des animaux*, 1794 ; GEOFFROY-ST-HILAIRE, *Mémoire sur les Makis*, 1795 ; LAMARCK, *Mémoires de physique et d'histoire naturelle*, 1797 ; BICHAT, *Cours public d'anatomie*, 1797, *etc., etc.*

d'une analogie possible entre toutes les opérations intellectuelles — pensée qu'elle réalisera dans sa maturité — lisant les poètes et cultivant les arts, mais préoccupée surtout de se perfectionner dans les mathématiques.

Legendre ayant, en 1798, publié la *Théorie des nombres,* elle se livra avec son ardeur habituelle à l'étude de cette théorie, étude que nous la verrons longtemps poursuivre ; de là, entre eux, une correspondance qui, lors du concours académique sur les surfaces élastiques auquel le nom de Sophie Germain reste glorieusement attaché, prendra presque le caractère d'une collaboration. Plus tard, en 1801, les *Disquisitiones arithmeticæ* de Gauss paraissent ; aussitôt la méditation de Mlle Germain se porte sur ce sujet : elle fait de nombreuses recherches sur ce genre d'analyse, applique la méthode à plusieurs cas spéciaux, généralise ce qui dans le livre est particularisé, tente une nouvelle démonstration pour les nombres premiers à propos de la célèbre formule de Fermat et, mettant le tout sous pli, toujours sous le pseudonyme de Le Blanc, adresse ses essais au célèbre professeur de Göttingue, persuadée, écrit-elle, qu'il ne dédaignera pas d'éclairer de ses avis « *un amateur enthousiaste* » de la science qu'il cultive avec de si brillants succès. M. Le Blanc était loin d'être un simple « amateur », et Gauss s'en aperçut bien; aussi sa réponse, qui parvint au géomètre inconnu, par l'entremise de M. Silvestre de Sacy, fut-elle des plus honorables. Un commerce d'amitié s'ensuivit.

Ces relations amicales duraient depuis plusieurs années sans que Gauss connût le sexe et le nom de son correspondant, lorsque, en 1806, une circonstance lui fit découvrir la pseudonymie. L'anecdote est curieuse et montre que, même chez la femme, l'habitude de penser juste ne porte aucune atteinte aux impulsions bienveillantes. Pendant la campagne d'Iéna, les Français, vainqueurs, occupèrent la ville de Brunswick où résidait alors le savant mathématicien. Mlle Germain se souvient d'Archimède, s'alarme et, en termes chaleureux, écrit à un ami de sa famille, le général Pernety, chef d'état-major de l'artillerie de l'armée d'Allemagne. Sa lettre trouve le général devant Breslau, dont il dirige le siège. L'adjuration était sans doute bien vive puisque, sans délai, un officier fut envoyé à

Brunswick pour prendre des nouvelles de la part du général et de Mlle Germain. L'officier court en poste, arrive, trouve Gauss qui, chaudement recommandé et invité à dîner chez le gouverneur, déclare ne connaître ni le général, ni *Mademoiselle Sophie Germain ;* celle-ci, dans son empressement, avait oublié que l'intervention de M. Le Blanc eût été seule compréhensible. Cependant sur le rapport que l'envoyé rendit de sa mission, des explications furent échangées et Gauss, sachant à qui adresser l'expression de sa reconnaissance, s'en acquitta dans des termes aussi touchants pour l'amie — c'est le mot qu'il emploiera désormais — que flatteurs pour la géomètre. Combien la philosophie du dernier siècle, élargissant la sociabilité et appelant les hommes à la science, à la tolérance, aux mœurs pacifiques, aurait épargné d'années douloureuses à l'humanité sans le sophiste et le batailleur auxquels, par la mauvaise chance des événements, échut la dictature! Ce passage de la réponse du général Pernety à Mlle Germain le prouve bien aussi : « Me voici faisant un siège, entendant et
« faisant gronder le ou les tonnerres, brûlant
« des maisons, des églises, car les clochers sont

« des points de mire pour les bombes, enfin *fai-
« sant par réflexion tout le mal que je peux à qui
« jamais ne m'en fit aucun,* que je ne connais pas ;
« mais c'est le métier. On m'accable à mon tour
« de boulets, d'obus et de bombes, et tout va le
« mieux du monde ». L'immortel auteur de la *Tactique* (1) eût signé de telles paroles; mais ne sont-elles pas singulièrement signifiantes sous la plume d'un militaire, alors même que la manie sanguinaire des conquêtes troublait tant de cerveaux ?

De nos jours, pour descendre dans l'arène où se discutent, se forment et s'agitent les opinions, il suffit d'en trouver l'occasion — et l'occasion est aveugle. A l'époque de Sophie Germain, on respectait assez les autres et soi-même, on plaçait la portée et la valeur de l'œuvre assez au-dessus des impatiences personnelles, pour ne saisir le public de ses travaux qu'après s'être laborieusement préparé ; aussi, à l'âge de trente ans, n'avait-elle encore rien publié. Quelle fut sa surprise quand, un jour, on lui remit des vers grecs composés en son honneur ! Un helléniste distingué, d'Ansse de Villoison, s'était fait l'écho de l'ad-

(1) Poème de Voltaire.

miration qu'elle inspirait à quelques hommes supérieurs, et, dans un poème destiné à célébrer le jour de la naissance de l'astronome Lalande, rendait hommage à ses talents. Mlle Germain se fâcha, et, même après que les vers grecs eurent été brûlés par leur auteur, tint rigueur à l'indiscret de telle sorte qu'il eut quelque peine à rentrer en grâce. Telle était la modestie de cette femme remarquable. Il est vrai que Villoison, quoique ayant dû donner « sa parole d'honneur » de ne plus parler d'elle dans aucun écrit et de tenir sa muse « muette et enchaînée (1) », recommença quelque temps après, en latin cette fois. Comme Horace glorifiant son ami Lollius,

Non ego te meis
Chartis inornatum silebo,
Totve tuos patiar labores
Impune, Lolli, carpere lividas
Obliviones (2),

le versificateur ne voulait pas que les labeurs de la jeune savante devinssent la proie de l'envieux oubli. Mais notons la différence. Tandis que Lol-

---

(1) *Lettre de d'Ansse de Villoison à Sophie Germain.*
(2) Horat. *Odes*, IV, 9.

lius ne vit plus que dans les vers du poëte de Tibur, Sophie Germain existe dans une œuvre qui lui est personnelle et les vers de Villoison sont oubliés.

Cela se passait en 1802. Quelques années encore, et le génie de Sophie Germain allait enfin s'affirmer publiquement. Voici dans quelles circonstances elle commença sa vie d'auteur.

Chladni, déjà célèbre en Allemagne, par des expériences curieuses sur les vibrations des surfaces élastiques, vint, en 1808, répéter ses expériences à Paris ; elles tendaient à démontrer que l'influence des vibrations sur les corps est soumise à des lois mathématiques constantes. Sa méthode, simple et ingénieuse, consistait à saupoudrer de sable fin ou de poussière, des plaques dont les vibrations se traduisaient aux yeux par les figures qu'elles dessinaient (1). C'était un champ nouveau ouvert à l'acoustique ; le monde

---

(1) M. Biot, dans un intéressant article du *Journal des Savants* — mars 1817 — fait remarquer que la découverte de ce procédé ingénieux n'était pas toute nouvelle, non plus que l'observation du partage des corps sonores en plusieurs zones, car Galilée avait fait mention de l'une et de l'autre dans le premier de ses dialogues sur le mouvement, dédié au comte de Noailles (*Op. di Gal. Padoua*, 1764. Tome III, page 59).

savant s'émut, une commission fut instituée pour statuer sur les résultats obtenus, et un rapport favorable s'ensuivit. Napoléon, devant qui les expériences avaient eu lieu, fit alors proposer un prix extraordinaire à l'Institut pour qu'elles fussent soumises au calcul, et Mlle Germain se résolut à prendre part au concours.

Mais, pour mettre le lecteur à même de bien concevoir l'importance des travaux qu'elle entreprit à cet égard, il convient de faire un rapide historique de la question. L'histoire, en toutes choses, apporte de précieuses clartés.

Bien que l'étude de la propagation du son et de la nature de l'harmonie remonte loin dans les âges, l'acoustique peut être considérée comme une science à peu près moderne; c'est, en effet, vers le milieu du XVIIe siècle seulement que la théorie du son fut affranchie des hypothèses antiscientifiques. Dans les hauts temps, Pythagore, Aristoxène, Aristote, comprirent que l'harmonie consiste dans la perception des rapports des sons — ce qui la différencie des bruits proprement dits, en lesquels les sensations produites ne sont pas exactement comparables entre elles, — mais ils ne surent ni apprécier ces rapports, ni en fixer les limites. Longtemps, la théologie d'abord, puis la métaphysique, voilèrent de leurs expédients chimériques les véritables conditions de la recherche ; et il faut arriver à Bacon et à Galilée pour rencontrer les bases réelles de la conception scientifique de la production et de la transmission des vibrations sonores, conception qui exigeait la connaissance préalable des propriétés mécaniques de l'atmosphère.

« L'air, écrit Didérot dans ses *Principes d'a-*
« *coustique,* est le véhicule du son. Si vous pincez
« une corde d'instrument, vous y remarquerez
« un mouvement qui la fait aller et venir avec
« vitesse, au delà et en deçà de son état de re-
« pos ; et ce mouvement sera d'autant plus sen-
« sible que la corde sera plus grosse. — En vertu
« des vibrations du corps sonore, l'air environ-
« nant en prend et exerce de semblables sur les
« particules les plus voisines ; celles-ci sur d'au-
« tres qui lui sont contiguës, et ainsi de suite,
« avec cette différence seule que l'action des par-
« ticules les unes sur les autres est d'autant plus
« grande que la distance au corps sonore est plus
« petite ».

Voilà le phénomène. Il faut ajouter que l'agi-

tation se propage, non seulement suivant la direction de l'ébranlement primitif, mais encore en tous sens. Ce phénomème naturel, il fallait le constater, en découvrir les lois générales, en déterminer les cas particuliers, et cela par l'observation, l'expérience et le calcul. Or, l'élasticité et la pesanteur de l'air se trouvant démontrées, les découvertes, comme une chaîne dont les anneaux se déroulent, se succédèrent rapidement. Gassendi, le premier, expliqua l'acuité et la gravité des sons. Otto de Guéricke, qui eut l'idée de la machine pneumatique, montra que le son ne peut se propager dans le vide. Kircher fit connaître les causes du phénomène de l'écho. Newton établit, par le calcul, que la transmission du son est due à l'élasticité de l'air et, par cela même, indiqua la relation directe de l'acoustique avec la mécanique abstraite. « Considérés sous
« le point de vue le plus général, écrit l'immor-
« tel auteur du Cours de Philosophie positive (1),
« les phénomènes sonores se rattachent évidem-
« ment à la théorie fondamentale des oscillations
« très petites d'un système quelconque de molé-

---

(1) *Cours de Philosophie positive*, t. II, p. 413 (Aug. Comte).

« cules autour d'une situation d'équilibre sta-
« ble. Car, pour que le son se produise, il faut
« d'abord qu'il y ait perturbation brusque dans
« l'équilibre moléculaire, en vertu d'un ébranle-
« ment instantané ; et il est tout aussi indispen-
« sable que ce dérangement passager soit suivi
« d'un retour suffisamment prompt à l'état pri-
« mitif. Les oscillations plus ou moins percepti-
« bles et continuellement décroissantes qu'effec-
« tue ainsi le système en deçà et au-delà de sa
« figure de repos, sont, par leur nature, sensible-
« ment isochrones, puisque la réaction élastique
« en vertu de laquelle chaque molécule tend à re-
« prendre sa position initiale est d'autant plus
« énergique, que l'écartement a été plus grand,
« comme dans le cas du pendule. Pourvu que ces
« vibrations ne soient pas trop lentes, il en résulte
« toujours un son appréciable. Une fois produites
« dans le corps directement ébranlé, elles peuvent
« être transmises à de grands intervalles, à l'aide
« d'un milieu quelconque suffisamment élastique,
« et principalement de l'atmosphère, en y exci-
« tant une succession graduelle de dilatations
« et de contractions alternatives, que leur ana-
« logie évidente avec les ondes formées à la

« surface d'un liquide a fait justement qualifier
« d'*ondulations* sonores (1). Dans l'air, en par-
« ticulier, vu sa parfaite élasticité, l'agitation
« doit se propager, non seulement suivant la
« direction de l'ébranlement primitif, mais en-
« core en tous sens au même degré. Enfin, les
« vibrations transmises sont toujours néces-
« sairement isochrones aux vibrations primiti-
« ves, quoique leur amplitude puisse être d'ail-
« leurs fort différente. — L'analyse la plus élé-
« mentaire du phénomène général des vibrations
« sonores a donc suffi pour faire concevoir cette
« étude, presque dès son origine, comme im-
« médiatement subordonnée aux lois fondamen-
« tales de la mécanique rationnelle ».

Du vivant même de Newton, Joseph Sauveur, avec qui commencent les explorations démonstratives, découvrit les nœuds et les ventres de vibration. Enfin, Brook Taylor, dans les Mémoires qu'il présenta à la Société royale de Londres, puis Daniel Bernouilli, Euler et d'Alembert soumirent à l'analyse la théorie des

---

(1) Newton, dans le livre des *Principes*, les compare aux oscillations de l'eau dans un siphon renversé.

cordes vibrantes ; mais, jusque-là, une analyse si délicate n'avait pu fournir aux géomètres que des solutions très imparfaites (1) ; il fallait un nouveau calcul, celui des différences partielles : d'Alembert en eut l'honneur (2) et, en 1747, l'appliquant aux vibrations sonores, donna la solution du cas linéaire ; cependant la gloire d'avoir découvert les principes fondamentaux appartient à Bernouilli.

Une lutte « longue et glorieuse », dit Condorcet, se produisit à ce sujet :

« M. d'Alembert avait résolu, en 1747, le
« problème des cordes vibrantes, en donnant le
« premier, sous leur forme véritable, les équa-

---

(1) L'étude de l'élasticité des surfaces est, en effet, des plus difficiles. « Les mouvements célestes, écrit Biot, quelque com-
« posés qu'ils paraissent, ne dépendent que de l'action récipro-
« que d'un petit nombre de corps placés à de grandes distances
« les uns des autres et se mouvant dans le vide avec une régu-
« larité admirable. S'il a fallu tant d'efforts pour en développer
« les lois, quelle difficulté plus grande encore ne doit-on pas
« éprouver pour calculer les actions réciproques d'une infinité
« de particules assez rapprochées les unes des autres pour que la
« forme ait une influence sensible sur leurs effets ! » (*Journal des Savants.*)

(2) Il donna les premiers essais du calcul des différences partielles dans un ouvrage sur la théorie générale des vents, couronné par l'Académie de Berlin, en 1746.

« tions intégrales de ce problème : cette solu-
« tion avait toute la généralité dont la nature
« de la question la rend susceptible. M. Euler,
« peu de temps après, en donna une, fondée
« sur les mêmes principes, et où il est conduit
« aux mêmes résultats par une méthode sem-
« blable. Ces deux grands géomètres ne diffé-
« raient que sur la manière d'assujettir à la loi
« de continuité les fonctions arbitraires que le
« calcul introduisait dans les intégrales. M. Ber-
« nouilli prétendit que la méthode de Taylor,
« qui, le premier, avait résolu le problème des
« cordes vibrantes, mais dans une hypothèse
« particulière, était, par sa nature, aussi générale
« que la nouvelle méthode, et il réduisait par là
« le mérite de la solution qu'elle donne à celui
« d'avoir su employer une analyse alors toute
« nouvelle, celle des équations aux différences
« partielles (1) ».

Peu de géomètres, ajoute l'infortuné secrétaire de l'Académie des Sciences, ont partagé l'opinion de Bernouilli quant à la généralité des méthodes elles-mêmes.

---

(1) Condorcet, *Éloge de Bernouilli.*

Lors des expériences de Chladni, la théorie mathématique du mouvement vibratoire suivant une seule dimension, se trouvait donc seule complète. De quoi s'agissait-il pour faire un nouveau pas? Il s'agissait de considérer un cas plus difficile et plus rapproché de la réalité : la vibration des surfaces. Là est l'importance des travaux de Sophie Germain ; car, Auguste Comte lui rend cette justice, c'est « la mémorable im-« pulsion donnée à la science, sous ce rap-« port (1) », par son génie, qui incita les géomètres à cette nouvelle étude.

Le concours de l'Institut s'ouvrit donc, et la question fut ainsi posée :

Donner la théorie mathématique des surfaces élastiques et la comparer à l'expérience.

Lagrange ayant affirmé que cette question ne serait pas résolue sans un nouveau genre d'analyse, tous les géomètres se courbèrent devant cette imposante autorité et, paraît-il, s'abstinrent. Seule, Sophie Germain ne désespéra point du succès, observa, étudia longtemps les phénomènes et, le 21 septembre 1811, envoya à

---

(1) *Cours de Philosophie positive*, tome II, page 415.

l'Institut un Mémoire anonyme qui donnait une équation des surfaces élastiques.

Sans doute, au cours de ses recherches, elle s'était aidée des conseils ou du moins avait pris l'opinion de ses savants amis, puisque nous avons une lettre de Legendre, à elle adressée, en laquelle, soulevant des objections et indiquant des difficultés, il dit qu'il n'a pas assez réfléchi sur ces sortes de questions et qu'il aime mieux « donner cause gagnée à Mlle Sophie, que de « lutter avec elle sur un sujet qu'elle a beau- « coup médité ». Lagrange n'imita pas cette réserve et communiqua une note aux commissaires chargés de l'examen du Mémoire (1), note où il signale l'inexactitude de l'équation proposée et déclare « que la manière dont on cher- « che à la déduire de celle d'une lame élastique « en passant d'une ligne à une surface lui pa- « raît peu juste ». Le prix ne fut pas donné. Le vrai, c'est que Sophie Germain, travaillant pour ainsi dire d'instinct et sans avoir jamais fait un cours régulier d'analyse, n'avait pas résolu complètement la question ; mais son Mé-

(1) Les commissaires étaient Laplace, Lagrange, Lacroix, Malus et Legendre.

moire, dont la sagacité fut remarquée, ouvrait si bien la voie que Lagrange en tira l'équation exacte. Legendre (4 décembre 1811) en prévient l'auteur, lui apprend que M. Biot (1) aussi croit avoir trouvé la véritable équation de la surface élastique vibrante, laquelle équation n'est pas la même que celle trouvée par Lagrange d'après l'hypothèse du Mémoire, et il ajoute : « J'imagine que la question sera proposée avec un nouveau délai ; ainsi miséricorde n'est pas perdue : au contraire, il faut plus que jamais songer à emporter la palme ».

Un second concours fut, en effet, ouvert. Mlle Germain se remit à l'étude et, le 23 septembre 1813, envoya un second Mémoire. Ici encore on voit la sagacité de l'auteur trompée par l'imperfection de son instruction première, et

---

(1) Euler n'avait obtenu que par des hypothèses particulières, l'équation générale du mouvement des surfaces vibrantes : M. Biot a su la tirer du principe des vitesses virtuelles, il la développe en une série, de laquelle il déduit quelques-unes des circonstances du mouvement des plaques vibrantes entre des limites fixes ; il prouve que lorsqu'elles sont rectangulaires, elles peuvent, dans leurs vibrations, se partager en quatre rectangles égaux, ce qui s'accorde avec une des expériences de M. Chladni. (*Extrait du Rapport sur les progrès des sciences mathématiques, depuis 1789*, par DELAMBRE, 1810.)

Legendre, qu'elle consulte (4 décembre 1813), ne le lui cache pas :

« Je ne comprends pas du tout, lui écrit-il,
« l'analyse que vous m'envoyez, il y a certaine-
« ment erreur ou dans l'écriture ou dans le
« raisonnement; et je suis porté à croire que
« vous n'avez pas une idée bien nette des opé-
« rations qu'on fait sur les intégrales doubles
« dans le calcul des variations ». Et plus loin :

« Il paraît reconnu cependant que votre
« équation est réellement celle de la surface
« vibrante. En mettant l'analyse à part, le reste
« peut être bon, en ce qui concerne l'explication
« des phénomènes. Si la commission de l'Institut
« était de cet avis, vous pourriez être mention-
« née honorablement; mais je crains bien que
« l'analyse manquée ne nuise beaucoup au Mé-
« moire, malgré ce qu'il peut contenir de bon ».

Legendre ne se trompait point : Mlle Germain obtint seulement la *mention honorable*.

Un troisième concours eut lieu en 1816. Cette fois, c'est Poisson que Mlle Germain consulte sur le Mémoire envoyé par elle, et Poisson (15 janvier 1816) répond :

« Le reproche que la commission lui a fait

« (au mémoire) porte moins sur l'hypothèse
« dont vous êtes partie que sur la manière dont
« vous avez appliqué le calcul à cette hypothèse.
« Le résultat auquel ce calcul vous a conduite ne
« s'accorde avec le mien (1) que dans le seul cas où
« la surface s'écarte infiniment peu d'un plan,
« soit dans l'état d'équilibre, soit dans l'état de
« mouvement ».

Plus sûre d'elle-même, Mlle Germain avait, pour ce nouveau concours, renoncé à l'anonymat (2). L'Académie rendit un jugement à la suite duquel le Mémoire fut enfin couronné, quoique l'équation n'y fût pas encore démontrée rigoureusement (3).

---

(1) Poisson avait été conduit directement à l'équation de Sophie Germain, équation rectifiée par Lagrange, sans le secours d'aucune hypothèse. — POISSON, *Mémoire sur les surfaces élastiques*, lu le 1er août 1814.

(2) « L'ouverture du billet cacheté fit connaître le nom d'une
« femme, Mlle Germain, probablement la seule personne de son
« sexe qui ait pénétré le plus profondément dans les mathémati-
« ques, sans en excepter Mme du Châtelet, *car ici il n'y avait point*
« *de Clairaut* ». — BIOT, *Journal des Savants*, mars 1817.

(3) « Malgré ce succès mérité, la base fondamentale de la
« théorie restait encore à établir : la difficulté consistait surtout
« à exprimer analytiquement comment s'exerce la réaction élas-
« tique d'une surface rigide. On en conçoit bien le principe dans
« une simple courbe ; il résulte de la résistance que les éléments

La séance publique où le prix fut proclamé eut lieu le 8 janvier 1816. Réservée ici, comme en toutes choses, Sophie Germain s'abstint d'y paraître.

C'est ce que le *Journal des Débats* de l'époque constate en ces termes :

« La classe des sciences mathématiques et
« physiques de l'Institut a tenu aujourd'hui, 8,
« sa séance publique, devant une assemblée fort
« nombreuse qu'avait attirée sans doute le désir
« de voir une virtuose d'un genre tout nouveau,
« Mlle Sophie Germain, à qui le prix des *lames*
« *élastiques* devait être donné. L'attente du pu-
« blic a été trompée : cette dernière n'est point

« successifs opposent à être fléchis les uns sur les autres et à changer
« leur angle de contingence actuel ; mais comment exprimer cette
« condition pour une surface où la flexion peut avoir lieu en tous
« sens? Il semblait qu'on ne pût y parvenir que par quelque
« proposition plus ou moins vraisemblable qui permît d'exprimer
« la réaction de la surface par les réactions partielles des courbes
« dont elle était composée. C'est ce que j'avais fait, et probable-
« ment ce qu'avaient fait M. Lagrange et l'auteur de la pièce
« couronnée. M. Poisson a pris une autre marche bien plus har-
« die et bien plus générale, mais aussi plus certaine. Il a considéré
« la surface élastique telle qu'elle existe physiquement dans les
« corps naturels, c'est-à-dire comme composée d'éléments maté-
« riels qui, retenus par leurs attractions réciproques à de certaines
« distances, se repoussent naturellement vers cet état d'équilibre,
« lorsqu'on les en a écartés ». BIOT, *Journal des Savants*, mars 1817.

« venue recevoir une palme que son sexe n'avait
« pu encore cueillir en France ».

La devise du Mémoire couronné était empruntée à Virgile (*Géorgiques,* liv. II) :

Felix qui potuit rerum cognoscere causas.

Tant d'hommes considérables conduits à approfondir et à renouveler une question posée par eux-mêmes, voilà un fait qui jutifie pleinement l'épithète de « mémorable » dont on a caractérisé l'impulsion donnée à la science par notre mathématicienne. Et puis, cette confraternité intellectuelle qu'ils témoignent à leur vaillante émule, ces conseils qu'ils lui prodiguent, ces encouragements qu'ils lui donnent, enfin cette solennelle justice qu'ils lui rendent, tout cela n'est-il pas touchant? Heureux temps, où l'amour de la vérité inspirait un pareil désintéressement! Noble spectacle, qui nous montre unis dans les mêmes hommes la grande intelligence et les sentiments impersonnels!

Certes, la découverte des équations qui expriment les vibrations des surfaces élastiques fut un événement important; important non seulement au point de vue spécial des phénomènes sonores dont le caractère scientifique était ainsi établi dans son entière pureté, mais aussi, au point de vue du perfectionnement des notions relatives, soit aux corps inorganiques, soit aux êtres animés. La double importance qui s'attache à cette partie de la connaissance, le législateur des sciences la constate avec sa sûreté habituelle : « D'une part, « l'examen des vibrations sonores constitue notre « moyen le plus rationnel et le plus efficace, si « ce n'est le seul, d'explorer, jusqu'à un certain « point, la constitution mécanique des corps na- « turels, dont l'influence doit surtout se mani- « fester dans les modifications qu'éprouvent les « mouvements vibratoires de leurs molécules. — « D'une autre part, l'acoustique présente évi- « demment à la physiologie un point d'appui « indispensable pour l'analyse exacte des deux « fonctions élémentaires les plus importantes à « l'établissement des relations sociales : l'audition « et la phonation (1) ».

Or, s'il est vrai que, malgré les expériences plus récentes de Savart, la théorie analytique du

(1) *Cours de Philosophie positive*, t. II, page 410.

mouvement vibratoire selon les trois dimensions reste encore ignorée, les efforts de Sophie Germain n'en ont pas moins marqué un progrès qui mérite attention et reconnaissance.

La nature de cette *Étude* ne me permet pas d'insister, quoique la question mérite un sérieux examen, sur les connexions de l'acoustique et des sciences hiérarchiquement supérieures. On trouvera dans les *Éléments de Physiologie* de l'éminent professeur Ch. Robin, outre un exposé complet de ce qui concerne la transmission du son au point de vue physiologique, le tableau des observations et des expériences faites à cet égard par Müller, Wollaston, Colladon, entre autres, et un historique des théories de la voix, depuis celle d'Aristote et de Galien, jusqu'à celle de Liscovius (1).

Sophie Germain avait donc vaillamment conquis sa place parmi les savants. Mais elle n'était pas de ces âmes faibles qu'un premier succès annihile. Laborieuse plus que jamais, on la voit alors assister aux séances de l'Académie des sciences (2),

(1) *Éléments de Physiologie*, t. II, pag. 537, 544, 589, 601, 603, par Ch. ROBIN, chez Baillière.

(2) Voir, dans la *Correspondance*, la lettre de Fourier, secrétaire perpétuel de l'Académie, informant Sophie Germain que l'une des places du centre de la salle lui sera toujours réservée.

poursuivre ses travaux, se tenir attentive à ceux des autres et, même, trouver le temps de s'employer pour ses amis. La voici, par exemple, aidant Fourier, l'illustre géomètre à qui le *Cours de Philosophie positive* est dédié, à obtenir du suffrage de ses collègues le poste de secrétaire perpétuel de l'Académie des sciences : « Les per-
« sonnes que vous aimez et que vous protégez ne
« doivent pas être malheureuses. — Un suffrage
« que je vous devrai a encore plus de prix à mes
« yeux. Enfin, les dieux en décideront. Mais ce
« qui est indépendant des dieux, ce sont mes
« sentiments de reconnaissance ». Ces passages d'une lettre que lui adresse le candidat, témoignent que Mlle Germain ne se croyait pas dispensée par le calcul intégral, de la bonté active dont le fabuliste va chercher l'exemple au Monomotapa.

En 1821, ayant revu et coordonné tous ses travaux mathématiques antérieurs, elle envoie à l'Académie un Mémoire intitulé : *Recherches sur la théorie des surfaces élastiques,* dans lequel elle expose les fondements de son analyse. Fourier lui rend compte de la présentation de son travail :
« M. Cuvier était chargé lundi dernier de la lec-
« ture de la correspondance. Je l'ai prié de pré-

« senter votre Mémoire et j'en ai indiqué l'objet.
« Après la lecture, on a nommé MM. Laplace,
« Prony et Poisson, commissaires. J'insisterai
« autant qu'il sera nécessaire pour qu'il fasse le
« rapport que vous désirez. Si M. Poisson a le
« dessein de faire quelque opposition au résultat
« de vos recherches, il ne pourra s'empêcher de
« céder à l'autorité de l'expérience que personne
« ne sait mieux consulter que vous. Autant que
« j'ai pu prendre connaissance de la discussion
« dont vous vous êtes occupée, il m'a paru que
« vous mettez dans tout son jour l'influence de
« l'hypothèse théorique dont il a voulu déduire
« l'équation du 4e ordre que vous avez trouvée ».
Ce Mémoire fut publié, à l'instigation de Fourier
et de Légendre, en 1824. Cependant Sophie Germain étudiait, revoyait et corrigeait sans cesse.
En 1826, elle met en librairie un nouveau Mémoire :
Remarques sur la nature, les bornes et l'étendue de la question des surfaces élastiques (1). Les académiciens n'avaient pas encore fait leur rapport sur le premier Mémoire : ici, elle le commente, l'amende, le développe, produit de nouvelles confir-

---

(1) Paris, imprimerie de Huzard-Courcier, 1826.

mations de la doctrine qu'elle a exposée, en multiplie les applications et donne cette équation des surfaces élastiques vibrantes :

$$N^2 \left[\frac{d^4\rho}{ds^4} + 2\frac{d^4\rho}{ds^2 ds'^2} + \frac{d^4\rho}{ds'^4} - \frac{4}{S}\left(\frac{d^2\rho}{ds^2} + \frac{d^2\rho}{ds'^2}\right)\right] + \frac{d^2\rho}{dl^2} = 0 \dots (C)$$

qui, dit-elle, est générale, et appartient à la surface courbe-élastique-vibrante ; si bien que les différentes valeurs qu'on peut attribuer au rayon S de moyenne courbure la rendent applicable à toutes les courbures possibles. Je ne résiste pas au plaisir de reproduire le préambule de ces *Remarques;* outre qu'il précise et circonscrit nettement la question, il montre chez l'auteur cette connaissance de soi, dans le fort comme dans le faible, qui est la marque de la supériorité vraie :

« Lorsque, pour la première fois, je me suis
« occupée de rechercher, par rapport aux surfaces,
« l'expression des forces d'élasticité, je travail-
« lais, pour ainsi dire, sous la dictée de l'expé-
« rience. La question était nouvelle alors; peut-
« être eût-il été difficile d'en poser les limites.

« Les seuls phénomènes connus appartenaient
« au mouvement des plaques vibrantes; et pour-
« tant la manière dont j'avais envisagé la force

« élastique me permettait déjà d'espérer qu'une
« hypothèse semblable serait applicable aux surfaces courbes.

« Aucun des faits observés ne se rapportait au
« cas où l'épaisseur varierait d'un point à un autre de la surface ; toutefois, la théorie, qui s'était
« formée sans aucun égard à une telle variabilité, se trouva propre à en expliquer les effets.

« La direction qui doit être attribuée au mouvement des différents points de la surface vibrante n'avait pas été suffisamment déterminée ; et l'on avait à cet égard plutôt des modèles
« que des doctrines. Dans le cas linéaire, les géomètres ont supposé que le mouvement s'exécute
« tout entier dans une direction perpendiculaire
« au plan de la lame en repos : j'admis la même
« chose par rapport aux surfaces planes. Guidée
« ensuite par l'analogie seule, je crus pouvoir
« supposer que le mouvement des divers points
« d'une surface courbe s'exécute tout entier dans
« des directions perpendiculaires aux plans tangents à chacun des mêmes points, considérés sur
« la surface en repos. J'ai reconnu depuis que cette
« supposition, loin de constituer une simplification particulière à certains cas du mouvement

« des surfaces, exprimait, au contraire, une con-
« dition essentielle à ce genre de mouvement.

« Il m'avait enfin toujours paru certain que
« des simplifications analogues à celles qui ser-
« vent à établir l'équation des plaques vibrantes
« conduiraient à trouver, pour les surfaces courbes,
« une équation du même ordre ; j'avais même
« cherché à réaliser cette idée en prenant la sur-
« face cylindrique pour exemple ; et il ne me res-
« tait aucun doute sur l'exactitude des formules
« que j'avais publiées : mais je reconnaissais ce-
« pendant *qu'une analyse embarrassée et fautive*
« ôtait à ces formules le caractère d'évidence qui
« leur est nécessaire. J'éprouvais encore quelque
« difficulté à faire mieux, lorsque la légitimité
« des simplifications, qui n'avaient encore en leur
« faveur qu'une analogie plus ou moins bien éta-
« blie, s'est montrée à mes yeux comme une con-
« séquence nécesssaire de la nature même de la
« question ».

Ce préambule, si magistralement écrit, n'a-t-il pas la valeur d'un trait de caractère?

Elle travaillait.

S'exerçant sur les théorèmes que Fermat avait laissés sans démonstration, elle trouve elle-même des théorèmes numériques remarquables, si remarquables que Legendre les insérera dans un supplément à la seconde édition de sa *Théorie des nombres*. Elle collabore en même temps à divers recueils périodiques. C'est d'abord, dans les *Annales de Physique et de Chimie*, un examen des principes qui peuvent conduire à la connaissance des lois de l'équilibre et du mouvement des solides élastiques (1); cet examen est une réponse évidente, quoiqu'il n'y soit pas nommé, à un Mémoire de Poisson (2) en lequel se trouve cette supposition qu'il suffit de considérer les actions moléculaires comme des forces quelconques, décroissant rapidement avec la distance. Mlle Germain, elle, cherche à établir que les *hypothèses sur la constitution intime des corps sont inutiles et même nuisibles* dans la question des corps élastiques, et qu'il suffit, pour résoudre les problèmes de ce genre, de partir de ce fait général que les corps élastiques ont une tendance à se rétablir dans la forme qu'une cause extérieure peut leur

---

(1) Tome XXXVIII (1828), pages 123-131. Voir surtout la note annexée à cet examen. Voir aussi le *Bulletin des sciences mathématiques et chimiques,* rédigé par Saigey.

(2) Avril 1817.

avoir fait perdre; sur quoi Navier, à son tour, écrit : « On a généralement accordé quelque es-
« time aux efforts qui ont eu pour résultat d'éta-
« blir les principes et les formes analytiques au
« moyen desquels une classe particulière de
« phénomènes était, pour la première fois, sou-
« mise à l'empire du calcul. Quant aux observa-
« tions de M. Poisson, d'après lesquelles il ne
« serait pas permis de représenter les forces ré-
« sultant des actions moléculaires par des inté-
« grales définies, nous ne partageons pas cette
« opinion (1) ». C'est ensuite, dans les *Annales*
de Crelle, à Berlin, un *Mémoire sur la courbure
des surfaces* (2). C'est enfin, dans ces mêmes Annales, une note sur la manière dont se composent
les valeurs

y et z dans l'équation $4 \dfrac{(x^p - 1)}{x - 1} = y^2 \pm pz^2$
et celles de Y' et Z' dans l'équation

$$4 \dfrac{(x^{p2} - 1)}{x - 1} = Y'^2 \pm Z'^2 \ (3).$$

On sait que, réfugiée alors dans son cabinet

---

(1) *Bulletin Saigey*, Juillet 1828.
(2) *Journal VII*, 1831, pag. 1-29.
(3) *Journal VII*, 1831, pag. 201-204.

comme pendant la première crise rénovatrice, elle composa ces deux derniers ouvrages au bruit du canon de Juillet 1830.

Tel est le résumé succinct des travaux mathématiques de Sophie Germain.

Nous voici maintenant devant l'œuvre qui assure à notre géomètre une place parmi les penseurs véritablement modernes, je veux dire ceux qui ont cessé de philosopher en dehors des connaissances réelles. Car, s'il est vrai, comme le pensait Navier (1), que ses écrits géométriques sont de ceux que « bien peu d'hommes peuvent « lire et qu'une seule femme pouvait faire », il faut ajouter avec Auguste Comte que son discours posthume sur l'*État des sciences et des lettres aux différentes époques de leur culture,* indique en elle « une philosophie très élevée, à la fois « sage et énergique, dont bien peu d'esprits su- « périeurs ont aujourd'hui un sentiment aussi « net et aussi profond (2) ». Le mot « aujour-

---

(1) *Lettre du 2 août 1821.*
(2) *Cours de Philosophie positive,* t. II, p. 415 (note).

d'hui » après plus d'un demi-siècle, n'est pas à retrancher.

A quelle époque Sophie Germain commença-t-elle à s'occuper de ce discours philosophique ? Quand l'écrivit-elle ? Est-il vrai, comme l'affirme un avis placé en tête de la première édition, qu'il fut rédigé d'un jet dans les instants où les vives douleurs auxquelles elle a succombé ne lui permettaient pas de se livrer aux sciences mathématiques ? Est-il vrai surtout qu'il n'était pas destiné à l'impression ? Malgré l'autorité qui s'attache à l'affirmation d'un homme uni à Mlle Germain « plus encore par les liens de l'affection « que par ceux d'une proche parenté (1) », il est sans témérité de supposer que, tout imparfait qu'il fût encore, quant à l'exécution, lorsque la mort arracha la plume des mains de l'écrivain, un ouvrage d'une si haute portée avait été conçu longtemps auparavant, longuement médité, souvent remanié et retouché. Les indices ne manquent pas. Voici d'abord le manuscrit, lequel porte des corrections qui laissent certaines phrases inachevées ou douteuses ; voici ensuite cette parole trouvée dans les *Pensées* détachées de

(1) LHERBETTE, 1re édition. 1833. *Avis de l'éditeur*.

l'auteur : « Si les hommes qui ont avancé les
« sciences par leurs travaux, si ceux à qui il a été
« donné d'éclairer le monde, veulent revenir sur
« le chemin qu'ils ont fait, ils verront que les
« idées les plus belles, les plus grandes, sont les
« idées de leur jeunesse mûries par le temps et
« l'expérience. Elles sont renfermées dans leurs
« premiers essais comme les fruits dans les bou-
« tons du printemps ». N'est-il pas vraisemblable
que tout l'historique du discours posthume se
trouve dans cette belle pensée, pensée dont notre
savante, ce que l'on ignorait, partage l'honneur
avec un poète (1)? Chose curieuse aussi, qu'il
faut noter, les contemporains de Mlle Germain,
ses amis et ses parents eux-mêmes, ne l'auront
connue et appréciée que comme géomètre; Libri
ne cite même pas son opuscule philosophique
dans la Notice nécrologique (2), si estimable
d'ailleurs, qu'il a donnée au *Journal des Débats*,
un an après la mort de son amie; M. Lherbette
l'ayant trouvé, cet opuscule, dans les papiers de
sa tante, déclare qu'il le publie « pour remplir

---

(1) Alfred de Vigny.
(2) 18 mai 1832, *Notice nécrologique*, par LIBRI, membre de l'Académie des Sciences.

« un devoir pieux envers sa mémoire » et semble douter de l'accueil qui lui sera fait : la théorie du son et l'analyse indéterminée, tels étaient, pour l'un comme pour l'autre, les seuls titres de cette femme supérieure au souvenir de la postérité. Nous allons voir combien la postérité se montrerait injuste en restreignant ainsi son hommage.

Fontenelle, racontant que le savant Bourdelin (1) avait, à seize ans, traduit tout Pindare et tout Lycophron et entendait sans secours le grand ouvrage de la Hire sur les sections coniques, s'écrie : « Il y a loin des poètes grecs aux « sections coniques ! » De son côté Condorcet, constatant à quel point les poètes de son temps furent indignés d'être jugés par un géomètre, écrit : « La sécheresse des mathématiques leur « semblait devoir éteindre l'imagination ; et ils « ignoraient sans doute qu'Archimède et Euler « en ont mis autant dans leurs ouvrages, qu'Ho- « mère et l'Arioste en ont montré dans leurs « poésies (2) ». Condorcet et Fontenelle étaient

---

(1) Éloge de Bourdelin. Le médecin, l'un des fils du chimiste qui avait été lui-même de l'Académie des Sciences.
(2) Éloge de d'Alembert.

tous les deux très versés dans les sciences et dans les lettres, et, par conséquent, ne méconnaissaient l'importance ni de celles-ci ni de celles-là ; d'où vient donc, entre eux, cette divergence d'opinion, l'un n'hésitant pas à identifier ces deux rameaux du génie humain, l'autre s'empressant de les différencier ? La question est plus intéressante qu'il ne semble tout d'abord.

Dans l'espace de temps qui sépare la maturité de ces deux grands esprits, le renouvellement intellectuel introduit par Descartes, et dont tous les deux procèdent, s'était singulièrement étendu ; il s'était étendu à ce point que si Fontenelle peut être considéré comme un lien entre la philosophie cartésienne — laquelle se borne à prendre l'ordre céleste pour base de l'ordre terrestre — et les découvertes qui ont constitué la chimie et la biologie, Condorcet, lui, doit être regardé comme le précurseur de la philosophie en laquelle ces deux dernières sciences, préambule indispensable de la sociologie, prennent place pour compléter le vaste ensemble de la connaissance réelle. L'école cartésienne avait dit : *Des lois gouvernent le monde inorganique,* et, sur ce point primordial, elle avait écarté les explications fictives, les laissant subsister quant aux phénomènes de la vie et des sociétés ; l'école nouvelle, mieux informée, ajoute : *Des lois aussi régissent le monde animé,* et, poursuivant les hypothèses non vérifiables jusqu'en leur dernier refuge, elle les élimine à son tour des questions que le créateur de la *Méthode* n'avait pas osé aborder. Il est facile de marquer les progrès de ce mouvement extensif du savoir par le nom des hommes qui les ont assurés. Tous ces hommes, qu'ils confirment les résultats anciens ou révèlent des vérités inconnues, appartiennent ou peuvent être considérés comme appartenant au dix-huitième siècle. Clairaut, Euler, d'Alembert, Bernouilli, Lagrange, Laplace, illustrent la dernière période des découvertes célestes : voilà la mécanique des mondes définitivement établie ; Cavendish, Priestley, Lavoisier, Berthollet, déterminent la composition du milieu planétaire : l'écorce de la terre, l'air et l'eau qui l'entourent, deviennent l'objet d'une prévision particulière et indépendante ; B. de Jussieu et Linné, Buffon, Vicq-d'Azyr et Haller, Cabanis, Bichat et Gall, Gœthe, Geoffroy Saint-Hilaire et Cuvier, s'attachent aux hiérarchies végétales, aux classifications des êtres, aux rapports du physique et du moral, aux comparaisons des organes et des formes, et, ne se bornant même plus à de simples observations, s'élèvent à des conceptions inductives : voilà la vie interrogée dans toutes ses manifestations, manifestations qui constituent une science unique, la biologie, à laquelle désormais il faudra demander le secret des phénomènes cérébraux chez l'homme et chez l'animal. Tout cela, sans doute, sera développé, précisé, coordonné au siècle suivant ; mais, déjà, quel changement dans les idées, dans les opinions, dans les perspectives ! Or, Fontenelle, malgré son admirable instinct de l'évolution scientifique qui commençait à s'accomplir de son temps, ne pouvait apercevoir comme l'aperçut Condorcet, plus tard venu, la secrète connexité des impulsions intellectuelles.

J'ignore si Sophie Germain, frappée de l'aperçu si neuf de Condorcet, l'avait gardé en sa mémoire comme on conserve un germe précieux pour s'en servir au temps convenable ; ce que je sais, c'est que son œuvre philosophique a précisément pour objet de faire tomber, sous le poids d'une démonstration contraire, les barrières fictives qu'on s'était plu jusque-là à supposer entre l'imagination et la raison. Montrer la raison dans l'esthétique et l'imagination dans la science, me trompé-je en attribuant à Sophie Germain le mérite d'avoir compris qu'un tel sujet ne pouvait pas être utilement abordé avant que les opérations cérébrales eussent fait retour à la méthode expérimentale? Non, puisque nous la voyons, quoique préoccupée du problème, se taire pendant longtemps et, assistant, pour ainsi parler, à l'éclosion de la biologie, se tenir au courant de tout ce qui se découvre et s'écrit à cet égard ; non, puisque, quand elle prend la plume, elle débute par ces fermes paroles : « L'esprit humain obéit à des « lois ; elles sont celles de sa propre existence ».

Mais, avant d'examiner la démonstration de l'auteur, exposons le fond même de la question.

En premier lieu, s'il est vrai que la science résulte de la systématisation des faits observés, il est vrai aussi que toute systématisation scientifique s'applique, non aux faits entourés de leur complication concrète, mais à des formes simplifiées que l'on obtient au moyen de l'abstraction. L'abstraction, qu'est cela? C'est un procédé — un artifice si l'on veut — par lequel on se borne à présenter des approximations suffisantes pour suppléer à la réalité absolue qu'on ne saurait autrement embrasser dans tout son ensemble. Or, concevoir par abstraction des objets plus simples que les objets réels, coordonner ensuite ces objets au moyen d'une conception dont le but est d'en faire plus facilement saisir l'ensemble, tel est le double rôle de l'imagination dans la science. Le système atomique, celui de Leibnitz en mathématique, celui de Laplace en astronomie, celui de Jussieu et de Blainville en biologie, offrent des exemples : ce sont des conceptions ingénieuses répondant actuellement aux besoins de la science, plus simplement et mieux que toutes autres (1) ; ce dont il faut se garder, tout en leur accordant une légitime préférence, c'est de leur donner une réalité objective. L'erreur des théologiens et, à la suite, des métaphysiciens, c'est *d'objectiver* leurs conceptions.

En second lieu, s'il est manifeste que l'art consiste en une représentation idéale qui implique l'exagération des images, lesquelles, selon la judicieuse remarque d'Auguste Comte, « doivent dé-
« passer la réalité, afin de nous pousser à l'amé-

(1) Voir : MÉHAY, *La Théorie atomique et le rôle de l'imagination dans la science* (*Moniteur scientifique*, novembre 1877).

« liorer (1) », il est manifeste aussi que le génie créateur, sous peine d'aberration, est soumis à la nécessité de subordonner à l'ordre naturel son idéalisation. L'idéalisation, qu'est-ce donc ? De même que l'abstraction, c'est un procédé en vertu duquel, les traits principaux prenant l'importance, la représentation devient plus fidèle en ce sens qu'elle se trouve débarrassée alors du mélange empirique qui l'altérait. Or, régulariser les utopies en les assujettissant à l'ordre réel, puis rendre intelligible la communication du type intérieur imaginé, simplifié, modifié, tel est le double rôle de la raison dans l'esthétique. Tous les chefs-d'œuvre dont le temps n'a pas amorti l'éclat en témoignent : ce sont des combinaisons idéales que la raison ramène à une indispensable et suffisante réalité. Le défaut des œuvres sans durée, quelle qu'en soit d'ailleurs la vogue passagère, c'est de faire prévaloir les inspirations subjectives sur les notions objectives, ou celles-ci sur celles-là.

M. le docteur Segond, en son *Programme de Morphologie,* a très bien montré, d'une part,

---

(1) Aug. COMTE : *Discours sur l'ensemble du positivisme.*

comment les études les mieux soutenues ne peuvent dispenser l'artiste, au moment de l'exécution, de la présence d'un modèle qui doit toujours, à un certain degré, « mettre des entraves à l'idéalisation » ; d'une autre part, à quel point le savant exercé à l'analyse dans l'étude de la nature a besoin du coup d'œil synthétique, sans lequel il verrait « ses facultés théoriques échouer, « dans toute grande coordination (1) ».

L'analogie des opérations cérébrales qui président à la connaissance du vrai et à la production du beau est-elle constatée, on comprend sans peine, d'abord, comment nous formons les hypothèses dont nous sentons l'utilité pour relier nos observations, ensuite comment, ne sachant pas ou oubliant que ces mêmes hypothèses sont sorties tout entières de notre cerveau, nous nous les représentons comme ayant une existence objective : les dieux, les entités, les religions sont dans ce cas, et leur raison d'être historique est d'avoir été fonctions du temps. A ce point de vue où toutes les conceptions humaines émanent du même fond, c'est-à-dire du cerveau faisant des approximations

(1) *Programme de Morphologie*, par A. SEGOND, professeur agrégé à la Faculté de médecine de Paris.

et des idéalisations de plus en plus proches de la réalité selon qu'il est mieux renseigné sur les faits observables, la marche de l'humanité à travers les âges apparaît comme une suite de phases logiquement enchaînées : les fictions mènent à la vérité, le passé prépare l'avenir. Qui ne reconnaît ici la philosophie positive ?

Est-ce à dire que Sophie Germain ait eu, dans cette façon d'envisager le développement intellectuel de l'humanité, la puissance et la justesse du fondateur de la sociologie ? Point : elle ne distingue pas entre les procédés logiques celui qui est propre à chaque catégorie de la connaissance ; elle n'indique pas, tout en constatant la similitude organique du génie esthétique et du génie scientifique, la destination différente de l'art et de la science, et son œuvre n'est pas exempte de toute métaphysique. Toutefois, si elle se rattache aux anciennes écoles par une tendance à réunir sous une même loi l'ordre physique et l'ordre moral, il y a cependant chez elle plus de conformité générale avec les doctrines d'Auguste Comte qu'avec celles des philosophes en quête de l'absolu. J'en prends pour preuve la manière dont la question est posée par elle :

« S'il nous était donné de pénétrer la nature
« des choses ; si les observations, les réflexions,
« les théories qui composent notre richesse in-
« tellectuelle n'étaient pas de l'homme, nous
« choisirions avec certitude entre ces deux pro-
« positions : ou le type que nous trouvons en
« nous-mêmes et dans les objets extérieurs nous
« révèle les conditions de l'être ; ou ce type, ap-
« partenant en propre à nous seuls, atteste
« seulement la manière dont nous pouvons com-
« prendre les possibles. — Cette haute connais-
« sance nous est à jamais interdite. Mais, en nous
« bornant à chercher *comment* un sentiment
« profond d'ordre et de proportions devient pour
« nous le caractère du vrai en toutes choses,
« nous pourrons parvenir à voir que, dans les
« divers genres, nos études, tournées vers un
« même but, emploient des procédés qui sont
« toujours les mêmes (1) ». J'ai souligné le mot

(1) Comte écrit : « Dans toute opération humaine, l'exécution
« suppose l'imagination, comme celle-ci la contemplation.
« L'homme ne peut jamais construire hors de lui que ce qu'il a
« d'abord conçu en lui. Ce type intérieur, indispensable même
« aux moindres travaux mécaniques ou géométriques, est tou-
« jours supérieur à la réalité qu'il précède et prépare ». — *Discours sur l'ensemble du positivisme*, page 279.

« comment » : chercher le *comment* et non plus le *pourquoi*, voilà, en effet, ce qui marque le progrès philosophique ébauché par l'école de Diderot.

Quant à la démonstration, malgré quelques réminiscences métaphysiques qui font tache (1), elle est péremptoire. En quoi consiste-t-elle ? Au sens particulier, à suivre chez le poète et le savant l'élaboration cérébrale et la réalisation d'une idée-mère ; au sens général, à parcourir l'histoire de l'esprit humain pour nous mettre sous les yeux comment en toutes choses, « jusque
« dans ses écarts, et en vertu des lois de son être,
« tous ses efforts ont été dirigés vers l'ordre, la
« simplicité et l'unité de conception ». La grâce du style, la profondeur de la pensée, l'élégance que revêtent les déductions les plus sévères, la précision en quelque sorte mathématique de l'argumentation, une compétence étendue dans les choses de science, un sentiment parfait dans les choses de goût, je ne sais quel espoir d'une re-

---

(1) C'est ainsi, par exemple, qu'on la surprend parfois s'inquiétant de l'essence, de l'indépendance, de l'universalité, de la nécessité des choses, alors que l'idée même qu'elle affirme et la méthode qu'elle emploie aident à les éliminer.

naissance où l'imagination soit maîtrisée par la vérité comme elle le fut par l'erreur, espoir qui, perçant partout, partout corrige l'exactitude de l'esprit par l'abondance du cœur, elle emploie tout cela pour émouvoir et pour convaincre. Elle convainc et elle émeut.

Ce qui fait, même aujourd'hui, cette œuvre de Sophie Germain si vivante, c'est quelque chose de plus encore que l'intuition d'un accord nouveau entre nos pensées et nos sentiments ; en même temps qu'elle indique au savant, au poète, à l'artiste quels rapports les unissent, rapports artificiels aux temps où des hypothèses plus ou moins heureuses formaient toute leur richesse intellectuelle, on sent qu'elle a conscience de travailler à établir les rapports véritables qui feront, comme elle le dit elle-même, ressortir dans tout son jour, l'identité entre le module de chaque science, de chaque art, et les diverses parties de cette science ou de cet art. Et, certes, ce n'est pas là une chimère. Toujours la poésie digne de ce nom, j'entends celle qui n'est pas limitée à *l'expression*, a reposé sur quelque philosophie ; toujours les artistes des belles époques ont été les interprètes émus d'une doctrine fondamentale commune au plus grand nombre : c'est dans leur œuvre que l'humanité, sous les multiples aspects de son existence antérieure, se survit véritablement. Cela est si vrai que, même aux mauvais jours où l'orgueil esthétique imprime le sceau du génie aux caprices individuels, les prétendus inspirés qui se croient le plus indépendants nous donnent le spectacle d'une incohérence maladive, quand ils n'empruntent pas leurs inspirations à des systèmes arriérés ; je ne parle pas de ceux qui, étrangers à l'imagination comme à la raison, se bornent à l'imitation, le nom d'artistes ne leur appartenant pas. Il y a plus. Examine-t-on les aptitudes et les travaux des hommes qui ont laissé des traces ineffaçables dans le monde intellectuel? On reconnaît sans peine que, poussés par les circonstances ou les impulsions du milieu vers le genre spécial qu'ils ont cultivé, ils eussent également réussi dans la science ou dans l'art : Léonard de Vinci et Gœthe, dans une large mesure, ne sont-ils pas des savants? Buffon et Diderot, à des titres divers, ne sont-ils pas des artistes? Concluons donc avec Sophie Germain que si la faculté créatrice a disparu de l'esthétique avec le crédit des fictions, cette faculté peut et doit renaître avec le crédit des vérités incontestables. Que cette renaissance soit possible, tout l'annonce. Mais ne fallait-il pas d'abord écarter les vaines théories qui supposent l'incompatibilité de l'imagination et de la raison, montrer l'inanité actuelle des notions qu'on abandonne, justifier celles qu'on y substitue? C'est à quoi la plume de l'auteur des *Considérations* s'est employée, rendant un éminent service, non seulement pour l'étude de la question elle-même, mais encore pour l'importance des résultats sociaux qu'elle comporte. De quel avantage ne serait-il pas pour le politique, réduit encore à la contingence des données empiriques, de pouvoir en appeler à la certitude des lois naturelles? J'imagine qu'il ferait mieux nos affaires. Surtout s'il se pénétrait en même temps de cette vérité d'ordre pratique exprimée dans l'éloge du czar-académicien (1), à savoir qu'il faut de la vigueur pour lier une nation à des nouveautés utiles.

Les *Pensées* détachées de Sophie Germain, assurément, n'ont pas été écrites pour le pu-

(1) Pierre Ier.

blic, ce sont de simples notes jetées sur le papier au cours de ses études et de ses travaux ; cependant il suffit de les parcourir pour s'apercevoir qu'elles lui furent, pour la plupart, inspirées par une lecture approfondie de Tycho-Brahé, de Newton et de Laplace.

Aucune ne porte de date, elles se présentent sans lien apparent, point de plan, nul ordre : ici ce n'est qu'un trait, là ce sont les développements d'un point spécial à peine indiqué ; voilà le coup d'œil du moraliste, voici le coup d'aile du poète, et qui lirait ce mélange un peu confus sans connaître l'œuvre philosophique de la mathématicienne pourrait fort bien n'y voir que les caprices, brillants, mais sans lendemain, d'un esprit curieux et actif. A-t-on lu les *Considérations?* Tout s'explique et tout s'enchaîne. On surprend en quelque sorte le cerveau de la géomètre en flagrant délit de préoccupations synthétiques ; ce recueil intime prend alors un intérêt singulier, car, à n'en pas douter, il contient les germes, et quelquefois les fleurs, d'une conception qui fructifiera, et, non sans charme, on songe bientôt, pour le lui appliquer, à ce mot de Diderot : « Les « pensées détachées sont autant de clous d'ai-

« rain, qui s'enfoncent dans l'âme et qu'on n'en
« arrache pas ».

Il faut distinguer toutefois. Quelques-unes de ces *Pensées*, quoique vraies, sont d'une vérité particulière, contemporaine, passagère. Celle-ci, par exemple :

« C'est là (dans les académies), que l'esprit
« humain réside : il y est vivant dans un nom-
« bre d'hommes réunis, il y rend des oracles
« par leur organe; et sous cette forme humaine,
« animé des passions de l'utilité et de la gloire,
« il est unique comme l'individu et durable
« comme l'espèce ».

Juste naguère, cette opinion de Sophie Germain ne saurait plus être admise sans réserve.

Sans doute, la fondation des académies répondit à un besoin, celui d'empêcher la dispersion des connaissances acquises, dispersion devenue imminente; sans doute elle rendit un service, celui de montrer la nécessité de coordonner les différentes branches du savoir; sans doute, elle eut un utile et immédiat effet, celui de répandre la foi scientifique. Mais le but, c'est-à-dire la coordination, ne fut pas atteint; j'ajoute qu'il ne pouvait pas l'être, et cela pour plusieurs raisons.

D'abord la nature même de l'organisation primitive laissait au pouvoir politique, alors arbitraire et absolu, un office qu'il était incapable de remplir; ensuite, les éléments mêmes de cette organisation ne pouvaient s'agréger : il ne suffit pas d'assembler des hommes et de les faire voter, pour que l'esprit humain s'élève, de l'observation des faits, à la synthèse de leurs relations. Tant que la doctrine cartésienne des tourbillons subsista, l'ensemble qu'elle représentait permit une certaine généralité et un certain concours dans le travail scientifique; mais la découverte de Newton rompit l'accord entre les académiciens, l'esprit de détail prévalut, le savoir se fractionna et, de plus en plus, ses diverses parties devinrent comme étrangères les unes aux autres. Géomètres et médecins se trouvaient déjà à l'état d'hostilité, quand la formation de la biologie vint mettre les choses au pire : les médecins, supérieurs en cela, comprenant que la cosmologie devait servir d'assise à la nouvelle coordination, les géomètres, au contraire, persistant à se croire dispensés des études biologiques; si bien que, dès 1776, il y eut une Société royale de médecine en réaction contre l'Académie des sciences. La Convention supprima le tout et, s'il convient de protester contre la persécution momentanée des savants par les rhéteurs — ce qui fut un incident, non un système, au sein de l'immortelle assemblée — il faut reconnaître qu'elle avait un juste sentiment des besoins intellectuels, en détruisant les Académies fragmentaires pour fonder l'École polytechnique, besoins qui consistaient à embrasser dans une même étude les phénomènes cosmologiques et biologiques. Bonaparte, rétrograde en ceci comme en tout, détourna la nouvelle institution de son fonctionnement naturel, sabra la science comme il sabrait les hommes et, depuis lui, qu'on me passe la vulgarité de l'image, c'est comme un ver coupé dont les tronçons s'agitent sous la coupole de l'Institut. Et, de fait, toute conception d'ensemble étant écartée des délibérations de nos académiciens, les académies, utiles autrefois comme moyen de préparation, sont aujourd'hui nuisibles en ce sens que, reflet de notre désaccord intellectuel, elles en prolongent les tristes effets sociaux. Et puis, les passions dont elles sont animées sont-elles toujours celles « de l'utilité et de la gloire? » Qui écrirait l'histoire de leurs exclus, de leurs oubliés, de leurs méconnus, écrirait l'histoire de bien des hommes supérieurs. Et puis encore, l'esprit académique s'est-il élargi en proportion du renouvellement de l'esprit humain? Nul n'oserait l'affirmer et, à parler franc, les Communautés pédagogiques et les Compagnies académiques, ces irréconciliables qui, au fond, brassent la même besogne caduque, n'ont guère à s'envier en fait de préjugés et d'intolérance.

Auguste Comte a traité cette question avec l'ampleur et l'autorité du génie ; me bornant à l'effleurer, je renvoie le lecteur au chapitre plein de fermeté et de puissance qu'il y a consacré (1). Mais je ne quitterai pas le sujet sans faire remarquer que l'ouvrage philosophique de Sophie Germain est, en lui-même, une protestation contre l'indépendance des faits d'ordre psychique et d'ordre biologique dont, plus que toute autre, l'Académie des sciences morales et politiques est la consécration. La pensée, sous quelque forme qu'elle se manifeste, religion, art, littérature, science, histoire, morale, est inséparable de l'organisme qui la recèle et, par conséquent, se trouve sou-

---

(1) *Cours de Philosophie positive*, t. VI, p. 301 et suiv.

mise comme lui aux lois de l'évolution ; j'entends, non une évolution indéfinie, mais les conditions appréciables dans lesquelles un état antérieur passe à un état nouveau, en conservant ses caractères fondamentaux. Il y a là toute une série de rapports, tout un ensemble adéquat qu'il n'est plus permis de scinder si l'on veut, je ne dirai pas résoudre les questions, mais seulement les bien poser. Osons donc l'avouer, si la plupart de nos savants officiels sont individuellement des hommes de valeur et de conscience, leur conscience et leur valeur viennent perdre leur essor dans une institution fragmentaire qui appelle une sérieuse réforme.

Que si, entre quelques autres *Pensées* non recevables, j'ai choisi celle qui concerne la portée et l'efficacité de la direction scientifique pour en montrer l'inexactitude actuelle, c'est qu'il importe de tenir l'instinct populaire en garde contre une erreur qu'il partage et qui fait opposition, sinon échec, à nos forces intellectuelles ; savoir, la propension à croire que les académies sont les dépositaires de la connaissance générale. Il n'en est rien. Et tout ce qui se fait en dehors d'elles, malgré elles, contre elles, prouve surabondamment qu'il serait expédient d'adapter aux mœurs et aux opinions modernes, faites ce qu'elles sont par l'extension du savoir, autre chose que les survivances des âges où le savoir était restreint.

Sans aucun doute, une plume aussi active que celle de Sophie Germain aurait produit encore ; et que de vérités peut-être un esprit de cette puissance, nourri de tant d'études, servi par tant de talents, eut, dans sa maturité, amenées à la pleine lumière ! Une mort prématurée en décida autrement. Dès 1829, Sophie Germain avait ressenti les atteintes du mal terrible — un cancer — qui devait la conduire au tombeau. Elle se savait perdue. Cependant durant sa maladie, qui fut longue et cruelle, elle ne retira son attention ni des gens, ni des choses, et son esprit, accoutumé à la supériorité, demeura supérieur même dans la souffrance, même devant la certitude de l'inévitable et prochaine destruction. Dans l'intervalle des crises, recueillant ses forces, elle reprenait ses habitudes de travail, rouvrait son salon, causait avec sérénité. Enfin, elle mourut le 27 juin 1831, âgée de 55 ans (1).

En cette relation d'une vie dignement employée, il est regrettable que les détails biographiques soient aussi rares ; mais si, travailleuse discrète, Sophie Germain n'a pas fatigué ses contemporains du souci bruyant de sa personnalité, cela même n'est-il pas un titre de plus à notre estime? Toutefois, lorsque le temps, lui aussi, a fait son œuvre et choisi les noms qui ne doivent pas périr, une légitime curiosité s'attache à la mémoire de ses élus ; c'est alors qu'on regrette que la modestie soit l'un des attributs de la vraie grandeur. Heureusement, il nous reste un portrait moral de Sophie Germain ; je l'emprunte à Libri qui avait eu la fortune d'être reçu dans son intimité :

(1) Tous les dictionnaires biographiques, copiant Libri, indiquent le 17 juin comme la date du décès de Sophie Germain. C'est une erreur. Sophie Germain est morte le 27 juin, à une heure du matin, rue de Savoie, n° 13 ; la maison, qui existe encore, a conservé son caractère primitif ; une plaque commémorative a été posée sur cette maison par les soins de la Commission des inscriptions parisiennes de la Ville de Paris. L'acte de décès, signé de MM. Amand-Jacques Lherbette, neveu de la défunte, Marc-Pierre Gaigne, ami, et Démouts, adjoint au maire du onzième arrondissement, la qualifie de *rentière*.

« Sa conversation avait un cachet tout parti-
« culier. Les caractères frappants en étaient un
« tact sûr pour saisir à l'instant l'idée-mère, et
« arriver à la conséquence finale, en franchis-
« sant les intermédiaires ; une plaisanterie, dont
« la forme gracieuse et légère voilait toujours
« une pensée juste et profonde ; une habitude,
« qui lui venait de la variété de ses études, de
« rapprochements constants entre l'ordre physi-
« que et l'ordre moral, qu'elle regardait comme
« assujettis aux mêmes lois. Si l'on y joint un
« sentiment continuel de bienveillance, qui la
« faisait s'oublier toujours pour ne songer qu'aux
« autres, on sentira quel en devait être le char-
« me.

« Cet oubli d'elle-même, elle le portait dans
« tout. Elle le portait dans la science, qu'elle
« cultivait avec une entière abnégation person-
« nelle, sans songer aux avantages que procu-
« rent les succès ; s'applaudissant même de voir
« quelquefois ses idées fécondées par d'autres
« personnes, qui s'en emparaient ; répétant sou-
« vent que peu importe de qui vient une idée,
« mais seulement jusqu'où elle peut aller ; et
« heureuse, dès que les siennes donnaient leurs

« fruits pour la science, n'en retirât-elle aucun
« pour la réputation, qu'elle dédaignait et nom-
« mait plaisamment la gloire des bourgeois, la
« petite place que nous occupons dans le cerveau
« d'autrui.

« Elle le portait aussi, ce caractère noble,
« dans ses actions, toujours marquées au coin
« de la vertu, qu'elle aimait, disait-elle, comme
« une vérité géométrique. Car elle ne concevait
« pas qu'on pût aimer les idées d'ordre dans un
« genre sans les aimer dans un autre; et les
« idées de justice, de vertu, étaient, suivant ses
« expressions, des idées d'ordre, que l'esprit de-
« vrait adopter, même quand le cœur ne les ferait
« pas chérir (1) ».

Est-ce assez péremptoire? Une femme même
peut être philosophe à ce point d'écrire « que
« l'Écriture sainte ne prévient point la postérité
« à l'égard des sciences (2) », et donner en même
temps l'exemple du désintéressement et de la
vertu. La vie de Sophie Germain apporte une
clarté précieuse sur ce point délicat, et ce n'est

---

(1) *Journal des Débats*, 18 mai 1832.
(2) *Pensées.*

point le moindre service qu'elle nous ait rendu.

Sophie Germain est inhumée au cimetière du Père-Lachaise.

Désireux de saluer sa cendre, j'ai fait là, dernièrement, un pieux pèlerinage (1). Une tristesse m'y attendait. Au carrefour où s'élève le fastueux monument de Casimir Périer, s'ouvre une voie pavée qui se nomme le chemin de La Bédoyère ; en y entrant, à gauche, on rencontre le mausolée d'Élisa Mercœur et, à quelques mètres en arrière, celui d'Auguste Comte : à cinquante pas de là, sur la droite et en seconde ligne, on aperçoit l'arbre qui couvre la tombe de Sophie Germain. Primitivement, c'était un jardinet un peu sévère, mais de toute convenance : un plant de buis, une pierre tumulaire, une grille de fer pour entourage, rien de plus. Aujourd'hui, c'est une ruine abandonnée : la grille est rouillée, brisée, déplacée ; le terrain, par endroits, se trouve défoncé ; le buis, qui depuis de longues années n'a pas été taillé, forme un arbuste broussailleux dont le hasard dispose ; la pierre, renversée, s'appuie sur son ancien soubassement et, en écar-

---

(1) Ceci a été écrit en 1879.

tant les ronces qui la cachent en partie, on peut y lire cette modeste inscription :

ICI REPOSE

DEMOISELLE

MARIE-SOPHIE GERMAIN

NÉE A PARIS

LE 1er AVRIL 1776

DÉCÉDÉE EN LA DITE VILLE

LE 27 JUIN 1831.

Cependant une graine, apportée sans doute par le vent, a produit un magnifique marronnier qui, enfonçant ses racines dans la tombe même, étend au loin son ombre ; un lierre grimpe à son tronc, gagne les premières branches et, çà et là, laisse retomber mélancoliquement de longues tiges. La nature, non sans grâce, a remédié à l'oubli des hommes.

Tous les parents, tous les amis de Sophie Germain sont-ils entrés dans l'éternelle absence? C'est possible. L'impossible, c'est que ceux — et des signes touchants montrent qu'ils sont nombreux — dont la vénération s'attache aux tombeaux de la jeune muse et du grand philosophe, ses voisins de sépulture et de gloire, ne tiennent pas à honneur de relever une pierre sur laquelle le temps effacerait bientôt un nom qui peut leur être cher à tant de titres. La poésie et la science ne doivent-elles pas un même tribut à celle qui a médité leur alliance (1)?

Je signalais plus haut l'une des *Pensées* de Sophie Germain comme étant de vérité éphémère ; j'en indiquerai une autre, en terminant, qui est de vérité immuable. « La vraie opinion d'un siè-
« cle est dans la tête des grands hommes qu'il
« a produits ». L'opinion du XIXe siècle, quelle est-elle, si l'on en juge à cette vue? C'est que, divisés par les hypothèses mystérieuses qui rapprochaient autrefois nos ancêtres, et rapprochés, au contraire, par les réalités scientifiques qui les divisaient, nous sommes à une de ces époques décisives où la nécessité d'un nouvel accord s'impose. Écoutez et lisez. Elle éclate, cette opinion, sous la plume ou sur les lèvres de tous nos penseurs éminents, et, certes, le nom de Sophie Ger-

---

(1) Depuis cette époque, la tombe de Sophie Germain a été restaurée.

main restera comme un des témoignages les plus précieux de la vérité par elle-même exprimée.

Mais, pour que cette opinion du siècle se traduise en fait, que faut-il? Il faut, selon le mot du poète, *videre longius assueto,* voir plus loin qu'à l'ordinaire et, pour cela, s'étant élevé à ces sommets philosophiques du haut desquels Aristote, Descartes, Auguste Comte ont annoncé aux hommes les progrès de l'esprit humain, saluer, comme le but du savoir, la réconciliation de l'esprit et du cœur, de l'imagination et de la raison, but suprême qu'estompe encore un crépuscule lointain.

H[te] STUPUY.

CONSIDÉRATIONS GÉNÉRALES

SUR

L'ÉTAT DES SCIENCES

ET DES LETTRES

AUX DIFFÉRENTES ÉPOQUES DE LEUR CULTURE

CONSIDÉRATIONS GÉNÉRALES

SUR

L'ÉTAT DES SCIENCES

ET DES LETTRES

PAR

SOPHIE GERMAIN

CHAPITRE I

COMMENT LES SCIENCES ET LES LETTRES SONT DOMINÉES PAR UN SENTIMENT QUI LEUR EST COMMUN.

Lorsqu'on envisage sous un point de vue général les divers travaux de l'esprit humain, on est frappé de leur similitude. Partout de certaines lois ont été observées, ou, si elles ne l'ont pas été, leur défaut s'est fait sentir. Dans ce dernier cas, soit que l'ouvrage renferme un corps de doctrines, soit qu'il ait été destiné au simple amusement, l'auteur n'a pas rempli les conditions de la durée.

A la première curiosité, bientôt épuisée, succédera un entier oubli.

Les lois dont nous parlons ont régi la pensée de l'homme longtemps avant qu'il ait eu le loisir de réfléchir. Le spectacle de l'univers en était empreint; la mémoire les a reproduites; l'imagination, jusque dans ses caprices, leur est demeurée assujettie; plus tard, elles ont servi de guide à la raison.

S'il nous était donné de pénétrer la nature des choses; si les observations, les réflexions, les théories qui composent notre richesse intellectuelle, n'étaient pas de l'homme, nous choisirions avec certitude entre ces deux propositions : ou le type que nous trouvons en nous-mêmes et dans les objets extérieurs nous révèle les conditions de l'être; ou ce type, nous appartenant en propre, atteste la manière dont nous pouvons comprendre les possibles.

Cette haute connaissance nous est à jamais interdite. Mais en nous bornant à chercher comment un sentiment profond d'ordre et de proportions devient pour nous le caractère du vrai en toutes choses, nous pourrons parvenir à reconnaître que, dans les divers genres, nos études, nos recherches, dirigées vers un même but, emploient des procédés qui sont aussi les mêmes.

En effet, s'agit-il du plan d'un ouvrage, de l'argument d'un poème? L'esprit exige de la clarté; il veut que les diverses parties soient liées entre elles, avec assez d'art pour que leur rapport s'aperçoive d'un coup d'œil; il demande un ordre facile à saisir; il se complaît dans la simplicité, source de l'élégance. L'emploi du merveilleux est soumis aux mêmes règles. L'imagination peut adopter d'ingénieuses fictions; mais alors un certain module intellectuel remplace ce qui manque à la réalité des objets. Les oracles du goût et les arrêts de la raison se ressemblent; l'ordre, la proportion et la simplicité ne cessent pas d'être des nécessités intellectuelles. Les sujets sont différents, mais le jugement est constamment appuyé sur ce type universel qui appartient également et au beau et au vrai.

Voulons-nous connaître les êtres naturels? Nous les classons suivant nos convenances; et la notion méthodique des genres et des espèces imprime à l'histoire naturelle le cachet de l'esprit de l'homme.

A l'égard des sciences exactes, le sentiment

d'ordre et de proportions, qui partout ailleurs guide ou le goût ou la raison, fait place à la connaissance certaine d'un ordre déterminé de proportions connues et mesurables. On dirait que, munie d'un instrument nouveau, l'intelligence humaine a renoncé à sa marche accoutumée. La ressemblance à son modèle intérieur n'est plus pour elle le caractère du vrai, qu'elle atteint de plus près; l'objet de ses études remplit au plus haut degré les conditions qu'elle poursuit partout ailleurs; et l'attention, fixée sur cette heureuse réalisation, y est absorbée tout entière.

Sans doute, l'impression produite par la lecture d'un ouvrage d'imagination ne ressemble pas à celle qui résulte de l'étude d'un traité de géométrie. Sans doute aussi, certains esprits admirateurs des riantes images, s'abandonnant uniquement à ce goût, deviendront tout à fait incapables d'application; tandis que d'autres, exclusivement livrés à la contemplation de la vérité démontrée, demeureront distraits ou incertains lorsqu'ils ne rencontreront pas une évidence complète. Ne nous pressons pourtant point de conclure qu'il n'existe aucun lien commun entre des œuvres qui semblent d'abord si différentes. Assistons à leur création, et nous reconnaîtrons bientôt que l'esprit humain est guidé dans toutes ses conceptions par la prévision de certains résultats, vers lesquels se dirigent tous ses efforts.

En observant la manière dont il procède, nous verrons qu'il agit toujours suivant une méthode constante ; et, après avoir suivi les différentes époques de la composition, il deviendra évident que la littérature la plus élevée, comme les découvertes dont s'enrichit la science, ont été inspirées par un sentiment d'ordre et de proportions qui est le régulateur de tout mouvement intellectuel.

Ne nous en étonnons pas : l'esprit humain obéit à des lois ; elles sont celles de sa propre existence ; elles lui fournissent une mesure commune entre toutes les existences qu'il conçoit en dehors de la sienne ; elles deviennent nécessairement le mobile de tous ses travaux, la source de tous ses plaisirs.

Et, en effet, un trait de génie, un trait d'éloquence, dans les sciences, dans les beaux-arts, dans la littérature, nous plaisent par une seule et même raison : ils dévoilent à nos yeux une foule de rapports que nous n'avions pas encore aperçus. Nous nous trouvons tout d'un coup transportés dans une haute région, d'où nous découvrons un ordre inattendu d'idées ou de sentiments. Le plaisir de la surprise émeut notre âme ; elle rend un hommage involontaire à son bienfaiteur, et cet hommage même est encore pour elle un plaisir nouveau.

Voyons d'abord quel est le caractère des premiers essais.

Le sujet est choisi ; les idées se présentent en foule à l'imagination du poète ; il reste quelque temps incertain ; une multitude de ressorts différents semblent pouvoir donner la vie à sa composition ; il en suit le développement, puis il y renonce. Il fait un choix nouveau, son mécanisme se complique ; il n'en n'est pas content, il s'arrête, il revient sur ses pas. Du milieu de cette lutte tumultueuse entre des projets contraires surgit enfin une idée simple. Soit qu'elle ait déjà été entrevue, soit qu'elle se présente à lui pour la première fois, l'auteur sent que cette idée est celle qu'il avait poursuivie.

Une remarque, un fait inattendu donne-t-il lieu à des recherches nouvelles? Le géomètre après avoir mûrement examiné tout ce qui, dans la science déjà faite, peut lui prêter secours, circonscrit le sujet qu'il va traiter. Bientôt il entrevoit des résultats qu'il ne peut encore atteindre ; son imagination s'élance, pour les saisir, dans les routes qu'elle s'est frayées ; il craint de s'être égaré, il doute de ses premiers aperçus, il rétrograde et cherche à ressaisir les indications qui l'avaient d'abord guidé ; un grand nombre d'idées se sont jointes à celles qui furent les premières ; elles compliquent le sujet, partagent l'attention et suspendent le jugement. Mais, à travers ce chaos de pensées, le génie distingue une idée simple ; son choix est irrévocablement fixé, il sait que cette idée sera féconde.

Examinons à présent de quelle manière les travaux commencés vont être exécutés.

En traçant son plan, le poète ne perdra jamais de vue l'idée principale. Elle donnera à son travail l'unité d'intérêt et d'action, source de toute beauté véritable. Elle lui offre le moyen de satisfaire au besoin d'ordre et de proportions, qu'un sentiment universel a placé au premier rang entre les préceptes du goût et de la raison. Il se complaira à en suivre le développement.

De son côté, le géomètre porte une attention soutenue vers l'idée heureuse qui dirige ses recherches. Toutes les forces de son intelligence seront employées à dérouler la chaîne des vérités contenues dans cette vérité première ; et l'unité de composition ne sera nulle part ailleurs aussi sensible.

L'ordre de son travail est déterminé ; il ne saurait l'intervertir. L'évidence est pour lui la condition du succès ; il choisit la méthode qu'il croit propre à l'y conduire, et entre ensuite avec joie dans la carrière ouverte à ses espérances.

Les auteurs dont nous comparons les travaux ont franchi les premières difficultés ; ils ont observé, entre les divisions adoptées, cette juste proportion d'étendues respectives, qui, sans nuire au sentiment de la continuité, permet et marque le repos.

Pour remplir ensuite les cadres qu'ils ont tracés, ils s'abandonneront encore une fois aux inspirations de leur génie. Mais, à présent que les limites du sujet sont parfaitement déterminées, ils n'auront plus à craindre de s'égarer : l'un, dans le champ immense d'une imagination fertile en inventions ; l'autre, dans cet océan des possibilités, d'où l'on aborde avec tant de difficulté sur le terrain ferme de la vérité démontrée. Il se présente souvent encore dans le cours du travail des idées qui, bien que nées du sujet, nuiraient cependant ou à la rapidité ou à la clarté du développement. S'ils mettaient trop de soin à éviter une telle surabondance d'invention, nos auteurs arrêteraient l'élan de leurs pensées. Plus tard, ils reverront leurs premières ébauches et n'y conserveront plus que les traits nécessaires. Changeant alors de rôle, ils deviendront les juges de leur propre ouvrage.

Ils examinent d'abord la marche des idées. Celles qui pourraient, d'un côté, partager l'intérêt, de l'autre suspendre l'attention et détruire ainsi l'unité de composition, seront écartées ; elles iront enrichir, soit de gracieux épisodes, soit de savantes annotations ; ou, si, trop éloignées du sujet qui les a fortuitement amenées, elles ne peuvent être convenablement placées dans l'ouvrage même, elles deviendront peut-être l'origine d'une production nouvelle. Ainsi la branche développée dans la saison actuelle, offre quelquefois le rudiment d'une végétation prochaine.

Les différentes parties du style seront ensuite l'objet d'un autre genre de corrections. L'homme de lettres s'occupera du choix des mots, de leur arrangement, de l'harmonie du vers ou de celle de la phrase. Un grand nombre de convenances difficiles à concilier seront soumises au jugement du goût, du goût, tantôt si prompt à décider, tantôt si lent à prononcer; dont les opérations échappent souvent à l'attention, mais qui pourtant agit toujours conformément aux règles de la raison, lors même qu'il semble ne suivre d'autres lois que ses propres caprices.

La langue des calculs peut donner lieu à des corrections qui lui sont propres; car elle a aussi son style, et tous les auteurs ne l'écrivent pas avec le même degré de perfection. Au choix des mots correspond celui des caractères. A la vérité, ceux-ci sont tellement conventionnels, qu'il faut, dans chaque occasion, exprimer quelle valeur on leur attribue; cependant leur emploi est astreint à certaines convenances qui ne tiennent pas uniquement aux habitudes consacrées. Les formules remplacent la phrase; elles peuvent être plus ou moins élégantes. L'analyse parle aux yeux. Ainsi, au lieu de l'harmonie ou de l'accord entre les sons, elle doit présenter entre ses divers éléments des rapports d'ordre et de simplicité faciles à saisir au premier coup d'œil. Les personnes initiées à ce genre de discours trouvent bien certainement dans la contemplation des formules une sorte de charme qui les entraîne vers l'étude. Et si les bons auteurs sont doués d'une finesse de tact qui leur fait choisir entre ces formules celles qu'il convient d'écrire, tandis que d'autres seront seulement indiquées; si leurs décisions sont tantôt rapides, tantôt lentes et réfléchies, c'est que le tact dont nous parlons n'est, en effet, autre chose que le goût appliqué à des objets qu'on semble avoir crus étrangers à son empire.

Nous venons de voir combien les productions intellectuelles les plus diverses ont entre elles de ressemblances véritables; comment un sentiment d'ordre et de proportions, après avoir présidé aux inspirations du génie, guide leur emploi, et se fait encore sentir dans les dernières corrections de l'ouvrage.

Mais si la marche de l'esprit est partout la même, les objets qu'il peut envisager sont d'une variété infinie. Au premier coup d'œil, ce qui tient à cette variété doit plus frapper que l'identité des rapports dont nous avons parlé. Aussi les opérations intellectuelles qui, au fond, sont les mêmes, ont-elles reçu divers noms suivant la nature des sujets auxquels elles s'appliquent. La différence dans les mots, différence d'autant plus naturelle que chacune des branches de nos connaissances a été pendant longtemps, pour ainsi dire, exclusive de toutes les autres, tend à perpétuer l'opinion d'une séparation réelle entre les facultés de l'esprit : comme si, par exemple, l'allégorie elle-même n'était pas assujettie aux préceptes de la raison, et comme si la découverte d'une loi de la nature avait pu se passer du secours de l'imagination. Sans doute, le poète ne nous rendra pas compte des discussions pleines de finesse qui ont précédé l'adoption des emblèmes qu'il a choisis ; et l'homme de génie qui a surpris un des secrets de l'ordre naturel, ne nous dira pas non plus combien de fois son imagination s'est égarée autour de la route qui devait le conduire à la connaissance certaine d'une vérité qu'il est à présent en état de démontrer. Bien loin de là, chaque auteur a mis tous ses soins à faire disparaître la trace de ses premiers essais, pour ne conserver que les formes propres au sujet. Le lecteur vient ensuite chercher, suivant ses dispositions personnelles, soit un délassement agréable, soit une instruction solide. Le titre du livre suffit pour qu'il soit assuré de n'avoir à faire usage que du degré d'attention qu'il veut accorder, et il est naturellement porté à croire que les auteurs eux-mêmes ont écrit ou dans l'abandon d'une imagination qui erre en liberté, ou avec l'austère méthode d'une déduction qui ne permet aucun écart. De là cette séparation, jadis si respectée, entre le domaine de l'imagination et celui de la raison.

Disons aussi que, dans un temps déjà éloigné, l'extrême division du travail nécessaire à la science naissante, avait dû accréditer l'idée de spécialité dans les facultés de l'âme. Mais, aujourd'hui que les bienfaits de l'imprimerie assurent à l'esprit humain la jouissance de tout ce que les générations précédentes ont accumulé d'observations, de comparaisons, de théories, de vérités incontestables, il n'aura plus à refaire les premiers pas ; ses forces réelles augmenteront chaque jour; et déjà nous nous trouvons ramenés par la voie sûre d'une instruction approfondie, vers ces idées de simplicité et d'unité qui furent autrefois des révélations du génie devinant sa propre nature, et s'efforçant d'en étendre les lois sur l'univers entier.

Ah! n'en doutons plus, les sciences, les lettres et les beaux-arts sont nés d'un seul et même sentiment. Ils ont reproduit, suivant les moyens qui constituent l'essence de chacun d'eux, des copies sans cesse renouvelées de ce modèle inné, type universel de vérité, si fortement empreint dans les esprits supérieurs.

Dans le chapitre suivant nous verrons, en jetant un coup d'œil sur l'histoire de l'esprit humain, comment, jusque dans ses écarts mêmes et en vertu des lois de son être, tous ses efforts ont été dirigés vers l'ordre, la simplicité et l'unité de conception.

CHAPITRE II

CONSIDÉRATIONS GÉNÉRALES SUR L'ÉTAT DES SCIENCES ET DES LETTRES, AUX DIFFÉRENTES ÉPOQUES DE LEUR CULTURE

Si nous remontons jusqu'à l'origine de la littérature, nous verrons qu'elle a commencé la première fois que, sortant du cercle étroit des intérêts personnels, l'homme a essayé de communiquer à ses semblables des sentiments et des idées qui n'avaient aucun but usuel.

Le récit des événements remarquables, la peinture des grandes scènes de la nature, n'étaient encore que de simples copies de choses existantes.

Lorsque, au lieu de s'astreindre à faire le récit de certains faits ou à dévoiler un certain état de choses, l'homme de génie est parvenu à reproduire, à l'aide d'une action dont il avait imaginé les ressorts, des impressions reçues d'ailleurs, il s'était déjà élevé jusqu'à la notion abstraite de l'ordre pour y puiser la première des règles de sa composition. Il a voulu captiver l'attention des autres hommes ; l'unité d'action, l'unité d'intérêt, la clarté de l'exposition ont été pour lui des moyens de succès, avant que l'esprit d'examen en eût fait des préceptes de l'art.

Jeté sur la terre au milieu de l'immensité des choses, frappé à la fois par le spectacle d'une infinité de merveilles, l'homme n'a rien trouvé au dehors de lui de plus merveilleux que lui-même. Il a étendu son existence sur tout ce qui l'environnait. Son individualité lui a d'abord été connue ; cherchant partout sa propre image il a personnifié les êtres inanimés, les êtres intellectuels, enfants de son imagination. Ceux-ci ont présidé à tous les actes et à tous les phénomènes de l'ordre naturel. Ainsi se manifestaient déjà, à cette première époque de la culture intellectuelle, le sentiment profond d'un lien commun entre tous les êtres, et celui d'un type universel empreint dans l'intelligence humaine pour lui servir de modèle.

Les sciences n'existaient pas encore ; mais le besoin d'expliquer s'était fait sentir. La première des littératures fut poétique. Ce qui tenait lieu des sciences physiques n'était pas moins poétique que la littérature elle-même; ou plutôt ces deux branches du savoir, tellement séparées aujourd'hui qu'il faut de la sagacité pour remarquer ce qu'elles ont de commun, étaient dans ces premiers temps entièrement confondues. Qu'importait, en effet, à l'égard du caractère de la composition, que le sujet fût l'homme lui-même, ou quelqu'un des dieux, demi-dieux, ou génies qu'il avait dotés de l'intelligence et des passions humaines? Des êtres si pareils pouvaient même agir de concert, sans nuire à l'homogénéité d'invention; le merveilleux les unissait.

Nous apercevons, dans ces premiers essais de la pensée, le goût des idées générales et le sentiment d'analogie, qui se reproduiront dans la suite sous les formes les plus variées. L'individualité et l'intelligence de l'homme, en vertu desquelles ses actions sont dirigées vers le but qu'il veut atteindre, lui ont été connues en même temps que sa propre existence. Dès qu'il porte ses regards autour de lui, qu'y cherche-t-il? Ce qu'il a trouvé en lui-même. Il remarque dans les actes de la nature un ordre et une succession qui lui paraissent tendre vers un but déterminé ; il ne suppose pas d'autre cause que l'action d'une intelligence et d'une volonté ; et cette intelligence, cette volonté, il ne peut les concevoir sans en investir un être quelconque. Il imagine des êtres invisibles, parce qu'en effet il n'en voit aucun. Ce sont, suivant l'importance des actes qu'il leur attribue, des dieux, des demi-dieux, ou seulement des génies subalternes. Ces êtres sont amis ou ennemis ; ils combattent entre eux ou ils unissent leurs forces ; ils ont nos affections, nos haines, nos passions, nos intérêts ; ils sont faits à notre image. Et pourtant nous ne pouvons ni les voir, ni les entendre, ni les palper : ils sont immatériels, ce sont des esprits. Fidèle à sa pensée constante, l'homme n'a jamais cessé de regarder son existence propre comme le type de toutes les autres existences. Après s'être dit : « Les esprits existent, ils connaissent, ils veulent, ils agissent, et leurs actions se manifestent par les changements matériels qu'ils opèrent », il devait chercher en lui-même quelque chose de semblable. Nos connaissances, nos volontés et le principe de nos actions ont donc été attribués à une substance immatérielle, qui, suivant la diversité de ces opérations, a reçu différents noms.

Cette ébauche de nos connaissances nous montre l'origine de la plupart des idées qui ont été reproduites depuis. La littérature a conservé les fictions qui furent regardées autrefois comme des réalités; les sciences physiques ont recueilli les observations que ces fictions expliquaient; la philosophie y a puisé ses systèmes, et les religions y ont pris les éléments de leurs croyances.

Sans nous astreindre à aucun ordre historique, suivons la marche de l'esprit humain.

Les observations se sont multipliées. La régularité des mouvements célestes et la constance des phénomènes sublunaires ont décelé des lois immuables. Les volontés d'une multitude de personnes n'ont pas ce caractère. Un seul homme peut avoir des volontés relatives à des objets différents; et, s'il était chargé de diriger à la fois plusieurs genres d'actions, il établirait un ordre constant qui le dispenserait d'une attention de détail. A cet égard, l'état de société présente des exemples. L'homme a dit alors : « Un seul être a voulu l'univers et il le gouverne; ses volontés sont immuables ».

Nous voyons naître nos semblables, nous avons commencé : l'univers a donc eu aussi un commencement. Nous avons une âme immatérielle; elle est la force motrice qui produit nos actions. L'Être des êtres est immatériel, il a créé toutes choses, et il agit sur elles.

Il a créé l'univers, il existait donc avant cet univers.

L'esprit humain était arrivé aux limites des analogies. Au-delà il n'avait plus aucune idée de l'être, car il manquait de modèle. Cette négation d'idée, cette limite de la pensée a été exprimée; l'infini est son nom : s'il s'agit de la durée, c'est l'éternité. Le Créateur de l'univers n'a pas commencé; il ne doit pas finir : il est éternel.

Dans ce qui précède, on ne voit pas clairement comment on a été conduit à cette dernière partie de la proposition : « il ne doit pas finir ». Le voici. Nous assistons au commencement et à la fin d'existences pareilles à la nôtre : ces deux époques sont les limites de la vie. En deçà et au delà nous trouvons le temps, qui ne leur appartient pas ; mais nous voyons que d'autres existences en jouissent. Ce genre de limites est donc relatif. Ainsi la durée de notre vie est comprise entre deux limites de même genre. L'analogie voulait que l'existence dont on avait reculé l'origine jusqu'à la limite absolue fût aussi comprise entre deux limites de même genre : elle ne devait pas finir, puisqu'elle n'avait pas commencé. L'intelligence humaine s'était déjà approprié la spiritualité ; elle devait prendre aussi possession de l'éternité. Nous l'avons déjà dit, sa méthode habituelle est de transporter hors d'elle-même les lois de sa propre existence ; de chercher dans les analogies ce qui manque encore à ses nécessités intellectuelles, et de reporter ensuite vers elle-même les suppléments dont les objets extérieurs lui ont donné l'idée. Elle était donc naturellement conduite à l'éternité de l'âme. On sait qu'en effet cette opinion, présentée sous différentes formes, a eu de nombreux partisans. Cependant l'idée, moins analogique, de la simple immortalité a prévalu.

Ajoutons encore quelques observations.

Lorsque l'individualité multipliée des êtres invisibles satisfaisait son imagination, l'homme n'avait pas encore pratiqué les différents arts en vertu desquels il assigne aux ouvrages de ses mains, une destination conforme à ses volontés. Les procédés mécaniques lui apprirent qu'après avoir transformé les agents naturels, il pouvait aussi leur imprimer un mouvement plus ou moins durable; l'analogie le conduisit ainsi à penser que l'être unique qui gouvernait le monde en était l'architecte.

Voici une remarque assez singulière. On avait été mené directement à dire que le Créateur de l'univers n'a pas commencé; l'idée qu'il ne doit pas finir est presque symétrique de la première. Eh bien, en s'appropriant le genre de limites que son esprit avait atteint, l'homme ne l'adopte plus pour origine, mais il en fait le terme de son existence immatérielle. Cette espèce de paradoxe trouvera son explication, lorsque nous nous occuperons de la liaison établie entre la morale et les croyances.

Nous venons de tracer la marche la plus simple que l'intelligence humaine ait pu suivre. Témoin des merveilles de la nature; voulant, parce qu'elle en sentait le besoin, la simplicité, l'ordre et les proportions dans ses propres ouvrages, elle attribue, et l'unité, et l'ordre, et les proportions qu'elle remarque dans l'univers, à la volonté du Créateur.

Mais l'esprit philosophique ne pouvait se contenter d'une explication également applicable aux faits les plus contraires. Par son essence, la volonté est plus ou moins arbitraire : il fallait à l'esprit philosophique un plus ferme appui; il cherchait partout les lois de la nécessité. Tantôt la toute-puissance divine fut soumise à de telles lois ; tantôt la matière elle-même et ses accidents furent regardés comme nécessaires.

Pressé de trouver au dehors les ressemblances à son modèle intérieur; encore peu informé des vérités de la nature ; ignorant et la quantité de chaque phénomène et leurs rapports entre eux, l'homme de génie, inspiré par le sentiment profond des conditions de l'être, était entraîné vers la recherche d'une dépendance mutuelle entre les faits dont il était le témoin. Il les coordonnait suivant ses convenances intellectuelles, et demandait aux analogies ce qui manquait encore à ses connaissances positives. L'esprit de système devait sans doute égarer l'intelligence humaine : c'était l'effet inévitable de son penchant à mettre à la place des certitudes, qui n'étaient pas acquises, mille conjectures hardies qui, démenties ensuite par des observations nouvelles, léguaient aux générations suivantes de véritables préjugés à l'égard des faits encore inconnus. Il est pourtant certain que cet esprit n'a jamais cessé d'être guidé par la prévision de la vérité.

Dans ces derniers temps, on a voulu recueillir en un seul faisceau les différentes branches de la science. L'auteur de la préface de l'Encyclopédie dit, en la terminant : « L'univers, pour qui saurait l'embrasser d'un seul coup d'œil, serait un fait unique, une grande vérité ». Ces paroles remarquables renferment le secret des efforts de l'esprit humain.

Chacun des systèmes qu'il a enfantés avait pour but de concentrer les faits alors connus en un fait unique. On établissait entre ces faits la relation de cause à effet : on voulait une raison pour qu'ils fussent. On cherchait une unité, des rapports, un ordre, des proportions, parce que ces conditions sont le caractère du vrai. On n'était pas en état de leur donner un appui solide ; mais on généralisait avec plus ou moins de bonheur les résultats dont on avait acquis la certitude. Une vérité découverte prêtait son caractère propre à un vaste système ; et mille suppositions comblaient ensuite l'intervalle entre cette vérité et celles qui, placées dans un rang secondaire, semblaient devoir s'y lier.

Une idée dominante se retrouve partout; l'homme s'est cru le modèle de tous les êtres, le but vers lequel ils tendent, le centre de l'univers. Non seulement ses convenances intellectuelles devaient être réalisées en toutes choses, mais encore ses moindres convenances usuelles étaient la cause finale des êtres les plus éloignés de lui. Ainsi le soleil, la lune, les étoiles sans nombre et presque invisibles, sont là tout exprès pour fertiliser ses champs et éclairer ses veilles. Le moindre brin d'herbe développé sans culture, l'animal du désert, le coquillage qui habite le fond des mers ont leur utilité, ou, en d'autres termes, ils sont faits pour l'homme. On cherchait l'unité et l'ordre; on les concevait dans des relations imaginaires. Il y eut d'abord erreur du jugement; mais l'amour-propre sanctionna bientôt cette erreur, et les religions la consacrèrent.

Nous voyons encore aujourd'hui la trace des opinions qui rapportent toute autre existence à celle de l'homme.

Cependant nous appelons fausses sciences deux

branches de l'ancien savoir, qui, sous les noms *d'alchimie* et *d'astrologie judiciaire*, ont joui pendant longtemps de la plus haute estime.

La première enseignait que le corps humain est l'abrégé de l'univers. Les diverses substances qu'elle soumettait à ses opérations avaient reçu le nom des divers organes avec lesquels elles avaient des ressemblances prétendues. Le foie de soufre est encore connu dans le langage vulgaire. Cette science voulait aussi l'unité ; car elle cherchait la panacée, ou le remède universel, et l'alkoës, ou le dissolvant général, par lequel toutes les autres substances devaient finir par être réduites en un seul élément, qui était l'eau. Les métaux étaient l'objet de mille doctrines singulières ; on établissait des rapports entre eux et les planètes, dont on leur avait donné les noms.

L'astronomie judiciaire apprenait l'influence des astres sur le sort de chaque individu. L'homme, persuadé de son importance, se croyait menacé par l'apparition des comètes. Les grands de la terre, renchérissant sur cet amour-propre ne concevaient pas d'événement plus remarquable que leur propre mort. Aussi ne doutaient-ils pas qu'elle ne fût annoncée par ces astres vagabonds, qui bien certainement n'auraient pas pris la peine de visiter la terre s'ils n'eussent été chargés d'avertir les habitants d'un aussi grand malheur.

Mais si nous avons renoncé à ces antiques erreurs, nous conservons encore, dans nos argumentations, l'invincible habitude de juger de la nature des choses par la possibilité de nous en former une idée; en sorte qu'une proposition est affirmée ou niée suivant que nous pouvons ou ne pouvons pas concevoir son existence. Ainsi nous disons hardiment que la matière est divisible à l'infini, parce qu'il nous est facile de continuer à l'infini l'opération arithmétique de la division. Nous disons qu'elle ne peut penser, parce qu'elle est divisible à l'infini, et que l'unité de nos opérations intellectuelles répugne à l'idée de la divisibilité. Néanmoins, nous ne savons toutes ces choses ni *a posteriori,* puisque l'expérience ne saurait les atteindre, ni *à priori,* puisque la matière ne nous étant connue que par de simples perceptions, nous ignorons complètement son essence. On croirait, à voir notre assurance, que, à l'exemple du géomètre, nous sommes parvenus à exprimer la nature du sujet avec une telle précision que toutes ses propriétés sont renfermées dans notre définition. Mais combien la différence est grande! Au lieu d'une équation absolue qui renferme l'objet de nos recherches tout entier, en sorte que rien de ce qui lui appartient ne puisse être étranger à cette espèce de définition caractéristique, nous connaissons seulement quelques propriétés relatives à nos sens. Que penser de la singulière assurance avec laquelle, lorsque nous avons à balancer les probabilités dans des questions qui ont si peu de prise, nous n'hésitons pourtant pas à dire : « il est évident, il est absurde; il faut être de mauvaise foi pour ne pas convenir, etc. ». Avouons-le, la philosophie a fait des progrès réels ; mais elle doit encore subir de grands changements, si elle peut espérer d'arriver à l'exactitude.

Nous avons déjà remarqué qu'il existe en nous un sentiment profond d'unité, d'ordre et de proportions qui sert de guide à tous nos jugements. Dans les choses morales, nous en tirons la règle du bien; dans les choses intellectuelles, nous y puisons la connaissance du vrai; dans les choses de pur agrément, nous y trouvons le caractère du beau.

Il nous est difficile de savoir si les conditions qui sont imposées à notre approbation en toutes choses sont le résultat immédiat des lois de l'être, ou si elles dérivent seulement d'un rapport entre toute autre réalité et celle de notre existence.

Plusieurs philosophes paraissent s'être proposé, plus ou moins directement, les questions que ce doute pourrait faire naître. Les uns ont vu dans les causes occasionnelles de nos sensations des qualités correspondantes; d'autres ont prétendu nier l'existence des objets qui nous sont extérieurs.

De nos jours, Kant a discuté une question de ce genre. Sa remarque expresse porte sur ce que les arguments les plus concluants peuvent être attribués ou à des rapports nécessaires, ou aux formes de notre entendement; en sorte que, à cet égard, toute décision rationnelle paraît nous être interdite.

Quant au raisonnement *à priori,* on ne saurait nier, en effet, la légitimité du doute philosophique ; car ce doute est fondé sur l'impossibilité de comparer aucun autre jugement avec celui de l'homme. Cependant l'opinion qui attribuerait à l'être, considéré en lui-même, l'unité, l'ordre, les proportions, que nous poursuivons dans tous les objets, aurait en sa faveur certaines inductions qu'il n'est peut-être pas inutile de développer. Nous allons essayer d'exposer clairement la nature de ces inductions ; il sera facile d'apprécier ensuite quel degré de confiance il convient de leur accorder.

Voici quelques observations préliminaires.

Notre logique se compose de règles dictées par la raison universelle. Ces règles ne seraient pas moins certaines pour nous lors même qu'on voudrait qu'elles enseignassent seulement à former et à reconnaître les jugements que tout homme de bon sens ne saurait contester. Si nous adoptons pour un instant l'hypothèse de l'entier isolement de la raison, c'est-à-dire, si nous supposons qu'aucun objet extérieur à l'esprit de l'homme ne soit venu à sa connaissance, et que, livré uniquement à ses propres pensées et à celles qu'il doit aux sociétés humaines, il ait voulu rassembler en un corps de doctrines les vérités de son être, celles qui naissent de ses rapports sociaux, de ses affections et de ses devoirs, nous y trouverons les idées du bien, du vrai et du beau, qui nous sont actuellement connues. Notre morale, notre logique et nos règles du goût ne seraient pas changées ; car les récits animés, la peinture des passions, l'invention d'une action poétique, offriraient encore des sujets à l'art d'embellir et de plaire ; et la littérature, bien qu'appauvrie, ne serait pourtant pas anéantie.

Dans cette position hypothétique, la question de savoir si les rapports entre les différentes parties d'un sujet sont nécessaires en eux-mêmes, ou s'ils nous semblent tels uniquement en vertu de nos formes intellectuelles, ne se serait pas présentée à l'esprit des philosophes. Peut-être même eussent-ils été dans l'impossibilité d'en comprendre le sens, uniquement environnés des choses humaines. Comment, en effet, auraient-ils songé à la notion abstraite de l'être, lorsqu'un seul mode d'existence leur eût été connu? Leur logique eût pu être la nôtre ; mais leurs opinions dogmatiques eussent été fort différentes de celles qui ont crédit parmi nous.

Arrêtons un instant notre attention sur l'objet du doute philosophique, et tâchons d'en bien définir la nature.

La question qui a été proposée par Kant tend à saper dans ses fondements la réalité absolue de toutes les certitudes que nous pouvons obtenir. Elle réduit à n'être que des vérités relatives celles-mêmes dont nous possédons les plus claires démonstrations. Le doute que ce philosophe a élevé attaquerait principalement ce que nous avons admis concernant les attributs de l'être. Ainsi le type intérieur qui nous sert à distinguer le bien, le vrai et le beau, serait bien en effet celui qui convient à notre manière de sentir, mais n'aurait en dehors de nous aucune réalité dont nous pussions obtenir l'assurance.

L'auteur, après avoir dénié la preuve de l'existence de Dieu fondée sur la nécessité d'une cause première à celle de l'univers, demande au sentiment ce qui manque au raisonnement. Mais il est facile de voir que cette concession en faveur des idées morales est purement arbitraire, et qu'elle est destinée à servir de sauvegarde au système des formes intellectuelles.

Nous l'avons déjà dit, et cette proposition est

fondamentale : il n'existe qu'un seul modèle du vrai, mais ses copies diffèrent entre elles comme les objets qui en reçoivent l'empreinte. Dans la morale, dans la science, dans la littérature, dans les beaux-arts, nous cherchons toujours l'unité d'existence, l'ordre et les proportions entre les parties d'un même tout. — Voici la question qui se présente. Le modèle du vrai, ce type de l'être, le devons-nous au fait de notre existence, considéré abstractivement ; c'est-à-dire, suffit-il qu'il existe un être intelligent, pour qu'il trouve en lui-même les conditions sans lesquelles aucune existence n'est possible ? Ou bien est-ce au mode particulier de notre être qu'appartiennent les conditions qui sont pour nous le caractère du vrai ?

Notre question comprend celle de Kant, qui pourrait être ainsi exprimée : Notre logique est-elle celle de la raison absolue, ou convient-elle uniquement à la raison humaine ?

A l'égard de ce que ce philosophe remarque touchant notre tendance intellectuelle à chercher les causes de tout ce qui frappe notre attention, il me paraît qu'en adoptant notre manière d'envisager les choses, cette tendance serait l'avertissement que nous n'apercevons pas, dans son entier, l'objet que nous examinons. Il s'offre à nous avec le caractère fractionnaire; nous demandons quelle en est l'unité. Nous le voyons comme étant une partie; nous voulons connaître le tout auquel cette partie appartient.

Prenons un exemple. Supposons que, au lieu d'envisager l'équation du cercle, nous soyons frappés d'une des propriétés des sinus et des cosinus; nous pourrions bien demander pourquoi cette propriété a lieu, en effet, car alors nous n'aurions sous les yeux qu'une partie du sujet. Mais, si nous remontons jusqu'à la première expression de la courbe, notre curiosité est pleinement satisfaite; nous avons défini l'essence; nous voyons une existence complète. Bien certainement cet être absolu et nécessaire serait compris de la même manière par les intelligences les plus diverses que nous puissions imaginer.

Mais de pareils sujets sont en petit nombre; ils appartiennent aux mathématiques pures. Nos raisonnements logiques s'appliquent, au contraire, à tous les sujets. Nous avons vu que la question de leur certitude absolue ou relative serait insoluble *à priori;* que, si elle pouvait s'offrir à l'homme que nous avons supposé environné uniquement des choses humaines, il n'hésiterait pas à affirmer que rien n'est plus absolu que ses nécessités intellectuelles. Sans doute même il irait plus loin et, à beaucoup d'égards, ses idées seraient contraires aux nôtre.

Ainsi, par exemple, j'ai dit comment nous sommes parvenus à établir que la matière ne pense pas. L'homme que je suppose ne connaître autre chose que lui-même et ses semblables, n'aurait pu imaginer qu'il y eût deux substances en lui. Aucune action extérieure ne l'eût fait songer à des individualités invisibles et douées de volontés. Il n'eût pas douté de l'unité de son existence; et si, dans cette position hypothétique, des corps inertes lui eussent été présentés, il n'eût pu manquer de les croire doués de sentiment et de pensées. L'expérience seule aurait fini par réformer ce dogme que la matière ou l'étendue pense et réfléchit, veut et agit. Les enfants qu'on a soin de préserver du contact des objets extérieurs, attribuent l'intention de les frapper au corps dont le choc vient à les blesser. La loi du talion, loi de justice innée, les porte à rendre le coup qu'ils viennent de recevoir ; et le conseil de leur nourrice, qui les y invite, est suggéré par le désir que l'enfant manifeste naturellement d'être vengé d'une attaque qu'il regarde comme volontaire. L'observateur peu réfléchi pense alors que l'enfant raisonne mal, tandis que ses idées dérivent immédiatement du même sentiment d'analogie qui a porté l'homme, placé dans une position différente, à des idées dogmatiques entièrement opposées.

Où trouverons-nous à présent la solution de la difficulté qui nous occupe ? Les raisonnements *à priori* ne peuvent l'atteindre, puisqu'ils sont tous formés par la raison, dont nous voulons juger la manière d'agir ; et, lorsque nous avons recours aux preuves extérieures, nous voyons que, suivant la position de l'observateur, l'analogie le conduit aux opinions les plus contraires.

Ah ! si les conjectures de l'homme eussent toujours été réalisées ; si l'expérience eût sanctionné tous les systèmes qu'il a imaginés ; si, lorsqu'il avait jugé de l'impossibilité d'un fait, d'un ordre quelconque de choses, contemporaines ou successives, l'observation n'eût jamais démenti ses décisions théoriques, qui pourrait douter de l'absolutisme de nos nécessités logiques? Les formes intellectuelles de l'observateur auraient-elles donc le pouvoir de ployer à leur convenance les sujets soumis à son examen?

Nous sommes loin de cette heureuse position. L'histoire des sciences signale mille écarts; et l'esprit humain a employé plus d'efforts à détruire ses propres ouvrages qu'à en reconstruire de nouveaux. Les sytèmes satisfaisaient, à l'aide des suppositions les plus hasardées, aux faits qu'ils devaient expliquer. Bientôt ces systèmes devenaient insuffisants; mais leur influence sur l'esprit des philosophes était alors un obstacle difficile à vaincre, pour arriver à la connaissance de la vérité.

Si nous possédons en nous-mêmes le type du vrai, pourquoi avons-nous commis tant de méprises?

Si notre logique n'est autre chose que le recueil des principes de la raison absolue, comment, malgré les secours d'un guide sûr, avons-nous pu errer si longtemps dans la région nébuleuse des suppositions gratuites?

L'examen de la première de ces questions met hors de doute que le type du vrai n'a jamais cessé de se faire sentir au milieu des erreurs de la raison. Chaque système a été inspiré par la connaissance d'une vérité incontestable. L'homme de génie, frappé de l'importance de cette vérité, et persuadé de l'unité de l'être, a voulu rapporter toutes les choses à celle dont il avait acquis la certitude. Il a imaginé, il a supposé, il a rempli, d'une manière plus ou moins heureuse, les nombreux intervalles entre les points solidement établis. Mais cet esprit supérieur, auteur d'un vaste système, n'a jamais confondu, dans sa conscience, la certitude absolue qui servait de base à son œuvre avec la probabilité, souvent bien faible à ses propres yeux, des suppositions destinées à lier entre elles les diverses parties de sa doctrine.

C'est là, c'est dans la pensée des inventeurs qu'il faut étudier la nature de l'intelligence humaine ; et, à cet égard, l'histoire du genre humain se réduit à celle d'un petit nombre d'hommes nés avec l'honorable mission d'éclairer leurs semblables.

Sans doute le modèle du vrai, qui nous sert à reconnaître le bon et le beau, n'est pas le partage exclusif de ces hommes privilégiés; mais des esprits communs ne voient qu'autour d'eux-mêmes. Dans le cercle de leurs affections et de leurs intérêts, ils sont juges éclairés; au-delà il n'existe aucune certitude dont ils fassent cas et, d'ailleurs, ils manqueraient de facultés pour l'apprécier.

Revêtues des formes séduisantes qu'une imagination élevée sait prêter à ses conceptions, les doctrines systématiques ont été adoptées avec enthousiasme par la curiosité publique; les esprits cultivés en ont fait leur pâture; elles ont été enseignées dans les écoles. Il s'agissait de les savoir, et non de les juger. On en suivait les conséquences; on en multipliait les applications. Tout le monde parlait d'après le maître; on expliquait sa pensée, et l'on faisait sur ses écrits mille commentaires que lui-même n'eût certainement pas avoués. La simplicité primitive disparaissait; une foule d'erreurs venaient obscurcir le fond de vérité qui avait éclairé le premier auteur du système; et pourtant l'enseignement et le crédit y restaient obstinément attachés, jusqu'à ce qu'une hypothèse plus en harmonie avec les progrès de l'observation eût satisfait au besoin de savoir, qui a devancé, pendant un temps si long, la création de la science véritable.

Ici revient naturellement la question relative aux certitudes logiques. Comment, si elles sont absolues, l'esprit humain a-t-il pu s'abandonner à l'erreur?

Il est d'abord évident que tout faux raisonnement, dès lors qu'il peut être jugé tel par la raison humaine, doit être attribué à une autre cause qu'au défaut d'absolutisme dans nos nécessités intellectuelles. Il ne reste donc à examiner que les déviations commises par l'homme de bonne foi et de jugement éclairé, qui, partant d'un principe certain et raisonnant avec la plus sévère exactitude, est cependant arrivé à des conclusions démenties par les faits.

Nous observerons, en premier lieu, qu'il est extrêmement difficile d'énoncer le principe certain, dont on veut suivre les conséquences, d'une manière assez précise pour que sa définition l'exprime tout entier, et, en même temps, n'exprime aucune idée qui ne serait pas nécessairement renfermée dans ce principe.

Cette difficulté tient à la nature des langues.

Elles doivent leur origine à des communications usuelles. Dans les idées qui se rapportent aux choses présentes ou à celles qui sont parfaitement connues, elles ont toute l'exactitude désirable ; mais, pour les rendre applicables à des sujets philosophiques, il a fallu prendre au figuré des termes qui, fort clairs dans leur signification propre, n'ont pu conserver leur précision après l'altération du sens dans lequel on était accoutumé à les entendre. Cet inconvénient a toujours été senti. On a cru l'éluder en forgeant des mots nouveaux pour des idées nouvelles. Il est évident cependant que ces mots eux-mêmes avaient besoin d'être définis, et ne remédiaient nullement à l'inconvénient du défaut de précision. Loin de là, les expressions techniques ont été interprétées de manières diverses par ceux qui cherchaient, dans un système accrédité, un appui pour leurs idées particulières. Ces expressions techniques sont ainsi devenues une des sources les plus fécondes de la divagation des opinions philosophiques. Les expressions étaient les mêmes ; mais chacun avait une opinion différente de celle de son interlocuteur.

Dans un temps reculé, dont il est sans doute difficile d'assigner la première époque, les propriétés générales des nombres, celles des figures simples et des corps réguliers, avaient attiré l'attention des hommes nés avec le génie des sciences exactes. Ici les idées sont d'une extrême simplicité. On avait sous les yeux les figures et les corps géométriques eux-mêmes ; il était impossible de leur attribuer des propriétés qu'ils n'avaient pas. Des remarques multipliées ont conduit à la connaissance parfaite de ces objets ; un grand nombre de théorèmes curieux en ont été le fruit. Lorsqu'on a voulu exprimer ces théorèmes et ceux qui concernent les nombres, quelques signes, dont la signification ne pouvait être équivoque, ont suffi pour représenter avec précision des idées d'une exactitude parfaite. Dès leur naissance, les sciences mathématiques ont offert à l'esprit humain l'entière réalisation de ce type du vrai, objet de ses plus chères affections.

Partout ailleurs il en cherchait en vain les caractères sublimes. Mille suppositions gratuites avaient été incorporées à un petit nombre de vérités ; et, malgré les formes absolues de l'enseignement philosophique, l'homme doué d'un esprit juste sentait au fond de sa conscience que l'étude ne pouvait le conduire à aucune certitude véritable.

Les temps ne sont pas encore fort éloignés où les sciences physiques, morales, religieuses et politiques étaient surchargées d'une foule de doctrines hypothétiques et mystérieuses. Aussi voyons-nous qu'alors la géométrie inspirait un enthousiasme que nous ne retrouvons plus au même degré. Et comment, en effet, après s'être astreint à étudier avec application les divers systèmes qui composaient la science, systèmes rendus plus obscurs encore par une foule de commentaires dont les auteurs étaient loin de la sagacité des premiers inventeurs et se contredisaient entre eux de cent manières diverses, comment l'homme doué du sentiment profond des conditions qui n'appartiennent qu'au vrai, n'aurait-il pas été transporté d'une joie indicible, en trouvant portée au plus haut degré cette évidence de la vérité, dont la privation l'avait si cruellement tourmenté?

Descartes osa douter publiquement des doctrines de l'école. Ce grand homme n'eut pourtant pas le courage de renoncer à l'espérance, tant de fois déçue, de réaliser enfin la copie fidèle du type de l'être. Il reconstruisit l'univers sur un nouveau plan. Mais le noble exemple qu'il avait donné servit bientôt à faire rejeter son propre système. Descartes rendit ainsi à la raison un service immense : il créa pour elle une époque nouvelle, elle lui doit son indépendance. L'hypothèse ingénieuse des tourbillons semblait appartenir au temps qui venait de finir; aussi en marqua-t-elle la dernière limite, et les efforts de l'esprit humain changèrent-ils alors entièrement de direction.

Les sciences mathématiques étaient composées de deux parties distinctes. Descartes sut les réunir. Elles avaient déjà fait d'assez grands progrès; l'application de l'algèbre à la géométrie leur imprima un nouvel essor. Elles étaient isolées de toutes autres recherches; la langue des calculs, déjà ployée à un usage nouveau, fut bientôt après susceptible d'exprimer les grands faits du ciel. Ainsi le même homme qui avait eu la gloire de renverser d'anciennes erreurs eut la gloire, plus grande encore, d'ouvrir à ses successeurs une route dans laquelle il était impossible de s'égarer.

Newton parut, armé d'un nouveau genre de calcul; et l'unité, l'ordre, les proportions de l'univers, que le sentiment du vrai avait fait chercher si longtemps, devinrent des vérités mathématiques. Son génie avait reconnu la cause des mouvements célestes : une analyse pleine de finesse lui servit à les mesurer. L'optique devint aussi entre ses mains une science nouvelle et il devina, par rapport à la nature des corps réfringents, des vérités qu'il était réservé à la chimie de vérifier longtemps après.

C'est de cette époque, à jamais mémorable, qu'il faut dater l'alliance entre les sciences mathématiques et les sciences physiques. La mécanique et l'hydrodynamique n'avaient pas été ignorées des anciens. De grands travaux et les livres d'Archimède attestent qu'ils en savaient et la pratique et la théorie. Mais l'idée des quantités est tellement inhérente à celle des forces, qu'on peut dire de ces deux sciences qu'elles sont essentiellement mathématiques.

Leurs éléments, ceux de l'algèbre et ceux de la géométrie, composaient tout le domaine des idées exactes. Partout ailleurs on ne retrouvait plus que les vains efforts du génie pour arriver à la connaissance de la vérité, et les erreurs sans nombre que les doctrines insuffisantes des premiers inventeurs traînaient à leur suite. Le langage mystérieux employé par les philosophes, langage plus obscur encore que les idées qu'il était destiné à rendre, formait avec la langue précise et claire des sciences exactes un contraste singulier. Dans un temps où les géomètres vivaient isolés et où ils étaient en petit nombre, ce contraste était connu d'eux seuls, et son effet se bornait à leur inspirer le plus profond mépris pour toutes les autres sciences. Mais, lorsque les phénomènes célestes, objets de l'admiration et de la curiosité des hommes, vinrent se ranger sous les lois du calcul, l'étude des mathématiques se généralisa ; et les bons esprits furent frappés d'une manière d'argumenter si différente de celle de l'école.

L'astronomie physique remplaçait des hypothèses discréditées ; une vive lumière succédait à l'assemblage des idées les plus obscures. Cette révolution subite ébranla l'empire des préjugés ; elle alarma les hommes intéressés à en soutenir le règne. Ils craignaient les vérités, même les plus étrangères à leurs doctrines, et aucune profession de foi ne parut assez orthodoxe pour les rassurer. Semblables au peintre qui éloigne des regards du spectateur tout objet réel et palpable, l'instinct d'une sorte de perspective morale les avait avertis du danger des comparaisons.

Tandis que le système du monde présentait aux philosophes le spectacle nouveau d'un mécanisme simple dans son principe et fécond dans ses conséquences, la physique sublunaire était encore surchargée de mille suppositions, nées du besoin d'expliquer les faits dont la liaison était inaperçue. Mais l'attachement aux vieilles routines, lorsqu'il était exempt de l'envie d'imposer, ne pouvait tenir longtemps contre le désir et l'espérance d'obtenir dans d'autres genres d'études des succès dont un grand exemple venait de révéler la possibilité. Les sciences étaient un mélange confus d'erreurs et de vérités : on sentit qu'il fallait tout refaire. Bacon en donna le conseil.

Les anciens, guidés par des considérations métaphysiques, avaient peu observé. On dirait qu'ils ont craint de rencontrer dans la réalité des faits le démenti à leurs idées systématiques. A la renaissance des lettres, on étudia leurs écrits. Leur littérature offrait des modèles; elle obtint à juste titre l'admiration universelle. Tous leurs ouvrages furent également recherchés. On adopta leurs idées, et la controverse ne roula plus que sur les diverses manières de les interpréter. Si quelquefois on essaya des explications nouvelles, ce fut toujours, à leur exemple, en s'efforçant de ployer les faits à des explications vagues et hasardées.

Jusque-là, on avait toujours cherché les causes des phénomènes. On commença alors à les considérer en eux-mêmes. Au lieu du *pourquoi,* on voulut savoir le *comment* de chaque chose. Une foule d'observateurs laborieux examinèrent la nature des faits. Ils renoncèrent courageusement pour eux-mêmes à la satisfaction de les expliquer, dans l'espérance de léguer à leurs successeurs une masse de connaissances positives, dont la liaison se dévoilerait nécessairement dans un temps plus éloigné. Alors, et seulement alors, on commença à connaître la nature. Auparavant, l'homme l'avait imaginée; il la vit pour la première fois.

On tenta de mesurer tout ce qui est mesurable.. A là question du *comment* se joignit celle du *combien*. Les phénomènes, mieux appréciés, furent calculables ; les plus simples d'entre eux présentèrent aux successeurs de Newton des objets d'études. De nos jours l'esprit mathématique a fait de tels progrès que la physique dite particulière, c'est-à-dire la science des phénomènes naturels qui n'appartiennent pas à l'histoire naturelle, a, pour ainsi dire, disparu et s'est transformée en une des branches les plus importantes des sciences exactes.

En se prêtant aux usages nouveaux, la langue des calculs s'est enrichie de plusieurs méthodes nouvelles ; et ces méthodes ont fourni ensuite le moyen de traiter des questions qui semblaient, il y a peu de temps, devoir rester étrangères aux sciences exactes.

De si grands progrès, des applications si nombreuses ont tourné tous les esprits vers les sciences mathématiques. Il y a moins d'un siècle, leur objet était circonscrit dans un petit nombre de vérités abstraites ; les personnes les plus instruites regardaient l'algèbre comme un langage barbare et indéchiffrable. Aujourd'hui, les éléments de cette science entrent dans l'éducation ;

son esprit a pénétré dans la masse des nations, et la raison publique y a puisé des forces nouvelles.

Nous venons de voir comment l'esprit humain, après s'être épuisé en vains efforts pour réaliser au dehors de lui-même le modèle du vrai empreint dans sa pensée, changeant tout à coup de direction, abandonna les espaces vagues d'une métaphysique ténébreuse, parcourut pas à pas la route de l'observation et, profitant avec art des ressources offertes par les progrès d'une science où s'étaient réfugiées les idées d'ordre et de rectitude, qui partout ailleurs étaient ensevelies sous un amas confus de théories bizarres et hétérogènes, parvint à soumettre aux lois du calcul des phénomènes dont la nature était restée longtemps inconnue.

Reprenons présentement les deux questions que nous nous sommes proposées. La digression historique à laquelle nous nous sommes livré, nous fournira le moyen d'y répondre avec plus de précision.

On demande d'abord pourquoi nous avons commis tant de méprises, si nous portons en nous-mêmes le type du vrai?

Il est clair que l'esprit humain, pressé de jouir, avait jusqu'à nos temps modernes suivi une route, où il ne devait rencontrer aucune réalité effective. Instruits par l'expérience, il nous est même facile aujourd'hui de comprendre *à priori* pourquoi les faits échappaient à chaque instant aux divers systèmes enfantés par le génie de l'homme

Et, en effet, le type du vrai, par sa nature, se compose d'idées abstraites. Il nous avertit bien de ce qui répugne, c'est-à-dire de ce qui ne peut exister simultanément; mais il ne peut suffire pour nous manifester des réalités particulières. Nous savons que chaque chose a son essence; que cette essence est l'unité du sujet, qu'elle est susceptible de division. Nous savons encore qu'il existe de l'ordre et des proportions entre ses parties. Mais, dans un cas donné, quelle essence, quel ordre, quelles proportions devons-nous rencontrer? Le modèle de l'être ne nous en informe pas. Lorsque, étayé par un petit nombre de connaissances certaines, l'homme de génie a essayé de suppléer, par des suppositions gratuites, à ce qui lui manquait d'observations positives, il a établi entre ces choses des relations purement fantastiques. Et si, dans l'état actuel de nos connaissances, on demandait au géomètre combien de fois la théorie des probabilités veut que des conjectures ainsi formées soient réalisées, il rencontrerait bien certainement la très petite fraction qui représente les succès obtenus pendant les siècles qui ont précédé l'époque où les observations précises ont remplacé les assertions dénuées de preuves.

A l'égard de l'objection que l'on veut, contre l'absolutisme des nécessités logiques, tirer de démentis donnés par les faits à des conséquences déduites d'un principe certain, nous avons dit comment l'imperfection des langues introduisait inopinément des idées étrangères au sujet ; en sorte qu'on ne pouvait être sûr ni de l'avoir fait entrer tout entier, ni de ne lui avoir adjoint aucun autre objet, dans la définition qui sert de fondement aux raisonnements.

Cette explication est aujourd'hui pleinement justifiée par les théories mathématiques, et l'absolutisme des nécessités logiques semble ne pouvoir plus être révoqué en doute.

Par une suite d'efforts, concentrés cependant

entre un bien petit nombre d'hommes, une langue précise, exacte, où la moindre erreur deviendrait sensible, a été formée et enrichie. Cette langue est celle de la raison dans toute sa pureté. Elle interdit la divagation, elle signale l'erreur involontaire. Il faudrait ne la pas connaître pour essayer de la faire servir à l'imposture. Elle reproduit dans toutes ses conséquences le principe qui lui a été confié. Elle peut servir à prouver que l'unité d'essence, l'ordre et les proportions du sujet que l'esprit humain poursuit obstinément dans tous les objets de son attention, n'expriment pas seulement les conditions de notre satisfaction intellectuelle, mais appartiennent à l'être ou à la vérité.

En effet, lorsqu'on parvient à rendre une question mathématique, c'est-à-dire lorsqu'on a eu l'art d'en saisir l'essence d'une manière assez simple pour que l'analyse puisse s'en emparer, la nature, docile à la voix de l'homme, sanctionne les oracles de la science. Un fait connu, bien apprécié, s'était présenté à la pensée de l'homme comme une conséquence d'un ordre de choses encore inconnu : il a su définir cet ordre; et bientôt l'expérience, abondante en circonstances nouvelles, proclame, et le génie qui a deviné son existence, et l'excellence de la méthode qu'il a su employer.

Doutera-t-on que le type de l'être ait une réalité absolue, lorsqu'on voit la langue des calculs faire jaillir d'une seule réalité dont elle s'est emparée toutes les réalités liées à la première par une essence commune? Si de telles liaisons n'avaient en leur faveur que la faculté de notre intelligence pour les concevoir, comment arriverait-il que l'observation des faits vint, par une voie si différente, montrer, en dehors de la pensée de l'homme, l'édifice semblable à celui dont il trouve le modèle au dedans de lui-même?

Les préliminaires qu'on vient de lire nous ont paru nécessaires pour bien entendre les idées que nous allons exposer. Ils en fixeront le sens, et serviront peut-être à leur faire pardonner ce qu'elles sembleront avoir de hardiesse et de nouveauté.

Dans l'état actuel de notre culture intellectuelle, nous avançons vers la réalisation de ce qui fut un pressentiment chez les auteurs de tant de systèmes prématurés.

Ils s'efforçaient de ramener toutes choses à une seule ; de trouver l'unité de l'être dont la nécessité s'est toujours fait sentir aux esprits supérieurs. Cette pensée constante des hommes qui forment, à travers les siècles, la chaîne des idées successives du genre humain, a été clairement exprimée par d'Alembert, lorsqu'il a écrit cette phrase déjà citée : « L'univers, pour qui saurait l'embrasser d'un seul coup d'œil, serait un fait unique, une grande vérité ».

Ajoutons que, suivant notre conviction intime, ce fait unique doit être nécessaire.

En effet, nous désirons savoir l'essence ou la nécessité de chaque chose, et ces deux expressions sont équivalentes ; car, lorsque nous connaissons l'essence, nous voyons que l'être auquel elle appartient ne saurait ni n'être pas ni être différent de ce qu'il est. Notre esprit, satisfait, appuyé sur la nécessité, jouit alors d'une parfaite quiétude. L'attrait des sciences exactes n'a pas d'autre cause. Les sujets qu'elles embrassent sont connus dans leur essence ; leur existence est tellement nécessaire, qu'on ne saurait même concevoir qu'ils pussent ne pas exister. L'esprit se plaît à les considérer, parce qu'il entre ainsi dans l'intime possession de l'être nécessaire ou de la vérité pure.

Partout ailleurs nous n'observons plus que des êtres dépendants, des vérités partielles. Nous cherchons l'origine de ces êtres, la vérité nécessaire dont émanent ces vérités partielles. A l'égard des objets de ce genre, nous n'éprouvons aucune répugnance à admettre qu'ils peuvent ne pas exister ; ou, ce qui est une idée semblable, nous accordons aisément qu'ils pourraient être différents de ce qu'ils sont réellement.

Cette disposition de notre esprit tient uniquement à l'ignorance où nous sommes touchant un tel ordre de choses. Aussi les progrès des sciences, en nous montrant la liaison entre des faits que nous avions crus isolés, nous forcent-ils, lorsque les uns sont constatés, à regarder les autres comme nécessaires. C'est qu'alors nous envisageons ces faits comme des parties diverses d'une même existence ; tandis qu'auparavant nous pensions qu'ils appartenaient à des unités différentes.

Lorsqu'il s'agit de faits éventuels, l'analyse nous sert à calculer, dans un cas donné, la probabilité que tel fait arrive plutôt que tel autre. Notre réponse à la question de la possibilité du fait, quelle que soit la nature de ce fait, est empirique. Sans se mettre en peine des circonstances qui peuvent en opérer la réalisation, le géomètre dit : « Il y a une cause pour que tel événement arrive quelquefois ; la probabilité que cette cause amènera l'événement est exprimée par telle fraction ».

L'utilité d'une telle réponse est incontestable ; mais elle atteste notre ignorance. Par exemple, l'évaluation de la probabilité qu'une certaine machine casse à un instant déterminé, est sans doute d'un grand intérêt ; mais il est clair que si l'on était parfaitement instruit de la force employée, des frottements et des résistances, on saurait que l'événement est inévitable ou qu'il est impossible ; même l'on verrait jusqu'à quel instant il est impossible, et à quel autre instant précis il devient inévitable.

Dans des événements d'une nature plus compliquée, nous ne sommes même pas en état de dire quelles sont les notions qu'il nous faudrait pour acquérir la certitude. Mais, parce que nous ignorons quelles sont les circonstances déterminantes, devons-nous penser qu'elles sont arbitraires, sans liaison, sans ordre, enfin qu'elles manquent aux conditions qui se rencontrent dans toutes les réalités qui sont à notre connaissance?

Concluons donc que la distinction entre les faits contingents et les faits nécessaires est, quant au fond, la même qu'entre les faits dont on ignore et ceux dont on connaît la nature.

L'univers, ce fait unique dont l'existence tourmente depuis si longtemps l'esprit des philosophes, s'il était mieux connu, paraîtrait nécessaire. Cette opinion a été soutenue. Des distinctions entre l'intelligence et la matière, distinctions dont nous avons signalé l'origine, ont fait remonter la nécessité jusqu'à Dieu; et l'idée de Dieu a été formée sur le modèle de notre intelligence. On a dit : « Dieu est nécessaire ; sa volonté est libre, il a voulu l'univers ». Mais en disant, « sa volonté est libre », on a rompu la chaîne; car, s'il a pu ne pas vouloir l'univers, l'univers n'émane plus de lui comme les vérités secondaires émanent de l'unité nécessaire dont elles font partie. Il est clair que le sentiment de liberté qui accompagne les déterminations de notre volonté a été le modèle qu'on a suivi, et pourtant ce sentiment lui-même ne peut nous empêcher de reconnaître que notre volonté est souvent entraînée par les lois irrésistibles de la nécessité. Il est vrai que nous délibérons très réellement ; mais nous nous décidons. Semblables à la balance dont les deux plateaux sont chargés, nous oscillons ; mais le poids le plus fort détermine la situation où le système demeure en repos.

Il est naturel que la délibération nous donne le sentiment de notre liberté, et nous distraie même de la prévision d'une détermination, qui, bien que nécessaire, nous semble avoir été sur le point d'être changée en une détermination contraire. Aussi une personne instruite à la fois de la position et du caractère d'une autre personne, prévoit-elle avec certitude le parti que prendra celle-ci, qui, étonnée de cette espèce de prédiction, assure, et avec vérité, qu'il s'en est peu fallu qu'elle n'ait agi d'une façon différente.

Plus on réfléchit, plus on reconnaît que la

nécessité gouverne le monde. A chaque progrès nouveau des sciences, ce qui passait pour contingent est reconnu comme étant nécessaire. Il se dévoile des liaisons multipliées entre des branches qu'on croyait séparées ; on observe des lois là où l'on n'avait encore vu que des faits accidentels. Nous approchons de plus en plus de l'unité d'être, qui fut le rêve de l'antiquité, et qui a son modèle dans le sentiment de notre propre existence.

Tâchons enfin de fixer notre opinion à l'égard de ce modèle du vrai, de ce type de l'être qui a souvent égaré la raison humaine, et qui, dans nos temps modernes, sert à la guider d'une manière si heureuse que ses progrès, d'abord concentrés entre un petit nombre d'hommes livrés à l'étude, se répandent aujourd'hui dans toutes les classes de la société, éclairent à la fois les sciences morales et politiques, la physique, les arts chimiques et mécaniques, et peuvent fournir aux lettres et aux beaux-arts des lumières nouvelles, des inspirations qu'ils n'ont pas encore rencontrées.

L'homme, n'eût-il pas d'autre sujet d'étude que lui-même, connaîtrait l'étendue ; je ne pense pas qu'il puisse sérieusement douter de cette propriété de la matière. Mais ce qu'il connaîtrait surtout avec la dernière évidence, c'est sa propre existence.

Au milieu des divers systèmes où s'est aventuré l'esprit humain, il a essayé du scepticisme. Il a pu soutenir que tout ce qui se trouvait au dehors de l'existence de l'homme, était pure apparence. Mais le fameux argument : « *Je pense, donc je suis* », a ramené l'homme vers la réalité de son être.

Le sentiment de l'être est celui de la vérité. Il est inséparable de notre existence ; il précède toute autre idée. Le bon, le beau dérivent du vrai ; mais leur connaissance exige le secours des comparaisons.

Suivant qu'on a été plus ou moins frappé de l'une ou de l'autre des parties de cette proposition, on a été porté, par l'esprit de système, à soutenir ou que nos idées sont innées, ou qu'elles viennent de nos sensations. L'une et l'autre opinion sont vraies, dans les limites que nous avons posées. Le type du vrai, nous l'apportons en naissant. Notre être, dont la réalité est notre plus intime connaissance, est inséparable de ce modèle inné. En ce sens, l'homme est l'abrégé de l'univers ; car l'être ou la vérité, partout où ils se trouvent, remplissent certaines conditions, que l'attention découvrira nécessairement dans tous les objets réels dont elle sera occupée. Mais cette ressemblance abstraite est fort éloignée de celle qu'on a cherchée ; elle peut cependant expliquer la cause d'une erreur qui a séduit autrefois l'esprit humain.

De toutes nos idées, la plus abstraite est celle de l'être ; car celle du néant est toute négative. L'être nous appartient, il pénètre notre intelligence et l'éclaire du flambeau de la vérité. Les idées du beau, du bon, sont plus compliquées. Nous les devons à la comparaison entre les connaissances acquises et notre modèle intérieur. D'autres idées sont plus immédiatement dues à nos sensations. Ainsi, le grand, le petit, le fort, le faible, expriment des comparaisons qu'il serait absurde de regarder comme innées. J'en dirai autant de ce que nous appelons beauté ou bonté relatives : ces notions sont toutes acquises à l'aide des sensations et de la réflexion.

C'est à l'uniformité des conditions de l'être

qu'il faut attribuer le sentiment d'analogie qui dirige toutes les opérations de notre entendement.

L'histoire de l'esprit humain nous apprend que ce sentiment a produit des erreurs grossières, aussi bien que d'heureuses pensées.

On peut demander comment une cause dont l'action est constante a cependant amené des résultats si différents.

Nous allons voir que de telles différences devaient inévitablement dériver des manières diverses dont on s'est efforcé de réaliser les indications vers lesquelles nos tendances intellectuelles n'ont jamais cessé de nous entraîner.

Par leur nature, les conditions de l'être sont abstraites; et, s'il en était autrement, on ne concevrait pas qu'elles fussent universelles. L'esprit de système consistait à prendre un fait connu, c'est-à-dire une vérité particulière, pour base d'un ordre de faits. Ceux-ci, on ne les considérait plus en eux-mêmes, on y étudiait seulement les rapports, vrais ou supposés, qui les liaient au premier. Ainsi, en assemblant un certain nombre d'êtres particuliers, on attribuait à l'un d'eux la domination sur les autres; en sorte que ces derniers, dépouillés de leurs réalités individuelles, étaient revêtus de celle qui convenait uniquement à la vérité dominante dont on avait fait choix.

Au lieu de chercher des analogies, on voulait trouver des identités ; parce qu'en effet des identités seraient plus simples et, par conséquent, plus satisfaisantes que des analogies. Le type du vrai, l'unité de l'être, l'ordre, les proportions des parties, dont la nécessité s'est toujours fait sentir, on croyait pouvoir les réaliser arbitrairement, au gré d'une imagination capricieuse.

On devait s'égarer ; et pourtant les erreurs de l'esprit humain, qui sembleraient inépuisables, se sont toutes rapprochées de certaines vérités, et n'ont pas été aussi nombreuses que le vice des procédés pourrait le faire présumer. C'est que le sentiment du vrai n'a jamais abandonné les auteurs de tous ces systèmes. Cet heureux sentiment n'a pas suffi pour les préserver des suppositions arbitraires et forcées, mais il a retenu leur imagination dans de certaines limites.

A l'esprit de système succèdent aujourd'hui les recherches méthodiques. La généralité des conditions de l'être est mieux comprise dans chaque sujet. On dirige ses efforts vers leur réalisation ; mais on ne les confond plus avec les conditions particulières qui appartiennent en propre à la vérité individuelle, dont la découverte fortuite a décelé l'existence d'un ordre de phénomènes longtemps inaperçu. L'expérience est consultée ; on veut d'abord multiplier les faits, en variant les circonstances dans lesquelles ils peuvent se manifester. Le sentiment intime de l'analogie avertit l'observateur de l'existence des lois qui n'apparaissent pas encore, et l'on s'applique à séparer les circonstances qui compliquent les résultats, en cherchant pour chacune d'elles les plus grandes et les moins grandes influences. Alors les faits se classent, ils présentent un enchaînement, un ordre. Les lois dont l'existence avait été prévue se manifestent, et une branche nouvelle de la science s'ajoute à des connaissances plus anciennes. A cette période, on ne possède cependant encore que la partie expérimentale. La théorie est créée lorsque, la nature des faits s'étant prêtée à une expression analytique, on est parvenu à tirer de cette expression des conséquences conformes à l'expérience ; les formules nées des premières observations révèlent ensuite l'existence de faits encore ignorés.

Aujourd'hui que diverses branches de la physique sont entrées dans le domaine des sciences mathématiques, on voit avec admiration les mêmes intégrales, à l'aide des constantes fournies par plusieurs genres de phénomènes, représenter des faits entre lesquels on n'aurait jamais supposé la moindre analogie. Leur ressemblance devient alors sensible ; elle est intellectuelle ; elle dérive des lois de l'être ; et ce qui fut autrefois le rêve d'une imagination hardie, incertaine encore des formes qu'elle osait revêtir, l'identité des rapports, de l'ordre et des proportions dans les existences les plus diverses, apparaît aux yeux en même temps qu'à la pensée, avec l'évidence qui appartient aux sciences exactes.

Mais les lois de l'être ne régissent pas seulement les faits qui sont du domaine des sciences ; elles s'appliquent également à l'ordre intellectuel. C'est en s'approchant de plus en plus du type de l'être ou du vrai, source de toutes nos connaissances réelles, que les théories se perfectionnent, que la morale s'épure, que la politique s'éclaire, que la métaphysique cesse de s'égarer, que la littérature et les beaux-arts se rendent compte des règles qu'ils ont pratiquées et des grands effets qu'ils produisent.

Malgré l'extrême différence des genres, toutes ces choses ont entre elles des rapports d'ordre et de proportions qui deviennent d'autant plus sensibles qu'elles sont examinées de plus près. Si, par des progrès qui semblent encore aujourd'hui au delà de toutes espérances raisonnables, la langue des calculs devenait applicable à des questions morales, politiques, métaphysiques, ou à celles qui, tenant davantage à notre manière de sentir, composent le domaine du goût, la ressemblance des formules rendrait évident que des objets si divers ont entre eux la ressemblance que leur impriment les lois de l'être. Leur nature spéciale serait représentée par des constantes ; toutes les propositions relatives à chaque sujet seraient exprimées par des fonctions dont les formes se reproduiraient sans cesse et fourniraient, par leur identité, la preuve complète des ressemblances intellectuelles dont nous parlons.

Choisissons un exemple, qui fasse mieux comprendre notre proposition.

Dans différents genres de phénomènes la tendance à la régularité se manifeste par les formules qui leur sont applicables; car les termes qui expriment l'irrégularité renferment la durée, de manière à montrer que, après un temps fort court, ils doivent disparaître. Eh bien, le théorème relatif à la courte durée de l'action des causes perturbatrices serait attesté, dans notre supposition, par les formes du calcul.

On verrait, en morale, combien peu doivent durer les effets de la fraude, du mensonge et de l'injustice. Il deviendrait sensible que le vrai et le juste tendent sans cesse à faire disparaître les obstacles qui s'opposent à leur manifestation.

En politique, on distinguerait, parmi les causes qui agissent sur le système, quelles sont celles qui, dues à des forces toujours croissantes, finiront par prédominer; tandis que d'autres, accidentelles, dont l'effet est fort grand à un instant donné, cesseront entièrement leur action après un temps plus ou moins long.

Dans les sciences de raisonnement, on trouverait également que l'erreur doit se dissiper.

En matière de goût, la mode est une cause perturbatrice; aussi son empire n'est-il pas de longue durée.

Il est donc vrai que, quelque divers que soient les sujets, les actions qui troublent l'ordre naturel tendent à s'anéantir.

L'analogie qui se fait remarquer entre les différents objets dont nous avons connaissance ne se borne pas à un seul point. On pourrait affirmer, par exemple, que la mécanique rationnelle tout entière offre, avec les sciences politiques, des ressemblances telles que les théorèmes dont se compose la première sont, par rapport aux secondes, des propositions d'une vérité incontestable.

Ainsi, l'équilibre entre plusieurs forces résulte de ce que l'action des unes est opposée de directions et égale en puissance à celle des autres. Elles se composent et se décomposent; elles produisent alors des résistances dans un sens qui n'est pas celui de leur action directe.

Il en est de même des forces qui naissent de l'état de société. Si elles sont opposées de directions et égales en puissance, l'état de repos se maintient de lui-même. Il y a de l'art à changer, par des obstacles indirects, le sens dans lequel elles agissent. Le parallélogramme des forces pourrait servir d'emblème à ce genre d'adresse.

Lorsqu'un système est en repos, cet état peut être dû à des conditions essentiellement différentes. Si une cause extérieure vient à agir sur le système, ou il tendra à reprendre sa position initiale, et l'équilibre se rétablira au moyen d'oscillations dont l'amplitude diminuera à chaque instant ; ou bien, le mouvement communiqué éloignera de plus en plus le système de sa position initiale, et ce système ne reviendra à l'état de repos qu'après avoir passé par une situation entièrement différente.

Les deux cas d'équilibre stable et d'équilibre non stable se font également remarquer dans l'état social. On voit des causes propres à l'agiter, produire tantôt de légers mouvements qui s'arrêtent d'eux-mêmes ; tantôt des révolutions complètes, qui ne permettent à l'état de paix intérieure de renaître qu'après de grands changements dans l'ordre social.

Si l'on veut pousser plus loin la comparaison, l'analogie ne se démentira pas.

L'équilibre est stable lorsque tous les points du système ont atteint la situation qui convient à leur tendance naturelle. La même condition est requise à l'égard des membres de la société, pour que la tranquillité y soit durable.

L'équilibre est non stable, quand il est établi sur un point où il ne peut subsister qu'autant qu'il est à l'abri de tout choc. Le moindre dérangement, rendant aux points qui le composent la liberté de se mouvoir dans la direction de leur tendance naturelle, l'état initial doit finir par être changé en un état opposé, et le mouvement ne point cesser avant que ce nouvel état, qui n'est autre que celui qui constitue l'équilibre stable, soit assuré.

Les États gouvernés sans égard aux tendances sociales conservent la tranquillité intérieure aussi longtemps qu'aucun événement ne vient agiter les esprits; mais la moindre circonstance suffit pour ébranler la société jusque dans ses fondements. Chaque volonté individuelle reçoit une impulsion nouvelle, et les mouvements qui en sont la suite subsistent, jusqu'à ce que la société, reconstituée sur des bases plus solides, offre à chacun les garanties dont il avait senti le besoin.

Dans un système de points doués de pesanteur, chacun tend à se placer aussi près que possible du centre de la terre. La situation qu'ils atteignent n'est pas celle qu'ils obtiendraient s'ils étaient libres ; elle dépend à la fois de leur liaison et de leur tendance individuelle. — Dans l'état social, chaque individu tend vers le bien-être, et la première condition à remplir est que le bien-être de chacun nuise le moins possible à celui des autres.

L'équilibre d'un système exige que le centre de gravité soit appuyé. S'il se trouve placé le plus bas possible, l'équilibre est stable. — Le repos d'un État serait impossible à maintenir si l'on n'avait aucun égard à la tendance de l'époque, ou, ce qui est la même chose, à l'opinion. Il faut, ou lui opposer de puissants obstacles, ou savoir se conformer à ses exigences. Ces deux manières d'envisager la question conduisent à la tranquillité précaire ou à la tranquillité durable.

Considérons maintenant les effets de l'impulsion.

Si la direction du mouvement communiqué à un système de corps passe par le centre de gravité de ce système, il sera mû comme si tous les points qui le composent étaient réunis en un seul, et la force tout entière sera employée à produire l'effet qu'on en attendait. — De même aussi, lorsque l'action du gouvernement est dirigée dans le sens de l'opinion, la société semble se mouvoir comme un seul individu qui agirait conformément à ses intérêts, et toutes les forces de l'État concourent à la prospérité générale.

S'il arrivait que la direction du mouvement fût différente, la force motrice serait décomposée en deux portions. L'une, celle dont la direction passerait par le centre de gravité du système, agirait comme si elle était seule pour faire avancer le système dans la route où l'on aurait voulu le pousser; tandis que l'autre, totalement perdue par rapport à ce but, n'aurait d'autre effet que de faire tourner le système autour de son centre de gravité. Enfin, si l'impulsion avait été assez maladroite pour que la première portion de la force motrice fût nulle, le système n'aurait aucun mouvement progressif; la force de rotation subsisterait seule, et il serait dans la nature de cette force de détruire la liaison entre les diverses parties du système. — Nous voyons de même l'action des gouvernements être en partie favorable et en partie nuisible lorsqu'ils satisfont en quelques points à l'opinion publique, qu'ils contrarient sous d'autres rapports. S'il existait une administration assez mal avisée pour marcher en toutes circonstances dans des directions opposées à l'opinion, ou, ce qui est la même chose, à l'intérêt public, l'État éprouverait une agitation intérieure qui tendrait à le dissoudre. Ainsi, par exemple, il se pourrait que, à la première occasion, les provinces frontières favorisassent les prétentions d'un État voisin qui voudrait les envahir; car, en politique aussi bien qu'en mécanique, les points de limites sont les plus agités dans les mouvements dont nous parlons. Les forces tangentielles sont nulles au centre du système; le désir de la séparation serait absurde dans les capitales.

Les sociétés sont composées de trois éléments principaux : des intérêts, des passions, de l'inertie. Les individus réunissent quelquefois les trois manières d'être correspondantes ; mais l'une d'elles domine le plus souvent, et elles forment autant de caractères différents. Ces trois caractères présentent des ressemblances avec la manière dont se comportent les corps durs, les corps élastiques et les corps mous. Ainsi les hommes exclusivement occupés de leurs intérêts tiennent obstinément au chemin qui les mène à leur but et résistent à tout mouvement contraire ; en sorte que l'obstacle qu'ils rencontrent ne les détermine à changer de direction que lorsqu'il a détruit toute leur force. Les personnes mues par leurs passions prennent, au moindre choc, un parti inattendu ; elles se jettent dans une autre route et se conduisent d'une manière tout opposée à celle qu'elles avaient d'abord adoptée. Enfin les individus amis du repos souffrent des lésions réelles, plutôt que de songer à réagir.

Dans les temps de tranquillité, les intérêts dominent. L'administration doit les protéger, et ce soin semble ne pas offrir de grandes difficultés, car il est dans leur nature d'indiquer eux-mêmes les mesures qui leur sont favorables. Leur direction est connue et invariable ; ils servent de base à l'opinion publique.

Mais que le repos intérieur soit troublé, les passions, aisément maintenues durant l'état de paix, viennent augmenter le trouble. Elles agissent dans mille directions à la fois ; on ne sait où elles tendent, et il est fort difficile de prévoir quel sera le résultat de leur choc.

On n'a pas encore imaginé de faire une statistique des caractères ; mais on peut être sûr qu'il y a un assez grand nombre d'hommes qui agissent toujours conformément à leurs intérêts, plus de cinquante sur cent. L'autre partie est partagée en deux portions. L'une se compose des êtres irritables pour qui les intérêts semblent toujours méprisables comparés à l'objet de leurs passions : suivant les âges et les positions, ces passions peuvent prendre des caractères différents ; mais l'amour-propre est la plus constante de toutes. L'autre portion comprend les personnes qui, esclaves de leurs habitudes, redoutent tout ce qui les en ferait sortir ; celles-ci ne connaissent ni l'ambition des richesses, ni celle de la gloire, ni les affections vives : ce sont des gens inertes.

Mais il n'existe dans la nature morte aucun corps parfaitement dur, c'est-à-dire qui ne puisse changer de forme sous des efforts puissants et répétés ; aucun corps parfaitement élastique, c'est-à-dire qui ne retienne rien de la direction dans laquelle on le pousse ; aucun corps parfaitement mou, c'est-à-dire que le choc ne puisse faire changer de place, et qui absorbe toute la force employée par le seul changement de forme. De même on ne voit pas non plus de gens tellement attachés à l'intérêt que, en certains moments de leur vie, ils n'agissent par d'autres motifs. Les hommes passionnés cèdent quelquefois à leurs intérêts, et les personnes naturellement amies du repos peuvent rencontrer, dans les choses et dans les personnes qui les environnent, matière à exciter en elles le désir de la richesse, celui de la renommée ou de l'affection. Les passions de ces dernières seront faibles ; mais enfin elles peuvent n'être pas sans effets extérieurs.

Eh bien, le trouble d'un État rompt la balance habituelle entre les trois nombres qui représentent ces caractères différents. Tous les individus reçoivent une impulsion qui les transforme en gens passionnés. Le mouvement se distribue sans doute inégalement entre eux, mais il est extrêmement difficile d'évaluer la force des masses composées d'éléments nouveaux. Les directions sont incertaines et variables. L'agitation se manifeste surtout dans des actions instantanées, et cette circonstance redouble la difficulté. En effet, aux époques de paix et de tranquillité publique, ceux qui tiennent les rênes ont tout le temps nécessaire pour choisir les mesures convenables. Des lumières, l'habitude des affaires, l'intention de faire le plus de bien avec le moins de mal possible, suffisent pour gouverner avec habileté. Dans les moments de crise, c'est autre chose. Les circonstances deviennent pressantes ; il faut savoir se résoudre promptement. On a souvent aussi besoin de courage, et le courage n'est pas nécessairement joint aux qualités qui font l'homme habile. La société court donc mille dangers, qu'il est aussi difficile d'éviter que de prévoir.

Ajoutons que des individus doués de grandes forces par la nature, étaient placés durant le calme dans des positions qui annulaient ces forces ; tandis qu'à la faveur du trouble, ils surgissent de tous côtés armés d'une énergie jusque-là inconnue. De tels individus n'avaient pas prévu qu'ils sortiraient un jour de la nullité à laquelle leur position sociale les avait condamnés ; ils ne se sont livrés à aucune étude spéciale, avant de prendre place parmi les hommes qui influeront sur le sort de leurs semblables ; et les partis violents sont les seuls qu'ils puissent adopter, parce qu'ils y trouvent l'emploi de leurs forces, et sont dispensés de l'adresse, fruit des connaissances qui leur manquent.

L'égalité est une erreur, et la mécanique vient encore ici nous fournir une analogie nouvelle. Deux masses de même poids peuvent avoir des forces vives très différentes. Le plus petit poids placé au bout d'un levier fera équilibre à une masse aussi forte qu'on le voudra ; il ne s'agit que d'établir l'égalité entre les forces virtuelles.

La même chose a lieu dans les sociétés, et les révolutions ne sont si dangereuses, si hasardeuses, si incertaines dans leurs résultats, que parce qu'elles changent tout à coup les rapports entre les forces vives des différentes classes de la société. A la vérité, et nous l'avons dit plus haut, ce que les révolutions ont de violent et d'irrégulier disparaît bientôt, en vertu de ce théorème général qui montre que, en toutes choses, les forces perturbatrices sont fonctions du temps, et que la régularité tend à s'établir dans tout système de quelque nature qu'il soit.

Si nous voulons maintenant jeter un coup d'œil sur les ressemblances qu'offrent entre eux ce qu'on nomme les ordres physique, moral et intellectuel, nous trouverons des analogies remarquables.

Sans le secours de ces analogies, le langage figuré n'aurait pu naître. Elles ont été senties dans tous les temps ; et peut-être même n'aurait-on rien d'essentiel à ajouter aux remarques de ce genre que l'examen des langues a suggérées. Contentons-nous de faire observer combien sont judicieuses ces applications du langage propre au langage figuré.

La force morale et la force intellectuelle se comportent, en effet, comme la force physique. Il y a de part et d'autre des compositions et des décompositions analogues. Ainsi nos diverses facultés concourent à un seul fait moral et intellectuel ; comme il arrive à des forces de diverses natures et de directions différentes de donner une résultante qui, dans sa valeur et dans sa sa direction, représente la véritable force motrice.

Mais cette justesse d'expressions paraît encore plus frappante lorsque, fondée sur un premier rapport apparent et connu, elle se soutient à l'égard des rapports qu'on n'avait pas eus d'abord en vue. Prenons un exemple. Au physique, on appelle monstre un être difforme ; cette expression transportée au moral s'applique aux êtres vicieux, parce que le vice est une difformité morale. Lorsque la langue s'est formée, l'anatomie n'existait pas. Cette science nous a appris que la monstruosité a pour cause le développement extraordinaire de certains organes qui, attirant à eux toutes les forces de la vie, privent les autres organes de la nourriture nécessaire à la croissance qu'ils acquièrent dans l'état ordinaire. En examinant de plus près les êtres qui effraient les sociétés par de grands attentats, ou même ceux qui les troublent par des désordres habituels, nous découvrons que des qualités hors de mesure les entraînent soit à des forfaits, soit seulement à une infraction des lois des sociétés. De telles qualités absorbent leur moralité ; ils manquent d'autres qualités qui, dans des hommes d'un naturel moins prononcé, entretiennent l'amour de la justice et celui de l'ordre.

On pourrait citer d'autres exemples du même genre. Ils attestent cette vérité fondamentale qu'un seul rapport bien constaté entre deux sujets de genres différents en annonce un grand nombre d'autres.

Je ne sais si cette proposition énoncée formellement ne paraîtrait pas bien hardie, mais chacun raisonne pourtant comme si elle était indubitable. Elle renferme le principe de l'analogie, principe qu'un de nos auteurs a appelé méthode d'invention, et qui, sans lui refuser ce noble caractère, peut être regardé comme également propre aux emplois les plus communs, puisqu'il dérive du sentiment des lois de l'être dont le caractère est partout semblable.

L'habitude de l'étude nous donne une grande aptitude à saisir les analogies, et c'est en cela qu'elle nous sert à acquérir sans peine des connaissances nouvelles. Au premier mot sur un sujet encore inconnu, notre esprit cherche à en fixer la nature ; c'est-à-dire qu'il cherche à quel module nouveau il va appliquer les lois qui conviennent à tous. Ce point étant fixé, notre esprit avance à grands pas dans la route qui s'ouvre devant lui. A chaque instant, la règle de proportion trouve mille applications ; et si l'analogie sert à l'invention, elle n'est pas moins utile à l'étude des sciences déjà faites. Je n'approuve pourtant pas qu'on lui applique la dénomination de méthode. L'analogie n'est pas d'invention humaine ; elle existe par elle-même. Notre intelligence est apte à la reconnaître. Elle aide nos premiers efforts, elle instruit l'enfant. Quelquefois aussi elle l'induit en erreur et, quoiqu'il ne s'agisse alors que des idées les plus communes, il est aisé de voir que les déviations de nos premiers jugements sont produites par la même cause qui a enfanté les systèmes hasardés. Partout la tendance à la généralisation, dont la cause première est le sentiment intime de l'unité de l'être, a précipité le jugement en avant de l'expérience, dont il aurait dû attendre les données.

Il nous reste à présenter quelques considérations sur l'état des lettres aux diverses époques dont nous avons examiné les opinions systématiques.

On sait que les anciens, si mal informés des phénomènes naturels, si ignorants à l'égard des lois qui régissent les faits qu'ils ne pouvaient pas ignorer, et si fertiles pourtant en généralités propres à embrasser l'univers entier, avaient atteint la perfection dans tous les genres d'écrire. Ne nous en étonnons pas. Le sentiment du beau était pris dans les lois mêmes de la nature intellectuelle de l'homme; et les observations n'avaient besoin ni du secours des instruments imaginés par les modernes, ni de la constance et de la maturité de raison, qui remplacent, chez ces derniers, cette fraîcheur d'imagination, dont une entière indépendance faisait peut-être la force et la grâce.

L'art d'émouvoir et celui de plaire n'ont besoin que de la connaissance des choses humaines. Il était dans la nature de l'esprit humain de se réfléchir d'abord vers lui-même. S'il a pu errer en y cherchant le modèle de l'univers, et le but, la cause finale, de toutes les existences placées en dehors de la sienne, il ne pouvait se tromper par rapport aux lois de son être. A cet égard, l'homme a été naturellement placé dans la position qu'il n'a prise que fort tard par rapport aux objets extérieurs. Il a observé les faits intellectuels; ils étaient trop près de lui pour qu'il ne sût pas les bien voir.

Le génie, qui sait à son gré reproduire et transmettre des impressions profondes, ne pouvait manquer de manifester sa puissance aussitôt que l'homme, dans l'état social, s'est trouvé environné de ses semblables.

Sans doute, le goût est le fruit d'un grand nombre d'observations, et il n'a pu être fixé que longtemps après l'apparition des premiers ouvrages qui en offraient le modèle. Mais enfin, quelle que soit la variété des genres, un temps immense ne pouvait pourtant se passer avant que les observations, les remarques et les comparaisons fussent assez multipliées pour avoir fourni à l'intelligence humaine tout ce qu'elle est susceptible d'acquérir dans un genre d'études exempt, par sa nature, des causes d'erreurs qui l'avaient égarée dans des recherches où l'objet de ses études était en dehors d'elle-même.

Nous avons voulu imiter la littérature des anciens; nous avons adopté des fictions poétiques qui ne se rattachaient plus, pour nous, à des systèmes accrédités ou à des croyances adoptées. Ces fictions, jadis si riantes, se décoloraient en passant dans les écrits d'une nation qui ne les avait pas imaginées. Leur signification était énigmatique et conventionnelle pour nous, tandis qu'elle était pleine de sens et de vie entre les mains des inventeurs. Dans un temps où l'imagination dominait toutes les conceptions humaines, les emblèmes dont nous nous efforçons de faire revivre la grâce, prêtaient un véritable secours aux conceptions du poète et un charme réel à ses écrits. Ces formes de style ne sont plus en harmonie avec notre caractère national. Aussi une école nouvelle fait-elle mille efforts pour créer une littérature qui nous soit propre.

L'époque où nous vivons est remarquable par l'invasion des formes mathématiques dans des ouvrages qui, par leur nature, sont loin de pouvoir atteindre l'exactitude à laquelle de telles formes conviennent spécialement. Il résulte de l'emploi maladroit des termes qui expriment une entière certitude, une sorte de déception intellectuelle dont la raison et le goût sont également choqués.

Les personnes qui ne connaissent des sciences exactes que leurs premiers éléments ont cru pouvoir reprocher aux géomètres une sécheresse de style, qu'on a regardée comme inhérente au genre de leurs études. Il est certain cependant que les ouvrages consacrés à l'exposition des hautes théories mathématiques ont, dans le style même, un attrait puissant. On y remarque une précision élégante, une extrême finesse, l'art de rendre présentes à l'esprit une foule d'idées qui pourtant ne sont pas textuellement énoncées. Tous ces avantages disparaissent des grotesques copies qu'en donne aujourd'hui le langage commun. On nous montre hardiment l'enveloppe sous laquelle nous sommes habitués à trouver des pierres précieuses ; et cette enveloppe contient des choses de peu de valeur, que nous nous étonnons avec raison de voir dépourvues des ornements qui s'adapteraient au sujet. Pourquoi sont-elles astreintes aux apparences de la solidité, tandis que celles de la légèreté seraient en harmonie avec leur nature futile ?

Mais ce qu'il y a de plus vicieux, c'est l'emploi des chiffres, là où ils n'indiquent aucune valeur réelle. Ils usurpent le crédit dû aux connaissances positives, et établissent l'erreur, en donnant le change aux amis de la vérité. Après avoir renoncé aux genres de lecture dont les formes faciles et attrayantes sont propres à soutenir l'attention, et qui d'ailleurs présentent l'avantage d'être conformes à leurs habitudes, certaines personnes se laissent entraîner par l'amour des idées exactes dont le besoin est senti plus qu'à aucune autre époque ; quand ces personnes consentent à dévorer la sécheresse attachée aux études élémentaires, elles mériteraient de rencontrer dans les auteurs qui leur servent de guides, cette conscience du vrai, sans laquelle il est impossible d'atteindre à aucun résultat important.

Les nations éprouvent aujourd'hui le sort des individus qui se livrent pour la première fois aux travaux sérieux. Encore incapables de juger les ouvrages qui en traitent, elles s'indemnisent de la peine qu'elles prennent à les étudier par une confiance aveugle dans les doctrines qu'ils renferment, et le dédain des formes autrefois adoptées par les auteurs qui leur promettaient une instruction moins solide.

Le pédantisme était jadis le défaut ordinaire des personnes adonnées à l'étude. Maintenant la plus obscure médiocrité, reléguée dans les provinces éloignées du centre des mouvements progressifs de la science, offre seule quelques traces de cet ancien défaut. Mais, en revanche, ce sont des masses entières qui nous donnent le spectacle d'une confiance illimitée dans leurs lumières et d'un mépris absolu pour les personnes qui, fidèles à d'anciens documents, sont restées étrangères à ce qu'on nomme les nouvelles idées.

La jeunesse surtout renchérit sur cette ridicule manie. Elle se croit beaucoup trop instruite pour ne pas dédaigner le ton aimable de plaisanterie, qui, chez notre nation, accompagnait autrefois une instruction réelle et des opinions éclairées. La littérature a besoin du secours des idées dominantes pour obtenir l'attention de ces graves censeurs.

Il n'est pas permis de faire rire, si ce n'est aux dépens des personnes qui se montrent ennemies des innovations. La raillerie est amère, elle a perdu la grâce qui savait en amortir les traits.

Ne nous alarmons pas de ces symptômes : ils ne seront que transitoires. Nous approchons de l'époque où le goût du public pour les idées exactes déterminera le talent à s'occuper des théories politiques. Lorsque la vérité aura trouvé des organes dignes d'elle, elle paraîtra simple, et il sera facile de la reconnaître. Elle répugne à l'emphase qui accompagne les doctrines sentencieuses de nos pédants. Bientôt la politique, recueillant le petit nombre de vérités qui sont à son usage, adoptera les formes qui conviennent à sa nature. Agissant comme toutes les sciences qui ont besoin du secours de l'expérience, elle craindra d'énoncer des théories générales avant d'en avoir justifié la réalité. On verra alors ces progrès immenses dont on fait tant de bruit, se réduire à n'être autre chose que le développement d'idées contenues dans les ouvrages de nos prédécesseurs. Elles seront, à la vérité, revêtues de formes nouvelles ; mais il sera clair que ces formes sont celles que les sciences modernes ont adoptées. Pendant un temps, une partie des connaissances humaines se distinguait des autres branches de la culture intellectuelle par une méthode sévère et exacte, tandis qu'on remarquait partout ailleurs les idées les plus heureuses unies aux conjectures les plus hasardées, cachet des premiers essais de la pensée. L'homogénéité, qui fut le caractère des travaux des anciens, dominés dans tous les genres par l'imagination, finira par se retrouver dans les travaux modernes, assujettis à la marche méthodique qui doit conduire à la connaissance certaine des vérités propres à chaque genre d'études.

Les lettres ont perdu de leur éclat ; elles n'attirent plus les hommages des peuples ; elles ne sont plus l'objet de l'enthousiasme de la jeunesse. La poésie, si elle ne se rattache à quelques-unes des idées qui intéressent les discussions politiques, est généralement délaissée. Comment, dans cette disposition des esprits, l'homme de génie pourrait-il trouver d'heureuses inspirations ?

Mais un jour plus pur ne tardera pas à briller. L'analogie exige que toutes les branches du savoir humain reçoivent des développements, pour ainsi dire, parallèles. L'attention se tournera successivement vers chacune d'elles, jusqu'à l'époque où leurs progrès devenant comparables, elles obtiendront toutes ensemble le degré d'intérêt dû à leurs valeurs respectives.

Ainsi l'élève, occupé d'acquérir les connaissances diverses qui composent l'éducation achevée, se dirige tantôt vers un genre d'études, tantôt vers un autre tout différent du premier. Chaque objet nouveau attire toutes les forces de son esprit. Il semble être devenu étranger à ce qu'il sait déjà, et on le croirait incapable d'aborder des questions qui lui sont encore inconnues. Cependant arrive une époque où chaque chose recouvre à ses yeux son importance véritable. Il distingue alors des liaisons et des ressemblances là où il n'avait d'abord aperçu que des divisions et des différences. L'esprit humain touche à une période semblable. Bientôt le tableau des sciences, des lettres et des beaux-arts présentera à l'observateur une symétrie méthodique, qui lui permettra d'embrasser d'un seul coup d'œil l'œuvre de l'esprit humain. L'analogie, qui a produit autrefois pour les sciences des systèmes hasardés, et pour les lettres des allégories ingénieuses ou des comparaisons pleines de grâce, prendra une force nouvelle. Elle ne s'arrêtera plus à la superficie des choses, pour y chercher les ressemblances visibles au premier coup d'œil ; elle pénétrera dans leur nature, et le type du vrai offrira, dans les sujets les plus divers, le caractère général de toutes connaissances certaines.

Nous avons traité plus haut de la révolution qui s'est opérée dans la manière dont on envisage les sciences physiques. Nous avons dit comment les méthodes géométriques ont étendu leur empire, en portant la certitude dans des régions qui furent longtemps le domaine des idées systématiques. Les sciences morales et politiques ne tarderont pas à subir la même transformation. Déjà l'opinion publique s'attend à ce changement, et en devance même la réalisation par un enthousiasme irréfléchi pour les doctrines qui en font naître l'espérance. Cette erreur passagère est exempte de danger; elle sera peu durable, et le goût, dont cet enthousiasme est le symptôme, sera bientôt pleinement satisfait. Les méthodes existent; une difficulté née de l'amour-propre peut seule en retarder l'emploi. Les hommes capables de traiter de pareilles questions craignent de n'être pas estimés de leurs pairs, et de ne pas rencontrer de juges éclairés dans les personnes étrangères aux sciences. Un pareil obstacle ne peut subsister longtemps. Nous pouvons regarder dès à présent les sciences morales et politiques comme appartenant au domaine des idées exactes.

Mais l'analogie se montrera dans tout son charme et dans toute sa puissance, lorsque l'esprit d'examen entreprendra de comparer la manière d'agir des lettres et des arts; lorsque, portant ensuite ses regards vers les modèles offerts par le spectacle de la nature, il trouvera de tous côtés des copies sans cesse renouvelées de ce modèle du vrai qui appartient à notre être, qui est la source de tous nos plaisirs intellectuels, et qui, réfléchi autour de nous, devient la cause des impressions que nous recevons des objets dont est frappée notre imagination. Si le génie sait produire à son gré des émotions qui se ressemblent et sont dues, cependant, à des causes qui diffèrent comme les moyens constitutifs d'autant d'arts séparés, il doit cette puissance au principe de l'imitation ; et l'imitation dérive du sentiment d'analogie. S'il n'existait pour nous aucun type commun entre les divers objets dont nous recevons l'impression, les arts auraient pu copier les objets extérieurs, et les lettres redire les événements mémorables ; mais ni les uns ni les autres n'auraient su, en employant des moyens qui ne leur auraient pas été immédiatement fournis par le sujet, reproduire une impression semblable à celle qui vient des choses existantes.

Les lois de l'être établissent de certains rapports entre un module donné et tout ce qui tient au sujet auquel ce module appartient. Ce sont ces rapports qui agissent sur notre imagination.

L'âme peut être affectée de la même manière par l'entremise de sens différents, parce qu'elle reçoit alors le même ordre d'idées.

Ainsi l'éloquence, l'art musical et la pantomime procèdent d'une manière analogue. La peinture ne dispose que d'un seul instant; mais elle sait le choisir de façon à rappeler ceux qui ont précédé, et à faire pressentir la suite de l'action que le tableau représente.

Si l'on excepte un petit nombre de cas dans lesquels l'auditeur est préparé, par les circonstances du moment, à prêter toute son attention à l'orateur, celui-ci débute avec calme. Le musicien agit de même. Au commencement de sa pièce, il emploie une modulation simple et réserve les mouvements expressifs pour la suite de l'action.

Dans le spectacle de la nature, nous retrouvons cette gradation. Le lever du soleil est précédé d'un crépuscule, et un autre crépuscule annonce la fin de l'apparition de cet astre. L'écrivain et l'orateur terminent aussi leur oraison avec la même simplicité qu'elle a été commencée. Une pensée d'éclat jetée à la fin d'un discours laisserait l'auditeur dans une sorte d'éblouissement qui serait fatigante. Le goût, en s'épurant, a proscrit cette manière. L'influence de l'analogie est tellement sympathique que le musicien renonce également à nous faire entendre les bruyants accords par lesquels il était naguère d'usage de terminer l'acte de cadence. Dans les morceaux modernes, les dernières mesures préparent le repos absolu, non pas seulement par la modulation qui doit amener la tonique, mais encore par la diminution d'intensité des sons employés vers la fin du morceau.

Nous allons voir combien il existe de ressemblance entre les manières pratiquées dans des arts qu'on a coutume de regarder comme entièrement étrangers l'un à l'autre.

Ainsi, en comparant avec plus de détails les grands effets produits d'un côté par le talent de l'orateur, et de l'autre par celui de l'habile compositeur, nous aurons occasion de nous convaincre de l'identité des rapports qui agissent sur notre imagination. Une seule condition est nécessaire pour les apercevoir ; c'est d'être familier avec chacun des modules qui leur servent de mesure commune.

Les effets d'une grande puissance frappent à la vérité les hommes les moins instruits, mais la finesse du tact a besoin d'exercice. Le goût, l'oreille, sont susceptibles de se former, et souvent on se croit absolument incapable d'apprécier l'harmonie, uniquement à cause du préjugé qui sépare la musique du domaine de l'intelligence. Au contraire, personne ne veut paraître insensible aux beautés littéraires, et une éducation, à laquelle on attache une haute importance, prépare l'homme du monde à porter des jugements raisonnables, ou au moins à savoir choisir les autorités qui doivent lui fournir les opinions qu'il pourra émettre sans honte. A l'égard de la musique, les choses se passent autrement. L'enfant qui n'éprouve pas une grande sensibilité aux premiers accords qu'on lui fait entendre est regardé comme n'étant pas organisé pour cet art. Souvent l'enseignement est mauvais ; l'on juge, d'après le défaut de progrès, que l'élève est incapable d'apprendre, et l'argument tiré de l'inutilité de l'art en lui-même fait qu'on l'abandonne bientôt.

Ainsi, à moins d'être assez heureusement né pour annoncer, dès les premiers essais, des dispositions remarquables, l'enfant, quand sa famille est elle-même étrangère au goût de la musique, est privé des secours qui l'auraient pu conduire à l'appréciation des beautés en ce genre. Il est évident que si l'on agissait de la même manière par rapport aux lettres, les hommes doués d'une manière de sentir exquise seraient les seuls qui acquerraient la connaissance des chefs-d'œuvre littéraires. Je crois qu'il est également rare de voir l'enfant annoncer de grandes dispositions dans l'un ou l'autre genre. L'éducation et l'opinion rendent compte de la différence entre les nombres exprimant combien il est d'hommes qui puissent bien juger en littérature, et combien qui sachent apprécier le mérite d'une composition musicale.

On croit avoir trouvé une objection fondamentale dans la disposition naturelle nécessaire pour évaluer la justesse d'un son. Mais, lors même qu'il ne serait pas certain que l'exercice apprend à distinguer des sons entre lesquels l'oreille ne percevait d'abord aucune différence, il resterait encore une foule de choses qui, entièrement indépendantes du choix du module, pourraient être appréciées par l'homme intelligent et accoutumé à étudier les effets de la musique.

On ne comprend plus aujourd'hui ce que

l'histoire nous rapporte sur l'influence des différents modes. Et comment parviendrait-on à s'en rendre compte, lorsqu'on s'obstine à ne regarder la musique que comme l'art de flatter l'oreille? Réduite à cet unique usage, pourrait-elle être l'objet d'une attention sérieuse? Aurait-elle produit les merveilles que les anciens nous racontent? Mais ces merveilles cesseront de nous étonner, lorsque, en comparant les moyens usités en musique à ceux que l'orateur met en œuvre, nous aurons fait ressortir dans tout son jour cette vérité, reconnue seulement par un petit nombre de personnes, qui craignent même de l'énoncer, que la musique est une langue, et une langue énergique. Elle emploie les sons; mais les sons ne la constituent pas. Elle a ses phrases, ses périodes, ses règles, ses hardiesses. Ses beautés flattent l'oreille, mais ne s'y arrêtent pas; elles pénètrent l'âme et peuvent exercer sur elle un empire véritable. Ainsi la poésie emploie des sons articulés agréables à l'oreille, et l'on aurait néanmoins une idée fort incomplète du charme qui s'y attache, si l'on oubliait le sens des phrases pour ne s'occuper que de leur nombre.

La musique est toute métaphysique; ses expressions sont générales, elle ne possède aucun nominatif. Elle n'exprime que des sentiments; mais il est en sa puissance de produire sur l'âme de l'auditeur le même effet qu'un récit positif d'une action particulière.

Cette langue procède comme toutes les autres; elle fournit des expressions de tous genres. Le compositeur doit, comme l'orateur, avoir une idée dominante. Il s'empare d'abord de l'auditeur en lui présentant des phrases usitées, que personne ne puisse s'étonner d'entendre. Elles amèneront le développement du sujet; mais, à moins de circonstances particulières, elles ne l'expliqueront pas en entier.

Si le littérateur veut occuper son lecteur d'idées gracieuses et maîtriser l'attention, sans exciter aucune impression qui trouble le repos de l'âme, ses phrases auront de l'harmonie; il proscrira toute expression ambitieuse. Il sera constamment pur, et jamais recherché. — Le compositeur qui se propose le même but emploiera des moyens tout pareils. Sa composition sera toujours correcte et simple. L'oreille ne s'étonnera d'aucune des phrases qui lui seront offertes, mais un charme soutenu fera pénétrer dans l'âme le sentiment de la grâce.

L'homme de lettres compose-t-il un ouvrage propre à égayer le lecteur? Il connaîtra l'art d'amener les contrastes; mais, s'il craint de tomber dans le burlesque, il évitera les tours de phrases et les expressions qui conviendraient à la peinture d'un sujet tragique. L'orateur se propose un but plus important que de placer l'âme de ses auditeurs dans une situation douce et calme, ou de faire naître la gaîté autour de lui; mais la conversation des personnes aimables, n'a pas besoin d'autres effets pour nous plaire.

De telles conversations nous donneront lieu de remarquer que la plupart des choses qui, dites d'une certaine manière, ont le caractère de la grâce, prennent, au moyen de faibles changements et d'une autre manière de les dire, celui de la gaîté. Ce rapport entre la grâce et la gaîté n'est pas moins sensible dans les compositions musicales. Les mêmes modes, les mêmes coupures de phrases y sont employés dans l'un et l'autre genres, et le changement dans les mouvements tient la place de celui des manières de dire. Plus de vitesse suffit pour rendre gaie une composition qui, exécutée plus lentement, eût été simplement gracieuse. Mais, en musique comme en littérature, la grâce exclut les contrastes qui conviennent à la gaîté, comme la gaîté, sous peine de tomber dans le burlesque, rejette le genre de contrastes réservé à l'expression des grandes émotions.

Les rapports que nous venons d'indiquer entre deux situations de l'âme où elle est dans un état de bien-être, existent également entre celles où elle éprouve un sentiment de tristesse.

La mélancolie et le désespoir peuvent être produits par une seule et même cause. Il arrive même que ces deux manières d'être affecté se succèdent, alternent et se reproduisent chez le même sujet jusqu'à ce que l'impression reçue, s'affaiblissant peu à peu, éloigne ou même fasse disparaître l'accent du désespoir, pour ne plus conserver que l'expression d'une tristesse susceptible de distraction. Alors la mélancolie n'a plus le caractère de l'abattement; elle devient douce, et quelquefois chère aux personnes qui la ressentent.

Ces différents genres d'affections, liés entre eux par une origine commune, inspirent à l'homme de lettres, au poète et à l'orateur des compositions qui ont aussi entre elles des rapports sensibles et pourtant des caractères divers.

La sombre mélancolie exprime les mêmes idées que le désespoir. Dans la simple conversation, le passage de l'un à l'autre peut être uniquement marqué par le ralentissement ou l'accélération du discours. La même chose est vraie quant aux compositions musicales de peu d'étendue. Une complainte empreinte d'une sombre tristesse, ferait entendre les accents du désespoir si l'on en précipitait le mouvement.

En littérature, aussi bien que dans l'art musical, les choses se passent autrement pour les compositions plus importantes. Les caractères sont alors distincts, et une bonne composition dans un des genres deviendrait ou faible ou tout à fait mauvaise si l'on se contentait de changer la manière de les dire.

Il est facile de comprendre la raison de cette différence de facture entre les grandes compositions et celles qui ont peu d'étendue.

Les sentiments douloureux qui produisent les

deux modes d'affections dont nous examinons l'expression se manifestent tour à tour par l'une et par l'autre. Notre manière de sentir ne nous permet pas de demeurer longtemps dans le désespoir. Cette situation déchirante fatigue, épuise ; et s'il n'en résulte pas une exaltation assez forte pour bouleverser entièrement nos facultés intellectuelles, notre âme sera obligée de prendre quelque repos. Ce genre de repos n'est pas celui du bien-être ; il approche de la stupidité. C'est l'abattement de la douleur, c'est une noire mélancolie, une tristesse profonde.

Quel que soit le genre de compositions destiné à reproduire de telles impressions, il doit se conformer aux besoins de notre sensibilité. Il présentera donc alternativement la peinture de l'extrême tristesse et celle du désespoir. Ainsi ces deux aspects différents d'un seul et même sentiment se trouvent, pour ainsi dire, opposés l'un à l'autre, et dans un tel degré de rapprochement que la comparaison en devient inévitable. Il faut alors établir entre leurs expressions d'autres différences que celles du mouvement.

La nature de ces affections en fournit le moyen.

Non seulement l'abattement s'énonce avec

lenteur, mais une sorte de monotonie lui convient. Le poète, l'orateur, choisiront des syllabes douces, faciles à prononcer, et dont l'émission semble exiger peu d'efforts. — Le musicien aura recours à des notes de même valeur ; en sorte que les sons agiront sur l'âme à peu près comme le silence absolu, silence qui produirait la préoccupation dont on doit nous faire connaître l'existence.

L'attention à suivre ces règles a le double avantage de renforcer l'effet qu'occasionnerait le seul changement dans la manière de dire, et de préparer une opposition plus frappante entre les accents de la profonde mélancolie et ceux du désespoir.

De même aussi les affections violentes, lorsqu'elles devront se montrer dans une même composition à côté de la sombre douleur, trouveront d'autres nuances que celles qui résulteraient de la seule précipitation du mouvement. Des expressions fortes et énergiques, des notes dures à l'oreille, avertiront l'âme de l'exaltation nouvelle causée par le sujet.

Le poète, l'orateur, l'auteur dramatique, littérateur ou musicien, tirent leurs grands effets de l'art avec lequel ils savent amener un mot, une note inattendus. L'âme de l'auditeur s'était identifiée avec le développement d'une action, qui lui était, pour ainsi dire, présente : tout à coup elle voit avec surprise un incident nouveau qui en renforce l'impression ; elle se trouble à la vue d'un surcroît de malheur, dont elle ne peut plus mesurer l'étendue. Dans cette manière de procéder, nos auteurs suivent l'ordre établi par la réalité des événements qui peuvent affecter notre sensibilité. Il arrive, en effet, tous les jours, qu'un détail nouveau, une circonstance imprévue, qui accompagnent un malheur déjà connu, en redoublent l'impression au point de nous jeter dans le désespoir.

La ressemblance de nos arts entre eux et avec la nature des faits qui nous émeuvent, tient à l'identité de rapports, sans laquelle il n'existerait pour nous aucun sentiment vrai, aucune idée claire. Chaque art, aussi bien que la réalité des événements dont il imite les impressions, a son module particulier ; et c'est en quoi les arts diffèrent les uns des autres. Mais ce module une fois adopté, rien ne reste plus arbitraire entre les diverses parties de l'action. Leur liaison est tellement nécessaire que, si elle était intervertie, nous n'apercevrions plus aucune suite d'action et n'éprouverions plus aucune gradation d'intérêt.

Lorsque les différentes parties d'une composition ont été coordonnées avec art, l'âme se plaît à en parcourir le développement. La variété des sentiments prévient la fatigue et soutient l'attention. Plus la composition a de force et d'énergie, plus aussi il est nécessaire de ne pas s'arrêter trop longtemps à l'expression d'une seule et même impression. Celle de la tristesse, par exemple, deviendrait assoupissante ; et les accents du désespoir, s'ils étaient trop multipliés, finiraient par n'être plus entendus.

La musique, pour qui entend son langage, est de tous les genres de discours qui ont les sentiments pour objet, celui qui exige le plus de variété dans le style ; parce qu'il est aussi celui dont les impressions sont les plus pénétrantes.

Cette nécessité du changement d'expression est tellement impérieuse dans l'art musical, qu'on est obligé pour y satisfaire d'introduire dans le drame lyrique les incidents les plus invraisemblables, lorsqu'il n'en est aucun, dans la suite naturelle de l'action, qui fournisse au compositeur des sentiments de genres différents à mettre en scène.

La partie poétique d'un tel drame expose nécessairement une action déterminée, tandis que sa partie musicale saisit l'occasion qui lui est offerte pour rendre des sentiments généraux et abstraits, qu'amène le récit du poète.

C'est de cette diversité d'actions que résulte celle du jugement des spectateurs.

Si un homme peu sensible au langage musical s'avise d'aller entendre un des chefs-d'œuvre dramatiques qui excitent l'enthousiasme des amateurs, il cherche, comme malgré lui, une distraction dans le sujet particulier de la pièce contre les accords dont il ne sent pas le mérite. Il s'étonne du peu de liaison entre les scènes. Il ne voit pas avec quel art on a su ménager ces transitions nécessaires entre des genres de beautés tellement énergiques que l'impression de chacune d'elles serait une horrible fatigue, si elle se prolongeait. Il sort, s'imaginant avoir jugé ce qu'il ne sait pas entendre, et croit avoir fait une critique mordante en disant que le bon sens doit partout trouver sa place.

L'amateur, au contraire, est pleinement satisfait. Il n'a même pas remarqué les défauts prétendus que l'on signale dans une composition dont il admire toutes les parties. L'âge, le sexe, la position sociale, les connaissances les plus approfondies dans des sujets différents, ou leur absence totale, n'occasionnent aucun dissentiment sur l'impression, actuelle ou récente, causée par un bon ouvrage. Des personnes, d'ailleurs, sans rapports entre elles de goûts et d'habitudes, se réunissent dans une opinion qui leur est commune. A la vérité, cet accord universel se trouble bientôt. C'est seulement tant que l'impression dure encore, qu'elle dicte à chacun des jugements semblables. On peut même remarquer une chose qui paraîtrait inexplicable à tout homme étranger aux impressions musicales : c'est que les discussions, quelquefois très vives, sur le mérite des écoles, sur celui de tel ou tel exécutant, cessent, ou ne sont plus soutenues qu'avec peine et par pur entêtement, en présence de l'exécution. C'est que cette diversité est dans l'opinion, tandis que l'uniformité d'impression vient de l'uniformité des facultés de sentir. La première est une force constante ; l'autre a besoin d'être mise en action pour acquérir de la valeur. Le souvenir la reproduit imparfaitement, et son effet, s'affaiblissant en raison de l'éloignement de la cause qui l'a produite, finit par laisser à la première une prépondérance marquée. C'est par une raison toute semblable que l'amateur, quelles que soient d'ailleurs la puissance de sa raison et la délicatesse de son goût littéraire, n'est pas choqué des invraisemblances et du peu de liaison entre les scènes lyriques. Pénétré d'une vive émotion par ce qu'il entend actuellement, il n'a pas le loisir d'apercevoir quel en est l'à-propos. Le compositeur habile, semblable en cela aux grands orateurs, s'empare de l'attention de ses auditeurs ; leur âme est, pour ainsi dire, dans sa main ; il dispose de leurs sentiments. Après avoir jeté le trouble dans leurs facultés, et lorsqu'il sent que ce trouble ne peut plus croître, il ne laisse pas affaiblir une impression qui est son triomphe ; il veut qu'une impression différente la remplace et conserve ainsi, à l'empire qu'il exerce sur les âmes, toute sa force et toute sa puissance. Avec quel art il en ménage les moyens! Il connaît, il mesure les sentiments qu'il fait naître ; il sait combien de temps nous pouvons en être possédés ; il se garde d'atteindre la limite de nos facultés. Ce qui est extrême échappe à notre perception ; la faculté de sentir a ses bornes, et cela tient à la nature de notre être. Un violent malheur, dans les premiers moments de son apparition, n'est pas senti plus vivement qu'un malheur moindre ; mais les instants qui succèdent nous font reconnaître les différences. Et la raison en est applicable à toutes choses, parce qu'elle est vraie, et que la vérité est universelle, ou, en d'autres termes, parce que les lois de l'être sont partout les mêmes.

Cette raison, la voici. Nos jugements, pour être éclairés, ont besoin de la connaissance parfaite des choses qui en sont l'objet. Une impression d'une extrême force nous bouleverse ; notre âme devient incapable de comparer, et, par conséquent, d'apprécier l'intensité du malheur qu'elle éprouve. Mais il est dans la nature des affections qui ont une cause extérieure de tendre à s'affaiblir. Un chagrin cuisant semble devenir de plus en plus poignant, parce que l'impression, qui d'abord avait été assez profonde pour nous empêcher de mesurer l'étendue du mal, diminuant réellement, laisse à la réflexion le pouvoir de ne nous en montrer les diverses faces. Si la cause première a été moins puissante, son effet aura été connu plus tôt et l'affaiblissement de l'impression, loin d'augmenter notre chagrin, nous procurera, au contraire, un soulagement sensible.

Les lettres, les arts sont notre ouvrage; leur but est notre bien-être. Leur première règle doit donc être de ne pas pousser leur action jusqu'à ce degré extrême qui trouble notre jugement, ou, si de grandes beautés peuvent résulter de ce genre d'impressions, il faut qu'ils se hâtent de nous tirer d'une position pénible, en transportant notre attention dans une région moins sombre.

On reproche à la littérature son épuisement, et au goût de l'exactitude, sa sécheresse. Il semble que l'imagination ait perdu sa puissance lorsque la raison établit son empire. Nous reconnaissons que les temps où des hypothèses, plus ou moins heureuses, formaient toute la richesse intellectuelle ; où l'homme, par conséquent, au lieu de chercher l'appui des vérités particulières, ou bien, ce qui est la même chose, celui de la réalité des faits, trouvait en lui-même les convenances auxquelles il assujettissait la nature entière, étaient très favorables au développement de l'imagination. Alors il n'y avait point contraste entre une foule de doctrines hasardées et ce qu'on nommait la science. Les fictions poétiques étaient revêtues d'un charme qu'elles ne devaient pas seulement à leur grâce; une demi-croyance permettait d'admettre qu'elles pouvaient avoir eu une sorte de réalité. L'histoire et la fable se confondaient dans leurs limites. Ce que les uns regardaient comme de simples allégories était, pour les autres, le récit de faits merveilleux. Cette disposition des esprits donnait sans doute à l'art de bien dire une importance, qu'il ne peut conserver au même degré lorsque la principale condition à remplir est celle de dire vrai. La faculté créatrice a disparu avec le crédit des fictions. Mais, s'il est aujourd'hui dans le caractère de notre culture intellectuelle d'attacher plus de prix à la solidité des doctrines qu'à leur brillant; si nous voulons que la raison domine toutes les productions de l'esprit; si même nous sentons le goût des recherches attiédir notre imagination, ne désespérons pas d'arriver à une époque plus heureuse, où nous saurons unir toutes nos facultés dans des productions d'un genre nouveau.

Nous l'avons dit, les nations éprouvent aujourd'hui l'impression que recevrait un jeune homme qui, après s'être longtemps occupé de littérature, serait porté, par le cours de ses études, vers les connaissances sérieuses. Le charme de ses premières occupations l'abandonnerait; une curiosité vive en prendrait la place; mais, après l'éducation achevée, chaque chose recouvrerait à ses yeux sa véritable importance.

Nous arriverons à une époque semblable. Et, comme l'éducation des sociétés consiste moins à rendre vulgaires les connaissances déjà anciennes qu'à en acquérir de nouvelles; comme nous marchons à grands pas vers la création de théories fondées sur des vérités incontestables, nous finirons par amener toutes les branches de notre savoir à une harmonie qu'elles durent autrefois à la seule imagination.

Tant de vérités de genres différents, groupées autour d'une vérité première, qui est le fait principal du sujet, mettront dans tout son jour l'identité de rapports entre le module de chaque science, de chaque art, et les diverses parties de cette science ou de cet art. Les lois de l'être, les conditions du vrai, ainsi présentées à la fois sous mille faces différentes, échaufferont alors l'imagination ; un enthousiasme nouveau, fondé sur une base plus solide que celui qui sut embellir d'agréables fictions, inspirera nos poètes et nos orateurs. Au lieu de créer l'univers suivant les caprices de nos volontés, ils nous le montreront tel qu'il est réellement ; et si jamais le génie entre dans cette route nouvelle, il verra avec admiration que l'art de créer n'a été que celui de copier, et de transporter en d'autres lieux de faibles parties d'un tableau qu'il lui sera donné de savoir peindre dans son entier.

FIN.

PENSÉES DIVERSES

PENSÉES DIVERSES

※
※ ※

Le temps ne conserve que les ouvrages qui se défendent contre lui.

※
※ ※

L'infini est le gouffre où se perdent nos pensées ; il n'est pas naturel de se jeter dans des précipices. Si l'homme est descendu dans cet abîme sans fond, il-y fut entraîné par une pente.

※
※ ※

Celui qui conçoit, qui produit une idée sublime, ne la borne pas par une restriction puérile ; c'est celui qui l'adopte et qui la voit à travers les préjugés de son temps : elle prend nécessairement leur couleur. Mais une vérité neuve ne porte ni les vêtements de la nation, ni les livrées du siècle ; elle est nue en venant au monde.

* * *

L'espace et le temps, voilà ce que l'homme se propose de mesurer ; l'un circonscrit son existence momentanée ; l'autre accompagne son existence successive. Ces deux étendues sont liées par une relation nécessaire qui est le mouvement. Dès qu'il est constant et uniforme, l'espace est connu par le temps, le temps est mesuré par l'espace. Nous l'avons dit, l'homme n'a point en lui la constance et l'uniformité ; différemment modifié à chaque instant, il est changeant, inégal et trop peu durable pour être la mesure de la durée.

* * *

On y parvint (il s'agit de mesurer les distances angulaires) par une suite d'idées et d'inventions, difficiles, parce qu'elles sont les premières ; sublimes, parce qu'elles sont simples.

Lorsque les connaissances sont un amas d'erreurs et de vérités, indistinctement mêlées ; lorsqu'une longue ignorance et beaucoup de siècles leur ont laissé jeter des racines profondes, la séparation en est difficile. L'ancienneté ne prouve rien ; le respect, la croyance de plusieurs âges ne sont que des préjugés ; le doute est d'un sage, et si le sage veut avoir une opinion, le doute le conduit à l'examen.

*
* *

L'imagination règne la première ; les arts qu'elle crée et qu'elle rend agréables, la poésie, l'éloquence, enchantent et fixent les esprits. Il faut que le prestige se dissipe avant de voir naître le goût des vérités solides ; les sciences exactes sont les dernières cultivées.

*
* *

Une des plus belles entreprises de l'esprit humain est celle de la mesure de la terre, de ce globe où l'homme occupe un si petit espace. Il ne peut cependant connaître que l'étendue qu'il peut parcourir; il n'a d'échelle et de module que ses dimensions individuelles; ses pas répétés ont mesuré l'espace et lui ont fourni les premières mesures, le pied et le pas. La coudée est la longueur de l'avant-bras, et la toise n'est que la hauteur de sa propre stature. Que sont ces petites mesures en comparaison de la vaste circonférence du globe? Mais l'homme ne s'est point étonné de sa petitesse; son ambition lui a fait trouver des ressources dans son intelligence. Il a accumulé les petites mesures pour embrasser les plus grandes, et il s'est fait l'unité à laquelle il a rapporté toutes les parties de l'univers.

* * *

L'Asie nous révèle le caractère ancien et primitif de l'homme. Il semble avoir craint son espèce plus que toutes les autres; concentré dans sa famille, dans sa nation, le reste de la nature ne lui offrait que des ennemis. Cette crainte s'est perpétuée, elle est devenue l'esprit universel et invariable de l'Asie. L'espèce humaine, en vieillissant sur la terre, est arrivée enfin à se familiariser avec elle-même. La perfectibilité a produit ces sentiments d'humanité et d'amour qui tendent à rapprocher tous les hommes, et à ne montrer sur la terre qu'un seul peuple de frères. Les idées de société générale, de cosmopolitisme, sont des idées très modernes ; aussi ne sont-elles répandues et n'ont-elles germé que dans les âmes douces et dans les têtes philosophiques.

* * *

Tous les anciens peuples ont été policés par des étrangers. Voilà comment les institutions savantes ont pu être transplantées, placées au sein de la barbarie. L'instruction a dérogé par cette alliance ; les inepties, les absurdités se sont associées à des méthodes ingénieuses et à des idées philosophiques, et l'on trouve chez le même peuple, dans la même ville, les écarts de l'enfance et les résultats de l'âge mûr.

* * *

Ainsi les hommes emportés et renouvelés par

le temps, voyant périr comme eux les ouvrages de la nature, tandis que la terre est inébranlable et toujours vivante, ont imaginé de placer dans ses dimensions le type invariable des mesures qu'ils voulaient rendre éternelles. Un être qui ne vit qu'un moment, a l'ambition de prolonger sa vie par le souvenir et d'éterniser ses institutions ; il veut être utile quand il ne sera plus. Le module des mesures itinéraires a été gravé sur les fondements de la maison commune pour instruire les hôtes de tous les siècles.

* * *

Dans les probabilités morales et politiques, dans les faits des hommes et des peuples, où ont influé les passions, la volonté, l'intelligence et la perfectibilité de l'homme, la difficulté redouble et l'incertitude est plus grande. On ne connaît exactement ni le nombre, ni l'intensité des forces qui ont agi. On ne trouve dans l'histoire que les résultats, et les effets de la complication des moyens. Les obstacles ont disparu, on aperçoit à peine les vestiges de la résistance qui a retardé ces effets, et cependant tous ces éléments sont nécessaires pour la solution du problème.

** * *

On voit les sciences, semblables à tous les êtres physiques, tomber de l'âge de la maturité et de la force, périr par la caducité et renaître pour une nouvelle carrière, en repassant par l'enfance.

*** * *

Heureuse la nation qui joint la constance à la sagesse ! Elle vit paisible et tranquille sans s'ennuyer de son bonheur. Bien différentes de ces nations inquiètes qui, sans cesse tourmentées de leur activité, cherchant et détruisant successivement l'équilibre, oscillent autour du bonheur, et n'atteignent le terme du repos que pour le passer. Mais comme tout est compensé par la nature, cette inquiétude produit le mouvement des pensées ; c'est au sein du trouble, des querelles et des divisions ; c'est sur le théâtre de l'ambition que le génie s'est montré à la terre. Les rôles sont partagés entre les peuples, et les fonctions sont également augustes. Les uns, comme les peuples de l'Europe, ont été chargés par la nature de développer la perfectibilité de l'homme, de mesurer la grandeur et l'élévation dont il est susceptible; les autres, comme les Chinois, montrent l'image de la félicité qui lui est permise, mais ils sont restés dans l'ignorance, ou du moins dans la médiocrité.

***

S'il appartient à tous les hommes de blâmer les systèmes, il n'appartient qu'à un petit nombre d'hommes de les imaginer. Ceux qui les jugent sont assis dans un horizon borné; ceux qui les conçoivent sont placés à une certaine élévation, d'où ils jettent autour d'eux un regard étendu.

***

Tycho (1) avait été destiné à la jurisprudence, comme Copernic (2) le fut à la médecine. Ces

---

(1) Tycho-Brahé, astronome danois, né en 1546, mort à Prague en 1601.
(2) Nic. Copernic, astronome polonais, né à Thorn en 1473 et mort à Frauenbourg en 1543.

vocations contrariées sont les seules vraies, parce qu'elles sont les seules éprouvées. Les obstacles les épurent, les goûts faibles et les fantaisies disparaissent ; il ne reste que le penchant naturel augmenté par la résistance.

* * *

L'Écriture sainte ne prévient point la postérité à l'égard des sciences, et Dieu n'a employé dans ce genre d'autre révélation que celle du génie.

* * *

Rarement l'action la plus simple suit un seul motif : agités par des désirs, par des intérêts divers, souvent contrariés par la nature, croisés par nos semblables, nous obéissons à des forces qui se combinent, se combattent et se détruisent en partie. La volonté n'est qu'un résultat.

* * *

On voit, en étudiant Tycho, qu'il était curieux

de passer tout entier à la postérité. Cette attention sur lui-même n'est pas une faiblesse; s'il s'est cru digne d'intéresser, il intéresse, en effet, la postérité. On blâme les prétentions ridicules, on rit d'une importance sans motif; on applaudit à l'homme supérieur qui se rend justice.

* * *

Sans doute que la félicité du sage déplaît aux méchants; le spectacle de la paix importune leur âme agitée, comme la vue d'un beau jour attriste l'infortuné qui n'en jouit pas.

* * *

Tycho ne pouvait manquer de patrie; il appartient à l'univers. Si l'espèce humaine a seule le privilège de vivre dans tous les climats, ce privilège appartient surtout à l'homme de bien qui mérite partout des amis, et à l'homme de talent qui est accueilli partout comme un bienfaiteur. Nous croyons apercevoir dans les dernières années de Tycho, l'inquiétude d'un esprit mal à son aise et qui se sent déplacé. Les hommes tiennent plus à la patrie, que la patrie ne tient à eux ; leurs concitoyens, composés d'indifférents et d'envieux, ne les connaissent point ou les connaissent mal, et ne leur rendent justice qu'après leur mort. Mais l'homme tient au lieu où il est né, par le souvenir de l'enfance et de la jeunesse ; il n'oublie jamais le théâtre de ses premières affections, la carrière de ses travaux et de sa gloire ; il se console de vieillir par le spectacle des lieux où tout est réminiscence et où il jouit encore du passé. S'il est transplanté dans des lieux étrangers, les objets nouveaux n'ont point d'attrait dans l'âge où l'on perd la sensibilité ; son existence, à la fois vieille et nouvelle, lui pèse, il ne jouit plus, et sa vie se consume par le regret.

* * *

La diversité des opinions est infinie, les conceptions sont aussi différentes que les traits des physionomies ; sur une matière donnée, autant d'hommes, autant d'idées. Les idées extrêmes existent à la fois, et les esprits se partagent toutes les nuances. Mais la vraie opinion d'un siècle est dans la tête des grands hommes qu'il a produits.

* *

La véritable astrologie est l'étude de la morale et de la sagesse. Les progrès plus ou moins grands nous présagent un avenir plus ou moins heureux. On voit, sans le secours des astres, une route tranquille et fleurie s'ouvrir sous les pas de la vertu, et le crime marcher vers un précipice. L'expérience tardive des vieillards, et l'expérience prématurée d'une jeunesse raisonnable, montrent les malheurs après les imprudences, l'opprobre à la suite du vice et les grands naufrages comme le terme ordinaire des grandes passions.

* *

(Tycho). Tant de mérites de sa part, tant d'obligations avouées de la nôtre, laissent le droit de le juger sur le reste. Il n'eut point l'esprit philosophique. Un homme qui n'a point entendu la voix de Copernic, qui n'a point saisi un système; un homme partagé entre les travaux de l'alchimie et les veilles astronomiques, se montre imbu de tous les préjugés de son temps. Il était assis sur les confins de deux siècles. Il tint aux ténèbres qui l'ont précédé et à la lumière qui l'a suivi. Ce contraste, cette étrange association de l'erreur et de la vérité trouve une image sensible et physique dans le spectacle du matin : l'empire du ciel paraît divisé, le cercle de la nuit fugitive est encore tracé dans le vague des airs, les rayons de l'aurore viennent se briser à cette barrière, et les ombres, en reculant, semblent combattre les premiers traits d'un jour pur.

*
* *

La simplicité n'est pas essentiellement un principe, un axiôme, c'est le résultat de travaux ; ce n'est pas une idée de l'enfance du monde, elle appartient à la maturité des hommes. C'est la plus grande des vérités que l'observation constante arrache à l'illusion des effets ; ce ne peut être qu'un reste de la science primitive.

*
* *

La lumière fut produite pour embellir le

monde, et l'œil fut créé pour la voir ; elle tombe sur les corps, se saisit de leur empreinte, elle a des pinceaux et des couleurs pour peindre, elle forme sur la rétine la miniature du monde et lie à l'existence de l'homme celle de tous les êtres qui l'environnent.

* * *

Quand les hommes instruisent leurs semblables, l'envie, active envers les vivants, se rend difficile pour tout ce qu'ils proposent ; c'est avec effort que la vérité s'insinue. Mais lorsque la mort et le temps les ont séparés de l'envie, lorsque leurs pensées ont reçu l'hommage de plusieurs générations, le génie vu dans l'éloignement a quelque chose de respectable et de sacré ; il s'établit une sorte de prescription, et il faut autant d'efforts pour rectifier ces anciennes pensées, qu'il en a fallu pour les faire admettre.

* * *

Si les hommes qui ont avancé les sciences par leurs travaux, si ceux à qui il a été donné d'éclairer le monde, veulent revenir sur le chemin qu'ils ont fait, ils verront que les idées les plus belles, les plus grandes, sont les idées de leur jeunesse, mûries par le temps et par l'expérience. Elles sont renfermées dans les premiers essais, comme les fruits dans les boutons du printemps.

* * *

La force est dans le corps la faculté de se mouvoir et de mouvoir les autres ; elle est en nous le sentiment de la puissance. Mais comment cette puissance passe-t-elle de mon âme dans ma main qui saisit une pierre, et dans la pierre qui parcourt l'air pour aller tomber au loin ? Comment le choc suffit-il pour transmettre cette faculté ? Ce métal arrondi en globe, repose lourdement sur la terre ; on le place dans un canal d'airain, la poudre s'enflamme, la masse pesante vole, et s'en va détruire les hommes et renverser les murailles à de grandes distances. Après ces meurtres, après ces grands efforts, le globe retombe immobile et sans action sur la terre. Que s'est-il donc passé dans cette masse ?

C'est la force qui succède à l'inertie, c'est une sorte de vie au lieu d'un état de mort. La force s'épuise, la vie cesse et le corps redevient inanimé.

*
* *

Le télescope doit être considéré comme un véritable microscope. Le premier verre, l'objectif, nous soumet une image de l'objet éloigné et vous y portez la loupe qui a le pouvoir de l'amplifier. Vous considérez donc Jupiter qui est à cent cinquante millions de lieues de vous, qui est mille fois plus gros que notre terre, de la même manière que vous observez le ciron qui échappe à la vue par sa petitesse comme le vaste globe par sa distance. L'homme les soumet également à son pouvoir, ils sont tous deux vus au microscope. S'il osa se faire le centre des choses, la nature le justicie; elle l'a placé comme un milieu entre la petitesse et la grandeur, elle le suspend entre deux infinis dont il est enveloppé.

※
※ ※

Képler (1) avait de modiques pensions; il vivait dans ces temps malheureux où l'on ne les lui payait pas. Il fallait faire des voyages pour des sollicitations; il perdait le temps toujours bien cher au génie, et il usait son âme et ses forces par l'inquiétude. C'est bien assez des efforts de l'invention pour consumer la vie; l'homme ne crée qu'aux dépens de la force qui le fait exister. C'était trop d'y ajouter le chagrin qui mine sourdement cette existence. Voilà donc le sort des grands hommes : la gloire et la pauvreté. Leur gloire n'intéresse qu'eux, l'utilité souvent très grande de leurs inventions, est éloignée. On ne paie bien que les services présents. Pour avoir le courage de reculer les bornes des sciences, il faut s'isoler de tout intérêt, et vivre dans l'avenir qui rend toujours justice. Mais, quand à du génie on joint une âme sensible, on s'afflige pour les siens, pour des êtres chéris qui

---

(1) J. Képler, astronome, né en 1571 à Magstatt (Wurtemberg) et mort à Ratisbonne en 1630.

n'ont pas le même attrait et la même récompense, et à qui l'on n'a donné que la vie avec un nom respectable.

*
* *

Le mérite a toujours des ennemis puissants ; on n'a point impunément une grande célébrité, et la multitude va frapper de sa masse l'homme qui l'offusque par sa hauteur.

*
* *

Galilée (1) aperçut que la lune tournait toujours la même face vers la terre, mais il ne vit là qu'un effet de sympathie entre les deux astres. La tendance, disons le mot, d'attraction de certains corps se manifestait souvent à l'homme étonné, et comme son imagination anime tout, voit partout ses affections, cette tendance devenait un sentiment, une préférence. L'amitié, l'amour qui lient et consolent les êtres sensibles,

---

(1) *Galileo Galilei Galileo*, mathématicien et astronome, né à Pise en 1564 et mort en 1642.

le penchant qui porte l'homme vers l'homme et conserve l'espèce humaine, rapprochait, conservait également les parties dont l'union constitue l'univers.

* * *

C'est là (dans les académies) que l'esprit humain réside : il y est vivant dans un nombre d'hommes réunis ; il y parle, il y rend ses oracles par leur organe. Et, sous cette forme humaine, animé des passions de l'utilité et de la gloire, il est unique comme l'individu et durable comme l'espèce.

* * *

L'observation est placée entre les vues de l'esprit qui en ont montré l'utilité, et cette utilité même qu'il faut avoir l'art d'en faire éclore. Mais cette prévision de l'esprit, le pressentiment des phénomènes à voir est étonnamment difficile ; c'est un don très rare, c'est le génie lui-même. Il faut joindre à une vaste mémoire, où tous les faits connus soient déposés, une intelligence proportionnée pour combiner ces faits, pour comparer ce qu'ils ont produit avec ce qu'ils pouvaient produire. Il faut se représenter les phénomènes revêtus de toutes leurs illusions, distinguer les cas où ces illusions peuvent être séparées, marquer en même temps les instants où l'une a toute sa force et peut être plus facilement mesurée. Il faut quelquefois l'art de la multiplier, en sommant, en réunissant ses effets pour la rendre plus sensible.

※
※ ※

La nature, dans ses productions, attache aux espèces plus d'une ressemblance ; elle ne se diversifie que dans le détail des choses, elle se copie dans les grands caractères.

※
※ ※

Les déterminations de Tycho, quoique agrandies par les vues de Képler, allaient être effacées ; mais ses observations resteront, et c'est l'avantage des grands observateurs ; leurs œuvres ne périssent point. Les systèmes s'écroulent ; les conjectures s'évanouissent; les idées du génie sont quelquefois remplacées par des idées plus saines; mais, sans distinction de temps, les faits s'unissent aux faits; on ne peut ni les détruire ni se passer d'eux, ils durent parce que ce sont des vérités.

* * *

Ce n'est ni le plus ni le moins, ce n'est pas la privation même, c'est la comparaison qui nous afflige; on n'est pauvre qu'à côté des riches.

* * *

Dominique Cassini (1) traça les progrès de l'astronomie dans un écrit où il traite de son origine et de son antiquité; ce morceau est précieux. On aime à voir un homme de génie planer ainsi sur une longue carrière et montrer les pas de l'esprit humain. Cassini s'arrêta bientôt; cette histoire de la science n'aurait été que la sienne,

(1) J. Dominique Cassini, astronome, né à Périnaldo (près Nice) en 1625, mort à Paris en 1712.

et il est très remarquable que, décrivant les travaux de l'académie auxquels il avait eu tant de part, parlant de découvertes que lui-même et lui seul avait faites, il ne s'est jamais nommé. Il dit toujours : *on a vu, on a imaginé,* et, avec une occasion naturelle et répétée de parler de lui, cette modestie qui lui fait tant d'honneur est une belle leçon.

* * *

Ici la supériorité de l'esprit doit être aidée par le travail. Il ne s'agit pas de faire avancer la science d'un pas, il faut qu'elle en fasse à la fois une infinité. Tous ces pas exigeraient un grand nombre d'hommes associés pour un seul dessein, ayant le même zèle et les mêmes vues, ce qui est difficile ; ou, ce qui est encore plus rare, un homme seul qui compensât le nombre par le génie, qui trouvât la durée de la vie et les forces humaines suffisantes pour tout exécuter à lui seul. Un tel homme n'a pu être qu'un bienfait unique de la nature. Il a cependant été donné. On dirait que, lassée de l'importunité des hommes pendant tant de siècles, de tant de secrets surpris depuis le renouvellement des sciences, la nature n'eût plus demandé qu'un interprète qui fût digne d'elle. Elle s'est enfin déterminée à répondre, à se dévoiler presque entière; elle a produit et appelé Newton (1).

***

En parlant de Newton, qui fut solitaire et modeste, qui ne chercha point à paraître, qui fit de grandes choses avec simplicité, il faut être simple comme lui, comme la nature qu'il a suivie. Cette simplicité qui le caractérise est la grandeur que son écrivain doit emprunter de lui.

***

La nature n'est que mélange et tempéraments; deux principes destructeurs, l'un par l'autre enchaînés, sont unis pour des effets durables. L'alliance de ces principes maintient la société des corps célestes. Rien n'est plus admirable que ce mécanisme, c'est par cette combinaison de forces

(1) Isaac Newton, mathématicien et physicien anglais, né à Woolsthorpe (Lincoln) en 1642 et mort à Londres en 1727.

que tout se meut; tout change et cependant tout se conserve.

***

La grande supériorité n'est que le moyen de considérer les choses difficiles sous un point de vue où elles deviennent faciles, où l'esprit les embrasse et les suit sans efforts.

***

Le point de vue le plus simple est en même temps le plus général; car dans la nature on voit toujours marcher ensemble la généralité et la simplicité. Les circonstances qui différencient les cas particuliers, sont ensuite considérées séparément; on traite à part les modifications qu'elles apportent. La solution se transforme, elle marche avec des divisions qui sont des repos placés dans une route trop longue, et la solution d'un problème profond et difficile n'est qu'une suite de questions dont l'étendue est proportionnée à notre intelligence.

La simplicité de Newton, sa modestie, naissaient de sa supériorité. On s'en étonne, en considérant cette supériorité même. Les hommes de cet ordre font facilement des choses difficiles. Comment admireraient-ils des œuvres qui leur ont si peu coûté? Ce n'est point un paradoxe de dire que la vanité ne naît point de la facilité du travail et de la rectitude des idées. Il faut avoir eu souvent tort pour s'enorgueillir d'avoir raison. Les hommes ne s'applaudissent que quand ils sont surpris de leurs productions ; ils attachent un grand prix au fruit des efforts pénibles. L'orgueil est le sentiment de la médiocrité, et l'aveu de notre faiblesse.

***

On ne comprend pas l'attraction, mais l'homme qui en doute comprend-il comment il existe? Nous vivons et l'attraction agit par la volonté de l'Être suprême ; ce sont deux faits de la nature, dont les causes et le mécanisme nous sont également inconnus.

***

Euler fit une application heureuse de la géométrie à la physique, en imaginant de composer des objectifs de deux lentilles de verre qui renfermeraient de l'eau entre elles. Les rayons devaient donc passer à travers deux matières différentes, le verre et l'eau.

La réfringence de ces deux matières n'est pas la même. Euler supposa qu'elles n'avaient pas non plus la même puissance pour décomposer le rayon et séparer les couleurs. En opposant ces effets, on pouvait les détruire l'un par l'autre ; on pouvait rendre au rayon coloré ce mélange exact, cette union qui fait la blancheur de la lumière. Euler trouvait dans la construction de l'œil un motif d'espérance du succès. Il observait que, au lieu d'une seule humeur qui aurait suffi à la représentation des objets, il y en a plusieurs ; sans doute pour remédier à la dispersion des couleurs. Des expériences, faites à cette occasion, prouvèrent que Newton s'était trompé lorsqu'il avait dit qu'en détruisant l'effet de la décomposition de la lumière, on anéantissait aussi ceux de la réfraction. Dollond (1) reprit la théorie d'Euler, mais, en employant des objectifs de verre et d'eau, il découvrit un nouvel inconvénient. C'est qu'il fallait donner au verre des courbures si considérables qu'elles produisaient une très grande aberration de sphéricité. L'emploi du verre ordinaire et du verre de plomb présente plus d'avantage ; il a été le résultat des tentatives faites pour utiliser les vues d'Euler.

La géométrie est la science de l'étendue et du mouvement, ou seulement de l'étendue ; car tout ce qui existe dans cet univers, ou à la fois ou successivement, a l'étendue pour caractère de son existence. L'espace qui embrasse tous les points, tous les lieux, toutes les bornes du monde physique ; le mouvement qui parcourt cet espace, qui s'y applique, s'y mesure et semble s'y assimiler ; le temps marqué par la succession des choses, subsistant depuis leur commencement jusqu'à

---

(1) Dollond, opticien, né à Londres en 1706, mort en 1761.

leur fin ; le temps qui embrasse l'univers dans ses changements, comme l'espace l'enferme dans sa permanence, tout n'est qu'étendue. Étendue physique qui est devant nous, que l'œil peut distinguer et parcourir, étendue intellectuelle que l'homme peut rendre présente à son esprit et qui n'est aperçue et mesurée que par la pensée. Voilà l'empire de la géométrie. C'est alors qu'elle est grande, qu'elle est vaste comme l'univers! Ouvrage miraculeux de la raison humaine, les hommes y ont concentré toutes les idées d'ordre et de rectitude qu'ils ont reçues du ciel. Si elle a ses limites comme l'esprit humain, elle s'est toujours élevée avec lui, et tient de sa hauteur la double immensité, qui s'applique à tous les temps et à tous les lieux, mesurant également et les espaces de la durée fugitive, et ceux de la matière présente et visible.

Toute équation est une égalité. Que sont les propriétés d'une courbe? une égalité entre les produits, ou les combinaisons de certaines lignes droites renfermées et bornées par cette courbe.

✻

L'algèbre n'est qu'une géométrie écrite, la géométrie n'est qu'une algèbre figurée.

✻

Ce qui existe est l'ouvrage de la nature, de la nature qui a caché partout la simplicité des principes sous la variété des phénomènes; qui, opposant les principes secondaires, faisant réagir les êtres les uns sur les autres, a paru troubler partout l'uniformité et la régularité qui la constituent, mais n'a mis nulle part ni deux formes semblables, ni une forme régulière. L'homme se perd dans cette variété infinie. Ce qui est trop composé n'est plus régulier pour lui. Il lui faut des choses simples et qui soient ordonnées suivant sa manière de concevoir. Nous avons pris le parti pour étudier la nature de mesurer ses ouvrages en leur appliquant les figures de notre géométrie, les modèles idéaux que notre esprit a créés, les formes régulières dont il connaît la loi. Maître de multiplier presque à volonté ces formes, sans varier la loi, il peut d'essais en essais assimiler, pour ainsi dire, les mesures qu'il s'est faites aux choses qu'il veut connaître, approcher aussi près qu'il le veut de la nature qu'il ne doit jamais atteindre, et se faire une copie assez ressemblante de ce grand modèle.

*

Lagrange s'est proposé de nouveau le problème des trois corps; il l'a résolu à sa manière, avec son génie et par une analyse profonde et ingénieuse.

*

Lagrange se contente, à l'égard de l'action des planètes les plus voisines, de donner la méthode et les formules; mais cette méthode est limitée, et c'est ici qu'à côté du génie de l'individu se trouvent marquées la faiblesse et l'insuffisance des moyens de l'espèce.

*

C'est dans les appréciations que la justesse de

l'esprit se déploie. Il faut au dedans plus de ressources, quand on a au dehors moins de moyens. Au défaut des méthodes qui dévoilent la vérité, c'est la force de l'esprit qui peut y suppléer par d'heureuses conjectures.

* * *

Le système qui suit et retrouve toujours la nature dans ses phénomènes contraires, doit renfermer le principe et le secret de ses mouvements.

* * *

Un géomètre est un homme qui entreprend de trouver la vérité, et cette recherche est toujours pénible dans les sciences comme dans la morale. Profondeur de vue, justesse de jugement, imagination vive, voilà les qualités du géomètre. Profondeur de vue pour apercevoir toutes les conséquences d'un principe, cette immense postérité d'un même père. Justesse de jugement, pour distinguer entre elles les traits de famille, et pour remonter de ces conséquences isolées au principe dont elles dépendent. Mais ce qui donne cette profondeur, ce qui exerce ce jugement, c'est l'imagination, non celle qui se joue à la surface des choses, qui les anime de ses couleurs, qui y répand l'éclat, la vie et le mouvement, mais une imagination qui agit au dedans des corps comme celle-ci au dehors. Elle se peint leur constitution intime, elle la change et la dépouille à volonté ; elle fait, pour ainsi dire, l'anatomie des choses et ne leur laisse que les organes des effets qu'elle veut expliquer. L'une accumule pour embellir, l'autre divise pour connaître. L'imagination qui pénètre ainsi la nature, vaut bien celle qui tente de la parer. Moins brillante que l'enchanteresse qui nous amuse, elle a autant de puissance et plus de fidélité. Quand l'imagination a tout montré, les difficultés et les moyens, le géomètre peut aller en avant ; et s'il est parti d'un principe incontestable, qui rende sa solution certaine, on lui reconnaît un esprit sage. Ce principe le plus simple lui offre-t-il la voie la plus courte, il a l'élégance de son art. Et enfin il a du génie, s'il atteint une vérité grande, utile et longtemps séparée des vérités connues.

⁂

Les conjectures, les opinions doivent avoir une place dans les connaissances des hommes. Elles font la nuance entre les fables et les vérités ; elles appartiennent aux unes par le défaut de preuves suffisantes, elles approchent plus ou moins des autres par leur vraisemblance. Si l'on retranchait ces rameaux naissants sur l'arbre de nos connaissances, on priverait l'avenir des fruits que plusieurs de ces rameaux peuvent produire. Il en est des idées comme des germes que la nature répand avec profusion : un grand nombre périt avant de mûrir ; mais, au moment où ils se développent, on ne peut distinguer ceux qu'elle destine à une longue vie. Les hommes sont portés à conjecturer par le désir de connaître, ils veulent avoir une opinion sur toutes les choses ; et lorsque la chaîne des vérités ne peut les y conduire, ils suppléent aux vérités qui manquent par des vraisemblances qui les représentent. Au moyen de ces opinions particulières, et de liaisons en partie vraies, en partie hypothétiques, ils ont une idée pour chaque fait de la nature et une idée générale pour la nature même. Quand on considère le soleil qui, placé au centre de notre système, semble se consumer pour nous éclairer; les planètes pesantes qui roulent autour de lui, la lune qui accompagne la terre, les satellites qui entourent Jupiter et Saturne, l'anneau singulier dont cette planète est environnée, ces étoiles qui brillent dans l'obscurité des nuits, et ces espaces d'une lumière pâle et blanche ou semés dans le ciel, ou réunis en zone pour former la voie lactée, un grand nombre de questions se présentent à un esprit curieux. On désirerait savoir l'origine de ces merveilles, leur usage et leur destinée dans un monde qui doit avoir commencé, qui change sans cesse et qui doit finir un jour; on voudrait comparer ces différents objets, et les connaître l'un par l'autre. A ces questions hardies, le sage répondrait peut-être : *je ne sais*. Mais l'homme passionné, dévoré du désir de connaître, irrité par les barrières que la nature lui oppose, ne se contentera pas de cette réponse. Il osera imaginer, deviner ; il jugera ce qu'il ne peut voir par ce qu'il a vu, et, traçant un plan à son activité inquiète, il saura du moins où et comment il doit chercher. Si les hommes avaient toujours écouté cette raison circonspecte, ils n'auraient jamais devancé le temps. La vie des individus et des peuples mêmes eût été trop courte pour une marche si lente. La sagesse tranquille, qui n'a que des désirs modérés, est une vertu dans la morale; mais l'inquiétude est le principe du mouvement des esprits. Les passions ont tout fait sur la terre. Le besoin de connaître et celui de la gloire ont précipité les pas des sciences. Sans les passions, la société serait encore telle que dans l'état sauvage.

* * *

La force d'impulsion étant diminuée, celle de l'attraction prend plus d'empire; le corps s'approche tant soit peu du centre; l'orbite devient plus petite et est décrite en moins de temps. Le corps paraît donc se mouvoir plus vite, et voilà comment s'explique ce paradoxe singulier, qu'une diminution dans la force produit une accélération dans le mouvement.

* * *

Laplace a proposé deux questions neuves et

intéressantes. La première est de savoir si l'action de la gravité est instantanée malgré la distance. Laplace, pour y répondre, remarque que tout ce qui se transmet à travers l'espace, nous paraît répondre nécessairement à ses différents points. Dans notre manière de concevoir un effet, l'idée du temps est inséparablement liée à celle de l'espace : la notion de la vitesse naît de leurs rapports. Une vitesse plus grande suppose un temps plus court, et si, par la puissance de l'imagination, nous essayons de nous représenter une vitesse infinie, il nous reste toujours l'idée d'un temps infiniment petit. Le temps ne peut être anéanti dans notre pensée. Peut-être cette conception n'est-elle en effet que l'habitude de nos observations. S'il existe dans la nature une action instantanée, elle est nulle pour nous puisqu'elle ne peut être comparée. Tout fait unique sera toujours inconcevable. Il est donc très possible que, ne pouvant analyser la matière, voir ses éléments à nu, saisir le mécanisme de leur action mutuelle, nous ne concevions pas comment la force de la gravité agit instantanément aux plus grandes distances. Mais cette difficulté de concevoir un fait n'est pas une raison de croire

à son existence, et, comme l'observe très bien M. de Laplace, quand même tous les phénomènes nous donneraient lieu de penser que l'action de cette force est instantanée, il ne faudrait pas en conclure qu'elle l'est réellement ; car, dans une progression rapide, il y a loin d'une durée insensible à une durée absolument nulle. Quoi qu'il en soit, les circonstances rendent cette considération superflue ; quel que puisse être le temps que l'attraction emploie pour atteindre aux limites de sa sphère, il n'en résulte aucun changement dans l'ordre des phénomènes. Toute la différence est dans le premier instant. Il a fallu un temps pour que l'effort et, pour ainsi dire, la force fût transmise au corps qu'elle doit faire mouvoir, mais une fois arrivée, les efforts se succèdent immédiatement, et le corps se meut comme si l'action était réellement instantanée. « Il semble que forcé par l'accord des faits à « admettre une faculté attractive dans tous les « points matériels, rien n'autorise à croire le « temps nécessaire à la transmission de son « action ; car de quel genre sera l'obstacle qui la « retarde ? Comment concevoir la force attrac-
« tive traversant l'espace et se séparant des corps

« dans lesquels tout porte à croire qu'elle ré-
« side? Qu'est-ce enfin que cette puissance ainsi
« isolée, sinon un être abstrait qui ne peut exister
« dans la nature? Si nous nous sommes habitués
« à considérer toujours le temps comme un élé-
« ment nécessaire à la communication des forces
« motrices, c'est que nous avons vu les effets de
« l'impulsion qui, agissant par une transmission
« de mouvement entre les molécules contiguës,
« met d'autant plus de temps à parvenir au
« corps soumis à son action que les points extrê-
« mes sont plus distants. Mais rien de semblable
« n'ayant lieu dans l'attraction, je la crois ins-
« tantanée ».

*
* *

M. de Laplace fait une seconde question qui dérive naturellement de la première; il demande si l'attraction agit de la même manière sur les corps en repos et sur les corps en mouvement. En supposant un temps nécessaire pour la transmission de la gravité, on conçoit qu'un corps en repos l'attend et ne peut échapper à son action, mais un corps en mouvement peut la fuir. Quelque petit que soit le temps de la transmission, la vitesse du corps peut être si grande qu'il puisse s'y soustraire du moins en partie. Il en résulte une modification dans le mouvement. Laplace a choisi la vitesse de la lumière pour terme de comparaison, et il a vu qu'il fallait supposer à la propagation de la gravité une vitesse huit millions de fois plus grande. Telle serait donc la puissance des moyens de la nature pour transporter dans ses vastes domaines les effets des causes. Avec quelle variété et quelle étonnante différence, elle a donné aux différents êtres la faculté de se mouvoir !

* * *

Les vérités que nous avons exposées, les conjectures par lesquelles on a quelquefois essayé de réunir celles de ces vérités qui semblent séparées, ou de trouver des causes à des apparences singulières, à des phénomènes isolés, forment un tableau de l'univers. Univers immense où une infinité de soleils ont chacun leur empire particulier, et dont notre grand système ne fait qu'une très petite partie. Le soleil est-il dans un repos absolu? C'est ce qui nous paraît difficile à croire dans un monde dont le mouvement est la vie. Nous ne voyons pas qu'il ait de mouvement. Est-ce une raison pour croire que ce mouvement n'existe pas? Nous ne pouvons en juger que par le changement de relation avec les objets environnants : le soleil n'en a point, ou n'en a qu'à une distance infinie. Cette distance que nos mesures n'atteignent pas, qui passe même nos conceptions, peut changer, et même beaucoup, sans que nous nous en apercevions. L'infini, où notre esprit se confond et se perd, peut être augmenté ou diminué ; il restera toujours infini, c'est-à-dire quelque chose de trop vaste pour nous.

Rien n'est plus imposant que le spectacle du ciel étoilé, rien n'est plus propre à remuer l'imagination et à réveiller des idées de grandeur et d'étendue. La nuit nous présente une multitude de flambeaux, confusément épars sur une voûte apparente et, tandis que la vue nous attache à ce spectacle, la raison éclairée par les travaux des siècles, brise cette voûte, en rejette l'illusion, et ne voit plus qu'une infinité de corps lumineux placés à des distances énormes, et des mondes semés sans nombre dans des espaces sans bornes. Mais en même temps l'imagination se rappelle que l'homme a classé toutes ces étoiles, y a dessiné des groupes et leur a imposé des noms.

L'ancienne histoire y est écrite, et la fable y est figurée; les premiers dieux y conservent un empire. Anciennes erreurs, vérités antiques, tout est écrit dans ce livre, et l'homme qui sait y lire retrouve à la fois la grandeur majestueuse de la nature, la mythologie et les débris des cultes, les leçons de la fable et le souvenir de ses premiers ancêtres.

*
* *

Les fables sont nées dans la marche de la tradition, on doit donc y retrouver ce qui a été confié à la tradition et tout ce que traîne après soi ce fleuve grossi de tant de sources différentes.

*
* *

Le temps a seulement deux divisions réelles :

le passé et l'avenir, puisque le présent n'est que la limite des deux autres.

*
* *

L'idée d'une science est déjà un pas; le souvenir d'une chose qui a été faite enseigne qu'elle est possible, et le courage multiplie les efforts, lorsqu'il y a l'espérance du succès.

*
* *

Cette activité nous arrache au présent pour nous jeter dans l'avenir; sans elle, l'homme ne connaît que la nature qui l'environne, ou même celle qui le touche immédiatement. Il demeure à la place que sa naissance lui a marquée et le reste de l'univers est nul pour lui.

*
* *

En Asie, rien n'a été fait que par la constance des travaux. C'est le genre humain agissant en masse, ou à la fois, ou successivement. En Europe, le génie a succédé à la patience pour commander le travail. Les grandes choses ont été faites par des individus. Ce ne sont point de petites forces réunies pour en produire une grande, c'est une puissance unique et celle du génie.

* * *

Képler a commencé notre supériorité. Jamais on n'avait encore porté dans les sciences ni plus d'activité, ni peut-être plus de génie. On voit, en réfléchissant sur ses travaux, qu'il a dû avoir une multitude d'idées, et cette fécondité même est le caractère d'un esprit supérieur.

* * *

En même temps, la géométrie s'est avancée en perfectionnant les deux calculs inventés par Newton. L'un descend dans le détail des choses par une marche qui n'est jamais arrêtée, qui peut aller aussi loin que l'imagination et la pensée, c'est le calcul différentiel : celui-là est sorti en entier des mains de Newton. L'autre, le calcul intégral, qui remonte de ces détails et de parties des choses à leur assemblage, est borné, comme

nous le sommes dans la plupart de nos œuvres :
il est facile de diviser, il nous est pénible de
reconstruire.

※
※ ※

La nature semble nous avoir soumis tous les
corps existants du monde créé. La destruction
est dans nos mains. La recomposition est son
secret ; nos efforts sont le plus souvent infructueux, et nos succès dans ce genre ne sont que
des exceptions.

※
※ ※

La méthode complète du calcul intégral serait
une révolution dans la géométrie, semblable à
celle de l'application de l'algèbre et à celle de
l'invention du calcul différentiel.

※
※ ※

Nos moyens, pour surpasser la science primitive, ont donc été le télescope, qui étend le domaine des sens ; la géométrie qui permet de tout approfondir, et le génie qui ose tout comparer et s'élève à la science des causes. Cette science est notre véritable supériorité. Tous les phénomènes sont enchaînés. Le système de nos connaissances est ordonné comme la nature; un seul principe nous sert à tout expliquer, comme un seul effort lui suffit pour faire tout agir.

***

La force de l'esprit humain n'est pas une puissance qui agisse par des effets constants et gradués suivant certaines lois. Tantôt arrêtée par les difficultés, tantôt multipliée pour les vaincre, elle étonne toujours, par son repos et par son action.

***

Le phénomène de l'attraction doit être regardé comme la base constante de toutes nos recherches. Les phénomènes présents ou futurs doivent également se ranger dans l'étendue de ses applications; le développement de cette cause simple, renfermant tous les phénomènes actuels, annoncera les phénomènes à venir. Il faut considérer ce hardi système de Newton comme un magnifique tableau de la nature, où ce puissant génie a dessiné à grands traits les formes principales, en laissant à ses successeurs la gloire de détailler ces formes esquissées, de remplir les vides et d'ajouter la ressemblance de toutes les parties à la vérité de l'ensemble.

*
* *

Dans l'état actuel où est l'astronomie, sous un ciel où presque tout est connu, nous ne serons bientôt plus que les témoins des phénomènes périodiques que le temps ramène et renouvelle sans cesse ; et si l'amour de la science subsiste, si nous sommes assez constants pour les suivre, chaque siècle ajoutera un petit degré de perfection aux connaissances acquises, et l'astronomie suivra lentement la nature en l'approchant sans cesse, comme ces lignes asymptotiques qui serrent toujours une courbe de plus en plus près, sans jamais la toucher.

M. Abeille pense que le froid est un être réel ; il oppose, à l'opinion des physiciens qui ne le considère que comme l'absence du feu, le raisonnement suivant. L'eau qui se congèle augmente de volume, l'absence d'un être corporel ne peut ajouter à la masse dont il se sépare, puisque le néant ne produit aucun effet positif ; donc un être réel augmente le volume de l'eau.

La force avec laquelle l'eau augmente de volume, en se congelant, est bien prouvée par l'expérience suivante. Que l'on prenne un tube de fer, que l'on en ferme une extrémité au moyen d'une virole de même métal ; qu'on emplisse ce tube d'eau et qu'on l'expose au grand froid : l'eau fera un tel effort qu'elle fendra le tube dans toute sa longueur, et l'on observera que les glaçons déborderont cette fente. L'objection de M. Abeille, contre mon opinion sur le feu et la lumière, est que l'on ne peut décomposer le feu, tandis que nous décomposons la lumière tant que nous le voulons.

Voici ma réponse. Je conviens que le feu n'a

pas été décomposé jusqu'à présent. Je crois même qu'il ne le sera jamais ; mais je ne conclus pas de là que ce soit un être simple et je pense, au contraire, que, s'il se refuse à devenir le sujet de nos expériences sous ce rapport, nous devons nous en prendre plutôt à l'impossibilité de l'obtenir seul et de pouvoir le retenir (puisqu'il pénètre tous les corps) et au défaut de matière propre à opérer sur lui, qu'à la simplicité de son essence.

IDÉE SUR LES SENS

Je pense qu'ils peuvent être tous rapportés à celui du toucher, et qu'ils ne diffèrent que par la disposition à ressentir l'attouchement de corps de natures différentes. Le sens du toucher proprement dit est le moins délicat de tous, puisqu'il n'est guère affecté que par les corps les moins déliés ; tandis que l'œil est sensible à l'attouchement du subtil élément de la lumière, que l'ouïe reçoit l'impression des parties de l'air mises en vibration par le corps sonore ou résonnant, que l'odorat distingue les parties déliées qui s'évaporent des corps, et que le goût, qui a une si grande affinité avec l'odorat, connaît presque la forme des particules qui le touchent par l'impression qu'elles lui font ressentir.

CORRESPONDANCE

CORRESPONDANCE

I

TESSIER (1) A SOPHIE GERMAIN

Le 17 pluviose.

Mademoiselle,

Duodi, c'est-à-dire dimanche prochain, il y aura chez moi un dîner, pas de tous hommes. La majeure partie des convives ne vous est point étrangère. Vous leur feriez grand plaisir et vous combleriez de bontés le maître de la maison, si vous vouliez bien être de la partie. Point de M***, puisque vous ne vous êtes pas encore raccommodée avec lui. Vous trouverez dans ma

(1) Alex.-H. Tessier, agronome, né à Angerville en 1741, mort à Paris en 1837.

Chartreuse du beurre frais, des pommes de terre, des betteraves, des mâches et quelque autre aliment qui n'irritera pas votre palais. Je compte sur une de mes parentes, excellente femme, pour laquelle je vous demanderai indulgence plénière, car elle ne connaît de géométrie que les figures les plus naturelles. Vous en jugerez par l'échantillon de son travail que j'aurai l'honneur de vous présenter. Comme j'ai bien à cœur de ne me point brouiller avec monsieur votre père, vous pourriez lui promettre d'avance que vous serez reconduite chez lui en sûreté, à l'heure qu'il désirerait. Quand vous verrez Mme Lherbette, je vous prie de l'assurer de mon respect, en lui disant que je la trouve une bien bonne commissionnaire. Je désirerais réussir aussi bien qu'elle dans la commission dont je m'acquitte aujourd'hui pour mon propre compte.

Je suis avec respect, Mademoiselle, votre très humble serviteur.

Tessier.

II

BERNARD, libraire, A Mme GERMAIN

Paris, 4 novembre.

Madame,

Le citoyen Cousin sollicite l'honneur de vous être présenté ainsi qu'à mademoiselle votre fille, si vous daignez l'agréer. J'attends vos ordres. Il espère que ses occupations lui permettront d'aller vous présenter ses respects le 8 novembre, sur les six heures du soir. Je vous prie de me faire dire si cette heure ne vous est pas importune. Nous aurions l'honneur de nous rendre au moment qui vous serait plus convenable. M. Cousin se félicite d'avoir une occasion de vous offrir, ainsi qu'à mademoiselle Germain, l'hommage de son respect et de lui offrir toutes les facilités qui dépendront de lui dans la carrière des sciences qu'elle cultive avec tant de succès. Je serai bien flatté d'avoir pu concourir à vous offrir quelque témoignage de mon zèle et de ma sincère admiration pour votre idole.

Recevez, Madame, je vous prie, pour elle et pour vous, l'assurance de mon parfait attachement.

BERNARD, libraire.

III

D'ANSSE DE VILLOISON (1) A SOPHIE GERMAIN

Malgré la proscription fatale dont vous avez frappé un célèbre astronome (2) et ses amis, je n'ai pas pu me dispenser de rendre hommage à la vérité, et je me suis empressé de vous offrir les prémisses d'une pièce de vers latins de ma composition qui va paraître ces jours-ci dans le *Magasin encyclopédique* (3). Vous y verrez page

---

(1) J.-Bapt. Gaspard d'Ansse de Villoison, helléniste, né à Corbeil en 1750 et mort à Paris en 1805.

(2) J. Jérôme le Français de Lalande, astronome, né à Bourg (Ain) en 1732, mort à Paris en 1807. Voir aux *Annexes* une lettre de lui publiée par le *Journal des Savants*.

(3) Le *Magasin encyclopédique* ou journal des sciences, des

239 (1) une faible partie de la justice que je vous rends, Mademoiselle, et qui vous est due à tant de titres. Je serais trop heureux si vous vouliez présenter à Mademoiselle votre sœur et agréer l'hommage de l'admiration et du respect avec lequel je suis, Mademoiselle, votre très humble et très obéissant serviteur,

D'Ansse de Villoison.

IV

LE MÊME A MADAME GERMAIN

Ce lundi soir à minuit, 12 juillet 1802.

Madame, je trouve en rentrant la lettre dont vous m'honorez et m'empresse de vous donner sur-le-champ ma parole d'honneur que vos ordres et ceux de Mademoiselle votre fille sont déjà ponctuellement exécutés ; que j'ai brûlé ma pièce

---

lettres et des arts, par A. L. Millin, 1795-1816, 122 vol. in-8 plus 4 vol. de fables.

(1) Publiée d'abord dans le *Magasin encyclopédique* (1802, VIIIe année, t. I), cette pièce de vers parut une seconde fois dans la *Bibliothèque française*, avec une addition de quatre vers.

de vers grecs et voudrais pouvoir anéantir de même les latins ; que je me contenterai d'admirer désormais Mademoiselle votre fille dans le plus respectueux silence, et de vous regarder comme la plus heureuse des mères, et la plus digne d'envie. J'oserai prendre la liberté de prier Mademoiselle Sophie d'agréer un exemplaire de la seconde édition de Paris, qui va paraître sous très peu de jours avec l'addition que j'ai eu l'honneur de lui communiquer et qu'on m'annonce, Madame, devoir être incessamment suivie d'une traduction en vers français dont s'occupe maintenant une dame que je n'ai pas l'avantage de connaître. Je me reprocherai toute ma vie d'avoir composé cette pièce qui a pu blesser l'excessive modestie de Mademoiselle votre fille. Je la supplie, ainsi que Mademoiselle sa sœur, de vouloir bien recevoir mes excuses et les assurances du vif et éternel regret et du respect avec lequel je suis, Madame, votre très humble et très obéissant serviteur,

D'Ansse de Villoison.

V

LE MÊME A SOPHIE GERMAIN

Ce 14 juillet 1802.

J'ose prendre la liberté de vous offrir ci-joint un exemplaire de la nouvelle édition de ma malheureuse pièce, avec les corrections et additions que je vous avais annoncées. M. Pougens (1), Mademoiselle, l'avait insérée dans le troisième numéro de la troisième année de sa *Bibliothèque française* (2), avant que je pusse soupçonner que l'hommage de la vérité choquerait votre modestie aussi rare que vos talents. Je vous réitère, avec mes excuses et l'expression de mes vifs et éternels regrets, ma *parole d'honneur* que je ne me permettrai de parler de vous, Mademoiselle, dans aucun écrit, et que mon admiration sera

---

(1) Charles-Joseph Pougens, littérateur, né à Paris en 1755, mort à Vauxbuin (près Soissons), en 1833.

(2) La *Bibliothèque française*, par Ch. Pougens, 1800-1808, 29 vol. in-12; réunie ensuite au *Journal des Arts, de la littérature et du commerce*, qui devint le *Nain-Jaune* en décembre 1804.

toujours muette et enchaînée par le désir d'obtenir mon pardon d'une erreur ou d'une faute involontaire, et par le profond respect que j'ai voué à Madame votre mère et à Mademoiselle votre sœur, et avec lequel j'ai l'honneur d'être, Mademoiselle, votre très humble et très obéissant serviteur,

D'ANSSE DE VILLOISON.

P. S. — Vous m'avouerez, Mademoiselle, que si vous êtes la seule demoiselle qui possède si supérieurement les mathématiques, vous êtes aussi la seule qui ait connu et redouté le danger d'un poème grec. En conscience, j'en appelle à Mademoiselle votre sœur, qui est si bonne, ne pourriez-vous pas m'accorder ma grâce, ne fût-ce que pour la singularité du fait?

VI

SOPHIE GERMAIN A GAUSS (1)

Monsieur, vos *Disquisitiones arithmeticæ* (2) font

---

(1) Ch. Fréd. Gauss, mathématicien, né à Brunswick 1777 et mort à Göttingue, 1855.

(2) *Disquisitiones arithmeticæ*, *Lipsiæ*, 1801, in-4.

depuis longtemps l'objet de mon admiration et de mes études. Le dernier chapitre de ce livre renferme, entre autres choses remarquables, le beau théorème contenu dans l'équation $4\frac{(x^n-1)}{x-1} = Y^2 \pm nZ^2$; (1) je crois qu'il peut être généralisé ainsi $4\frac{(x^{ns}-1)}{x-1} = Y^2 \pm nZ^2$, n étant toujours un nombre premier et s un nombre quelconque. Je joins à ma lettre deux démonstrations de cette généralisation. Après avoir trouvé la première j'ai cherché comment la méthode que vous avez employée art. 357 pouvait être appliquée au cas que j'avais à considérer. J'ai fait ce travail avec d'autant plus de plaisir qu'il m'a fourni l'occasion de me familiariser avec cette méthode qui, je n'en doute pas, sera encore dans vos mains l'instrument de nouvelles découvertes. J'ai ajouté à cet article quelques autres considérations. La dernière est relative à la célèbre

(1) Voici le titre d'un article que Sophie Germain publia sur le même théorème : Note sur la manière dont se composent les valeurs de y et z dans l'équation $4\frac{(x^2-1)}{x-1} = y^2 \pm pz^2$, et celles de Y' et Z' dans l'équation $4\frac{(xp^2-1)}{x-1} = Y'^2 \pm Z'^2$ (Journ. de A.-L. CRELLE, VII, 1831, pp. 120 à 204).

équation de Fermat $x^n+y^n=z^n$ dont l'impossibilité en nombres entiers n'a encore été démontrée que pour $n=3$ et $n=4$. Je crois être parvenu à prouver cette impossibilité pour $n = p-1$, p étant un nombre premier de la forme de $8K7$. Je prends la liberté de soumettre ces essais à votre jugement, persuadé que vous ne dédaignerez pas d'éclairer de vos avis un amateur enthousiaste de la science que vous cultivez avec de si brillants succès.

Rien n'égale l'impatience avec laquelle j'attends la suite du livre que j'ai entre les mains. Je me suis fait informer que vous y travaillez en ce moment; je ne négligerai rien pour me la procurer aussitôt qu'elle paraîtra.

Malheureusement, l'étendue de mon esprit ne répond pas à la vivacité de mes goûts, et je sens qu'il y a une sorte de témérité à importuner un homme de génie, lorsqu'on n'a d'autre titre à son attention qu'une admiration nécessairement partagée par tous ses lecteurs.

En relisant le mémoire de M. Lagrange (Berlin 1775) (1) j'ai vu avec étonnement qu'il n'a pas su réduire la quantité $s^{10} - 11 (s^8 - 4s^6 - r^2 + 7s^4r^4 - 5s^2r^6 + r^8) r^2$ (page 252) a la forme : $t^2 - 11n^2$; car $s^{10} - 11 (s^8 - 4s^6r^2 + 7s^4 - 5s^2r^6 + r^8) r^2 = r^{10} - 211s^6r^4 + (5+6) r^8s^2 - 11 (s^8 - 6s^6r^2 + 9r^4s^4 - 2r^4s^4$

Cette remarque est une nouvelle preuve de l'avantage de votre méthode, qui, s'appliquant à toutes les valeurs de n, donne pour chaque cas, des valeurs de Y et Z indépendantes du tâtonnement.

Si, connaissant les valeurs de Y et Z dans l'équation $4 \frac{(x^n - 1)}{x - 1} = Y^2 \pm nZ^2$, on voulait avoir celles de Y' et Z' dans l'équation $4 \frac{(x^n + 1)}{x + 1} = Y'^2 \pm n Z'^2$, il est clair qu'il suffirait de changer les signes de tous les termes de Y et Z qui contiennent des puissances de x, dont l'exposant est impair.

Je n'ai pas voulu fatiguer votre attention en multipliant les remarques dont votre livre a été

---

(1) Recherches sur les suites récurrentes dont les termes varient de plusieurs manières différentes, etc. (Nouveaux mémoires de l'Acad. de Berlin, année 1775.)

pour moi l'occasion. Si je puis espérer que vous accueilliez favorablement celles que j'ai l'honneur de vous communiquer et que vous ne les trouviez pas entièrement indignes de réponse, veuillez l'adresser à M. Silvestre de Sacy (1), membre de l'Institut national, rue Hautefeuille à Paris. Croyez au prix que j'attacherais à un mot d'avis de votre part, et agréez l'assurance du profond respect de votre très humble serviteur et très assidu lecteur.

LE BLANC.

VII

GAUSS A SOPHIE GERMAIN (2)

Brunswick, 16 juin 1806.

Monsieur, il me faut vous demander mille fois pardon d'avoir laissé six mois sans réponse l'obligeante lettre dont vous m'avez honoré. Certainement, je me serais empressé de vous témoi-

---

(1) Ant. Isaac, baron Silvestre de Sacy, orientaliste, né à Paris en 1758, mort en 1838.

(2) Sophie Germain correspondait avec Gauss sous le pseudonyme de Le Blanc.

gner tout de suite combien m'est cher l'intérêt que vous prenez aux recherches auxquelles j'ai dévoué la plus belle partie de ma jeunesse, qui ont été la source de mes jouissances les plus délicieuses et qui me seront toujours plus chères qu'aucune autre science. Mais je me flattais, de temps en temps, de pouvoir gagner assez de loisir pour mettre en ordre et vous communiquer par écrit l'une ou l'autre de mes autres recherches arithmétiques, pour vous rendre en quelque sorte le plaisir que vous m'avez fait par vos communications. Mon espérance a été vaine. Ce sont surtout mes occupations astronomiques qui, à présent, absorbent presque tout mon temps. Je me réserve pourtant de m'entretenir avec vous des mystères de mon arithmétique chérie, aussitôt que je serai assez heureux d'y pouvoir retourner.

J'ai lu avec plaisir les choses que vous m'avez bien voulu communiquer; je me félicite que l'arithmétique acquiert en vous un ami assez habile. Surtout votre nouvelle démonstration pour les nombres premiers, dont 2 est résidu ou non résidu, m'a extrêmement plu; elle est très fine, quoiqu'elle semble être isolée et ne pouvoir s'appliquer à d'autres nombres. J'ai très souvent considéré avec admiration l'enchaînement singulier des vérités arithmétiques. Par exemple, le théorème que je nomme fondamental (art. 131) et les théorèmes particuliers concernant les résidus 1 ± 2, s'entrelacent à une foule d'autres vérités, où l'on ne les aurait jamais cherchés. Outre les deux démonstrations que j'ai données dans mon ouvrage, je suis en possession de deux ou trois autres, qui du moins ne le cèdent pas à celles-là en question d'élégance.

Je remarque avec beaucoup de regret que les autres occupations où je suis engagé ne me permettent point du tout de me livrer, à présent, à mon amour pour l'arithmétique. Ce ne sera peut-être qu'après plusieurs années que je pourrai penser à la publication de la suite de mes recherches, qui rempliront aisément un ou deux volumes semblables au premier. Mais je croirais n'avoir pas assez vécu, si je mourais sans avoir achevé toutes les recherches intéressantes auxquelles je me suis une fois livré. Au reste, chez nous, en Allemagne, la publication d'un tel ouvrage a ses difficultés : quoi qu'on en dise, le goût pour les mathématiques pures, si l'on cherche de la profondeur, n'est pas trop général. Nos libraires ne se mêlent guère de ces sortes de livres, et je ne suis pas assez riche pour faire à mes frais l'impression et me soumettre à la malhonnêteté des libraires étrangers, comme il m'est arrivé à l'occasion du premier volume. Un monsieur Duprat, par exemple, qui se nomme libraire pour le bureau des longitudes à Paris, a reçu de moi, il y a presque trois ans, des exemplaires pour la valeur de six cent quatre-vingts francs; mais jamais je n'ai reçu un sou de lui, et il ne s'est même pas donné la peine de répondre à mes lettres.

Peut-être vous pourriez me donner des renseignements par quel moyen on pourrait engager cet homme à faire son devoir.

Agréez, Monsieur, l'expression de ma haute considération.

Ch.-Fr. Gauss.

VIII

DU MÊME

Brunswick, 20 août 1805.

Je profite de la complaisance de M. Grégoire

pour vous offrir, avec beaucoup de remerciements pour toutes les communications de votre dernière lettre, un exemplaire d'un petit mémoire que j'ai publié en 1799 (1) et qui probablement vous sera encore inconnu. Vous souhaitiez de savoir tout ce que j'ai écrit en latin. Cette pièce est la seule, outre mes recherches arithmétiques, et en même temps celle qui a paru la première, quoique alors l'impression de mes *Disquisitiones* eût été portée au-delà de la moitié.

Je suis à présent occupé à perfectionner quelques méthodes nouvelles par rapport au calcul des perturbations planétaires; celles-ci et les méthodes dont je me suis servi pour calculer les éléments elliptiques des différentes nouvelles planètes, fourniront probablement les matériaux pour mon premier ouvrage (2).

Je vous salue cordialement.

Ch. Fr. Gauss.

---

(1) Demonstratio nova theorematis : omnem functionem algebraicam rationalem integram unius variabilis in factores reales primi vel secundi gradus resolvi posse. Helmstadt 1799.

(2) Theoria motus corporum cœlestium in sectionibus conicis solem ambientium. Hambourg, 1809, in-4.

IX

SOPHIE GERMAIN A GAUSS

Je dois vous paraître bien coupable d'avoir tardé si longtemps à vous remercier de la lettre dont vous m'avez honoré, et de l'envoi du mémoire que vous avez bien voulu y joindre. Cependant il n'y a pas de ma faute : le paquet ne m'a été remis qu'il y a huit jours. M. de Sacy était en voyage depuis plus de deux mois et on avait négligé chez lui de me le faire tenir. Il est vrai que, n'espérant pas de vous une réponse si prompte, je n'avais mis aucun soin à m'informer des lettres qui m'étaient adressées.

Votre mémoire m'a fait d'autant plus de plaisir que je le connaissais déjà par une lecture rapide que m'avait procurée l'un des savants auxquels vous l'avez envoyé, il y a déjà longtemps, et qu'ayant toujours eu le désir d'étudier comme on doit le faire tous les ouvrages qui sortent de votre plume, je l'avais inutilement fait demander à Leipzig d'où j'avais reçu pour réponse que l'édition était épuisée. L'indulgence que vous continuez de me témoigner m'encourage à vous communiquer encore quelques-unes de mes nouvelles recherches.

Après avoir réduit, suivant que vous l'indiquez, les formes ternaires dont la déterminante est zéro aux formes binaires, j'ai cherché si cette propriété ne s'étendait pas aux formes quaternaires, c'est-à-dire si ces formes n'étaient pas susceptibles de se réduire aux formes ternaires lorsque leur déterminante est zéro, et j'ai examiné ensuite quelques autres propriétés de ces formes et de leurs adjointes.

Je crois qu'en général D étant la déterminante d'une forme composée d'un nombre n de variables, D^{n-1} est la déterminante de l'adjointe de cette forme. C'est ainsi que vous avez trouvé D^2 pour la déterminante de l'adjointe ternaire et que, d'après mes calculs, D^3 est la déterminante de l'adjointe quaternaire. Cette analogie n'est sans doute pas suffisante pour établir la généralité de la proposition de la forme. Mais on voit au moins que la déterminante étant composée de produits de l'ordre n et les coefficients de son adjointe l'étant de produits de l'ordre n-1, D^{n-1}

est du même ordre que la déterminante de l'adjointe, c'est-à-dire de l'ordre n (n-1). Ces deux propositions, savoir que l'adjointe est de l'ordre n et les coefficients de l'adjointe déterminante de l'ordre n-1, m'ont paru résulter de la nature générale des formes et de leurs adjointes.

Je regarde comme une faveur la permission que vous voulez bien m'accorder de vous communiquer mes faibles essais, persuadé que vous aurez assez de bonté pour m'avertir des erreurs qui pourraient m'échapper dans un genre de recherches où vous êtes le seul juge éclairé que l'on puisse consulter.

Les nouveaux renseignements que j'ai pris au sujet du libraire Duprat ne sont rien moins que satisfaisants. Son successeur a dit avoir depuis longtemps terminé ses paiements dont le produit a été aussitôt dissipé. Il est retiré dans une petite ville où il vit du revenu d'un médiocre emploi, et l'avis général de toutes les personnes que j'ai consultées a été qu'il est à peu près impossible de tirer de l'argent de lui.

Je n'avais pas jugé nécessaire de vous communiquer ces résultats, parce que je ne vois pas que l'on puisse en tirer bon parti, et que j'attendais, pour vous écrire de nouveau, que vous m'en eussiez donné la permission. Le retard qu'a occasionné la remise de votre lettre m'a privé de vous faire plus tôt tous mes remerciements et les protestations de mon profond respect.

X

Brunswick, ce 27 novembre 1806.

A Monsieur le général Pernety (1), *chef de l'État-major général de l'artillerie de l'armée.*

Mon général,

A peine arrivé dans cette ville, je me suis occupé de remplir votre commission. J'ai demandé à plusieurs personnes l'habitation de Monsieur Gauss, chez qui je fus pour prendre de ses nouvelles de votre part, et de celle de mademoiselle Sophie Germain. Il me répondit ne pas avoir eu l'honneur de vous connaître ainsi que la demoi-

---

(1) Joseph-Marie Pernety, général et sénateur français, né à Lyon en 1766, mort à Paris en 1856.

selle, mais qu'il avait bien connaissance de Madame Lalande (1) à Paris.

Après avoir parlé de différents articles contenus dans votre instruction à moi remise, il me parut un peu confus, et me chargea de vous remercier infiniment des attentions que vous preniez à son égard. Je lui demandai, s'il voulait écrire à Paris, de me remettre la lettre, que je vous l'aurais fait tenir, que vous vous chargiez de la faire rendre à sa destination. Il ne répondit ni oui ni non sur cet article. Je sortis pour lors de chez lui en le laissant avec madame son épouse et son enfant. Je fus chez M. le général de division Buisson, gouverneur de cette ville, pour le recommander, et surtout que j'avais eu l'honneur de connaître M. le général de division Buisson d'ancienne date. Ce général me répondit pour lors de faire tout pour lui, en m'invitant à dîner avec M. Gauss. M. le commandant de la place qui se trouvait là dans ce moment me dit que cet homme lui avait déjà été recommandé par

---

(1) Madame Le Français de Lalande, née Marie-Jeanne Harley. Elle avait épousé, en 1788, le neveu de l'astronome du même nom; elle a calculé et fourni à son oncle les Tables horaires qui parurent, en 1793, dans son *Abrégé de Navigation*.

plusieurs personnes de mérite. Je me suis licencié (*sic*) et je retournai chez M. Gauss pour le prier de vouloir bien venir dîner avec moi chez le gouverneur. Me l'ayant promis, dans une heure d'ici je passerai le prendre et nous irons ensemble. Le fait est qu'il aura de M. le gouverneur et du commandant de la place toute l'estime et les douceurs qui seront à leur pouvoir. Chemin faisant je tâcherai de lui parler afin qu'il vous écrive de la manière dont je me suis acquitté de ma mission, et en même temps qu'il écrive à Paris, s'il le juge ; je lui laisse à cet effet votre adresse. La sienne est : à Monsieur le docteur Gauss logé chez *Ritter,* Steinweg n° 1917 à Brunswick. Il jouit d'une bonne santé et me dit qu'il craignait un peu au moment où les troupes étaient rentrées, mais qu'il est resté à Brunswick tranquille. Je l'ai rassuré, et puis je ne doute pas que M. le gouverneur ainsi que le commandant de la place le rassureront bien mieux sur cet article. J'ai couru la poste nuit et jour jusqu'à ce moment. Cette circonstance m'oblige à rester ici cet après-midi ; et demain matin de bonne heure je pars pour me rendre à ma destination.

Daignez agréer, mon général, les sentiments

du plus profond respect avec lequel j'ai l'honneur d'être, etc.

CHANTEL,
Chef de bataillon.

XI

LE GÉNÉRAL PERNETY A SOPHIE GERMAIN

Cotel, près Breslau, 23 décembre 1806.

Mademoiselle,

Je ne puis mieux répondre aux demandes que votre amour pour les savants m'a faites, qu'en vous envoyant la lettre de l'officier d'artillerie que j'avais chargé de savoir des nouvelles de M. Gauss, à Brunswick. Je désire qu'elle satisfasse vos vœux pour cet émule d'Archimède, mieux traité que lui, comme vous le verrez. J'espère que cela me mettra dans le cas d'être chargé quelquefois de vos intéressantes commissions. Je m'en acquitterai mieux certainement que celles d'achats de chiffons des pays étrangers, qu'à tort parfois on me confie.

Me voici faisant un siége, entendant et faisant gronder le ou les tonnerres, brûlant des maisons, des églises, car les clochers sont de bons points de mire pour les bombes, enfin faisant par réflexion tout le mal que je peux à qui jamais ne m'en fit aucun, et que je ne connais pas ; mais c'est le métier. On m'accable à mon tour de boulets, d'obus et de bombes, et tout va le mieux du monde. Enfin cet obstiné gouverneur de Breslau (1) prendra peut-être un jour son parti, et il fera bien pour la ville et pour nous.

Je me flatte que votre santé est améliorée et que celles de vos parents, ainsi que de mademoiselle votre sœur, se maintiennent en bon état. Tels sont du moins les vœux les plus sincères de votre dévoué serviteur et admirateur.

J. PERNETY.

(1) Le général Pernety dirigeait, en 1806, le siège contre Breslau.

XII

SOPHIE GERMAIN A GAUSS

A Monsieur le docteur Gauss, logé chez Ritter, Steinweg,
Nr. 1917 à Brunswick.

« Monsieur, l'intérêt dû aux hommes supérieurs suffit pour expliquer le soin que j'ai pris de prier le général Pernety de faire savoir, à qui il jugerait convenable, que vous avez droit à l'estime de tout gouvernement éclairé.

« En me rendant compte de l'honorable mission dont je l'avais chargé, M. Pernety m'a mandé qu'il vous avait fait connaître mon nom : cette circonstance me détermine à vous avouer que je ne vous suis pas aussi parfaitement inconnue que vous le croyez ; mais que, craignant le ridicule attaché au titre de femme savante, j'ai autrefois emprunté le nom de M. Le Blanc pour vous écrire et vous communiquer des notes qui, sans doute, ne méritaient pas l'indulgence avec laquelle vous avez bien voulu y répondre.

« La reconnaissance que je vous dois pour

l'encouragement que vous m'avez accordé, en me témoignant que vous me comptiez au nombre des amateurs de l'arithmétique sublime dont vous avez développé les mystères, était pour moi un motif particulier de m'informer de vos nouvelles dans un moment où les troubles de la guerre pouvaient inspirer quelques craintes, et j'ai appris avec une véritable satisfaction que vous êtes resté dans vos foyers aussi tranquille que les circonstances le permettaient. Je crains cependant que les suites de ces grands événements ne nous privent encore longtemps des ouvrages que vous préparez sur l'astronomie et, surtout, de la continuation de vos recherches arithmétiques; car cette partie de la science a pour moi un attrait particulier et j'admire toujours avec un nouveau plaisir l'enchaînement des vérités exposées dans votre livre; malheureusement, la faculté de penser avec force est un attribut réservé à un petit nombre d'esprits privilégiés, et je suis bien sûre de ne rencontrer aucun des développements qui, pour vous, semblent une suite inévitable de ce que vous avez fait connaître.

« Je joins à ma lettre une note destinée à vous témoigner que j'ai conservé pour l'analyse le goût qu'a développé en moi la lecture de votre ouvrage, et qui m'a autrefois inspiré la confiance de vous adresser mes faibles essais, sans autre recommandation auprès de vous que la bienveillance accordée par les savants aux admirateurs de leurs travaux.

« J'espère que la singularité, dont je fais aujourd'hui l'aveu, ne me privera pas de l'honneur que vous m'avez accordé sous un nom emprunté, et que vous ne dédaignerez pas de consacrer quelques instants à me donner directement de vos nouvelles ; croyez, Monsieur, à l'intérêt que j'y attache et recevez l'assurance et la sincère admiration avec laquelle j'ai l'honneur d'être,

« Votre très humble servante,

« Sophie GERMAIN.

« Paris, le 20 février 1807.

« *P. S.* Mon adresse est : Mlle Germain, chez son père, rue Sainte-Croix-de-la-Bretonnerie, n° 23, à Paris ».

XII

Lettera inedita di Carlo Federico Gauss a Sofia Germain, pubblicata la B. Boncompagni (Firenze, 1879).

GAUSS A SOPHIE GERMAIN (1).

Votre lettre du 20 février, mais qui ne m'est parvenue que le 12 mars, a été pour moi la source d'autant de plaisir que de surprise. Combien l'acquisition d'une amitié aussi flateuse et précieuse est-elle douce à mon cœur! L'intérêt vif, que vous avez pris à mon sort pendant cette guerre funeste, mérite la plus sincère reconnaissance. Assurément, votre lettre au général Pernety m'eût été fort utile, si j'avais été dans le cas d'a-

---

(1) Quoique cette lettre inédite, photolithographiée à Florence, ait été communiquée à l'Académie des Sciences le 21 novembre 1879 par le prince Boncompagni (Voir aux *Annexes*, pièce n° 7), nous l'avons vainement demandée aux archives de l'Institut; elle n'y existe pas, paraît-il. Nous nous sommes alors adressés en Italie, et c'est à la courtoisie de Monsieur le Sénateur Brioschi, dont le zèle pour les sciences est connu, que nous devons la *Copie exacte* de l'intéressante lettre de Gauss. Nous disons la copie exacte, parce que nous avons cru ne devoir corriger aucune des fautes qu'elle contient; on sait d'ailleurs que Gauss n'était pas familiarisé avec la langue française.

voir recours à une protection spécielle de la part du gouvernement françois. Heureusement les evenements et les suites de la guerre ne m'ont pas touché de trop près jusqu'ici, bien que je sois persuadé qu'elles auront une grande influence sur le plan futur de ma vie. Mais comment vous décrire mon admiration et mon étonnement, en voïant se metamorphoser mon correspondant estimé M. Leblanc en cette illustre personnage, qui donne un exemple aussi brillant de ce que j'aurois peine de croire. Le goût pour les sciences abstraites en général et surtout pour les mysteres des nombres est fort rare : on ne s'en étonne pas ; les charmes enchanteurs de cette sublime science ne se decelent dans toute leur beauté qu'à ceux qui ont le courage de l'approfondir. Mais lorsqu'une personne de ce sexe, qui, par nos mœurs et par nos préjugés, doit rencontrer infiniment plus d'obstacles et de difficultés, que les hommes, à se familiariser avec ses recherches epineuses, sait neanmoins franchir ces entraves et penétrer ce qu'elles ont de plus caché, il faut sans doute, qu'elle ait le plus noble courage, des talens tout à fait extraordinaires, le génie supérieur. En effet rien ne pourroit me prouver d'une manière plus flateuse et moins équivoque, que les attraits de cette science, qui ont embelli ma vie de tant de jouissances, ne sont pas chimeriques, que la predilection, dont vous l'avez honorée.

Le notes savantes, dont toutes vos lettres sont si richement remplies, m'ont donné mille plaisirs. Je les ai étudiées avec attention, et j'admire la facilité avec laquelle vous avez pénétré toutes les branches de l'Arithmetique, et la sagacité avec laquelle vous les avez su généraliser et perfectionner. Je vous prie d'envisager comme une preuve de cette attention, si j'ose ajouter une remarque à un endroit de votre derniere lettre. Il me semble, que la proposition inverse, savoir « *si la somme des puissances n^{emes} de deux nombres quelconques est de la forme $hh + nff$, la somme de ces nombres eux-mêmes sera de la meme forme* » est énoncée un peu trop generalement. Voici un exemple où cette règle est en défaut :

$15'' + 8'' = 8649755859375 + 8589934592 = 8658345793967 = 1595826^2 + 11.745391^2$.

Néanmoins $15 + 8 = 23$ ne peut se reduire sous la forme $xx + 11\,yy$.

Il en est de même de la proposition : si l'un

des facteurs de la formule $yy + n\,zz$ (n étant un nombre premier) est de la forme $(1, 0, n)$, l'autre appartient nécessairement à la même forme. Votre démonstration ne prouve que ce, qu'aucune autre forme *indefinie,* que telle qui est équivalente à $(1, 0, n)$, multipliée par la forme $(1, 0, n)$, ne peut donner le produit $(1, 0, n)$, mais cette démonstration ne s'étend pas sur les nombres *definis*. Soit, pour le déterminante $-n$, C une classe de formes, quelconque mais ni équivalente à la principale, ni à une autre classe *anceps,* soit D la classe resultante de la duplication de *c* (qui sera différente de la principale), enfin soit D' la classe opposée à D. Il s'ensuit, que de la composition de $C + C + D'$ resulte la classe principale. Ainsi si les deux nombres *f, g* peuvent être representés par une forme de la classe *c,* et le nombre *h* par une forme de la chasse D', le produit $fg \times h$ peut se réduire à $(1, 0, n)$; mais il est facile que fg ne se reduit pas seulement à D ou D' mais aussi à $(1,0,n)$. Nous avons donc ici le cas, qu'un facteur fg, et le produit $fg.h$ sont de la forme $(1, 0, n)$, sans que pourtant l'autre facteur y appartienne nécessairement. Au reste on voit facilement que le premier facteur doit être composé, sans cela la proposition serait juste. Dans l'exemple ci-dessus le facteur $\frac{15''+8''}{23}$ enveloppe le diviseur 67.

Depuis cinq ans des travaux astronomiques — auquels pour le dire en passant je dois surtout l'heureuse situation dont j'ai joui pendant la vie de notre duc, le victime malheureux de de son attachement fidel à la maison de Prusse — m'ont empêché de me de delivrer autant qu'auparavant à ma predilection pour l'arithmetique et les autres branches de l'analyse. Je n'ai pas pourtant négligé celle ci tout à fait. Tout au contraire j'ai rassemblé peu à peu un grand nombre de recherches, qui un jour formeront un autre volume — si non deux — certainement pas moins interessant que le premier. Même dans le dernier hiver j'ai reussi à y ajouter une branche entièrement nouvelle. C'est la théorie des résidus cubiques et des residus biquarrés, portée à un degré de perfection, *égal* à celui, qu'a atteint la théorie des residus quarrés. Je mets cette théorie, qui repand un nouveau jour sur les résidus quarrés parmi les recherches les plus curieuses dont je me sois jamais occupé. Je ne saurais vous en donner une idée sans ecrire un Memoire expres. Voici pourtant quelque theoreme special, qui pourra servir d'un petit echantillon.

I. Soit p un nombre premier de la forme $3n + 1$. Je dis, que 2. (c. a. d. $+2$ et -2) est residu cubique de p, si p se reduit à la forme $xx + 27yy$; que 2 est non-residu cubique de p, si $4p$ se reduit à cette forme. P. E. 7. 13. 19. 31. 37. 43. 61. 67. 73. 79. 97. Vous ne trouverez que $31 = 4 + 27$. $43 = 16 + 27$, et $2 = 4^3$ (mod. 31) $2 = (-9^3)$ (mod. 43).

II. Soit p un nombre premier de la forme $8n + 1$. Je dis que $+2$ et -2 seront residus ou non-résidus biquarrés de p, suivant ce que p est ou n'est pas de la forme $xx + 64yy$. Par exemple parmi les nombres 17. 41. 73. 89. 97. 113. 137 vous ne trouvez que $73 = 9 + 64$. $89 = 25 + 64$. $113 = 49 + 64$, et $25^4 = 2$ (mod. 73), $5^4 = 2$ (mod. 89), $20^4 = 2$ (mod. 113).

La demonstration de ces theoremes et de ceux qui sont plus généraux sont intimement liés à des recherches delicates. — Voici une autre proposition relative aux residus quarrés, dont la demonstration est moins cachée : je ne l'ajoute pas, pour ne pas vous derober le plaisir de la developper vous-même, si vous la trouverez digne d'occuper quelques moments de votre loisir.

Soit p un nombre premier. Soient les p-1 nombres inférieurs à p partagés en deux classes :

A..... $1, 2, 3, 4... \frac{1}{2}(p-1)$
B..... $\frac{1}{2}(p+1), \frac{1}{2}(p+3), \frac{1}{2}(p+5).....p-1$.

Soit a un nombre quelconque non divisible par p. Multipliés tous les nombres A par a; prenés-en les moindres residus selon le module p, soient, entre ces residus, α appartenants à A, et ε appartenants à B, de sorte que $\alpha + \varepsilon = \frac{1}{2}(p-1)$. Je dis que a è residu quarré de p lorsque ε è pair, non residu lorsque ε è impair.

On peut tirer de cette proposition plusieurs consequences remarquables ; entre autres, elle donne le moien d'etendre l'induction, par laquelle on rassemble des cas speciels du theoreme fondamental *aussi loin qu'on veut,* ce qui ne pourrait se faire par les methodes exposés art. 106-124.

J'ai donné dans mon ouvrage deux demonstrations rigoureuses de ce fameux theoreme, et j'en possède encor *trois autres toutes* entierement differentes entre elles ; deux d'entre elles même peuvent être conduites de deux differentes manieres chaqu'une ; ainsi je pourrois soutenir que je peus le demontrer de *sept* manieres differentes. Les autres demonstrations que je prefererois pour l'elegance aux deux données dans mon ouvrage, seront publiées aussitôt que j'y trouverai l'occasion. A propos, dans la première demonstration qui se trouve dans la IVe section il s'est glissé une faute legere que je n'ai apperçue, qu'apres que je ne pouvois plus l'indiquer. Il faut donc faire la correction suivante : p. 146 (cas. (4)) l. 21 lisés comme il suit « Facile vero perspicitur, ex ista aequatione deduci poste haec $a'\ p\ R\ h$..... (α), $\pm\ a\ h\ R\ a'$..... (β), $\pm\ a\ h\ R\ p$..... (γ). Ex. (α) sequitur, perinde ut in (e), h vel utriusque a', p vel neutrius residuum esse. Sed casus prior ideo est impossibilis, quod ex $h\ R\ a'$ et (β) sequeretur $a\ R\ a'$ contra hypoth. Quamobrem necessario est $h\ N\ p$ adeoque, per (γ) $a\ N\ p$. Q. E. D. »

Au reste à la page 144 il se trouve une faute d'impression non indiquée, savoir art. 139 ligne 3 au lieu de $\pm\ a\ N\ p$ il faut lire $\pm\ a\ R\ p$.

J'aurois repondu plus tôt a votre lettre, mais la découverte d'une nouvelle planète par M. Olbers m'a un peu distrait. Par le premier essai que j'ai fait sur son orbite, je trouve son mouvement considerablement plus vite que celui de Cérès, Pallas et Junon, savoir $978''$ par jour. L'inclinaison de l'orbite $7° 6'$. L'excentricité $0,1$. Cette planete a beaucoup plus de clarté que Ceres, Pallas et Junon et j'espere la trouver parmi les observations de l'histoire celeste, peut être même parmi celles de Humstead. Je viens d'achever un ouvrage étendu sur les methodes, qui me sont propres, à determiner les orbites des planètes. Mais quoique je l'aie ecrit en allemand, je trouve beaucoup de difficulté d'y engager un libraire. La guerre a suspendu tout commerce, plusieurs de nos plus grands libraires l'ont refusé. Je suis à present à traiter avec un autre qui se montre un peu plus courageux. S'il trouvera son conte à cette entreprise, peut-être il sera encouragé par la à risquer la publication d'un second volume de mes *disquisitiones*.

Continuez, Mademoiselle, de me favoriser de votre amitié et de votre correspondance, qui font mon orgueil, et soïes persuadée, que je suis et serai toujours avec la plus haute estime,

Votre plus sincere admirateur,
Ch. Fr. Gauss.

Bronsvic, ce 30 Avril 1807, jour de ma naissance.

XII

GAUSS A SOPHIE GERMAIN

Göttingue, ce 19 janvier 1808.

En vous remerciant de tout mon cœur pour votre dernière lettre et les intéressantes communications que vous m'y faites, Mademoiselle, je vous prie mille fois pardon d'y répondre aussi tard. Cette négligence est, pour la plus grande partie, une suite des changements qui se sont faits dans ma situation. J'ai changé ma demeure, pour accepter la place de professeur d'astronomie à Göttingue qu'on m'avait offerte depuis longtemps. Je ne vous dis rien des circonstances fâcheuses qui m'ont enfin déterminé à faire ce pas, ni des nouvelles tracasseries auxquelles je me trouve exposé ici ; j'espère que l'interposition de l'Institut où j'ai eu recours y mettra fin. Ne contemplons à présent que la belle perspective que j'ai de pouvoir, avec plus d'aisance, du moins dans la suite, veiller à mes travaux, surtout arithmétiques, et de les publier successivement dans les mémoires de la Société de Göttingue. J'ai le plaisir de vous en envoyer les prémisses lesquelles, comme j'espère, vous feront quelque plaisir. Vous me pardonnerez que cette fois je ne puis m'étendre davantage sur la belle démonstration de mes théorèmes arithmétiques. J'admire la sagacité avec laquelle vous avez pu en si peu de temps y parvenir. J'espère de pouvoir bientôt publier toute la théorie dont ces propositions élégantes font partie, avec une foule d'autres choses. Que mes occupations arithmétiques me rendent heureux dans un temps où je ne vois autour de moi que le malheur et le désespoir! Ce ne sont que les sciences, le sein de sa famille et la correspondance avec ses amis chéris, où l'on puisse se dédommager et se reposer de l'affliction générale.

L'ouvrage sur le calcul des orbites des planètes, dont je vous ai parlé dans ma dernière lettre, est enfin sous presse. J'espère qu'il sera achevé dans quelques mois. Je n'ai pas redouté la peine de le traduire en *latin*, afin qu'il puisse trouver un plus grand nombre de lecteurs.

Soyez toujours aussi heureuse, ma chère amie, que vos rares qualités d'esprit et de cœur le méritent, et continuez de temps en temps de me renouveler la douce assurance que je puis me compter parmi le nombre de vos amis, titre duquel je serai toujours orgueilleux.

Ch. Fr. Gauss.

XII

Le trésorier de l'Université Impériale à Mademoiselle Sophie Germain.

Paris, ce lundi 14 mai 1810.

Mademoiselle,

Par une lettre que je viens de recevoir de M. Gauss, je suis chargé d'une commission sur laquelle il m'engage à prendre votre avis. Dans toute autre circonstance, je n'eusse pas manqué de saisir avec empressement cette occasion pour vous porter mes hommages. Je viens de rendre les derniers devoirs à la mère de ma femme. Ce triste événement, joint à toutes mes autres occupations, ne me laissera de quelque temps aucun moment dont je puisse disposer.

Sur la somme de 500 fr., valeur de la médaille

fondée par Lalande et qui vient de lui être décernée, M. Gauss désire avoir une pendule ; voici les termes de sa lettre :

« Au lieu d'accepter le reste, savoir 380 fr. en
« argent, j'aimerais mieux avoir *une belle montre*
« *à pendule*. Je n'en fixe pas le prix : qu'il soit
« de 60 ou de 300 fr., cela m'est indifférent
« pourvu que la montre soit assez élégante pour
« être offerte en cadeau à mon épouse, et pour
« pouvoir servir de décoration à sa chambre ;
« peut-être Mademoiselle Sophie Germain, à la-
« quelle je vous prie de faire mille compliments de
« ma part, aurait la bonté de se charger du choix ».

Il me paraît que c'est une pendule et non une montre que désire M. Gauss. Il a traduit par *montre à pendule*, l'expression allemande *Penduluhr*. Il s'agit donc de lui choisir une Pendule du prix de 60 à 300 fr. ; mais il veut qu'elle soit *élégante* et je craindrais de ne pas deviner bien juste le goût de Madame Gauss. Veuillez donc, Mademoiselle, m'informer si je puis me flatter d'être aidé de vos conseils et me faire parvenir vos ordres.

J'espère avoir plus de liberté dans quelques jours, et j'en profiterai pour aller apprendre le résultat de vos idées ou de vos soins, et je m'occuperai aussitôt après de faire partir la pendule pour Göttingue en profitant, s'il en est temps encore, des occasions qu'il m'a indiquées.

Agréez l'hommage des sentiments respectueux avec lesquels j'ai l'honneur d'être, Mademoiselle, votre très humble et très obéissant serviteur.

DELAMBRE.

XIII

LEGENDRE (1) A S. GERMAIN

Sans date.

L'équation $sin. \frac{1}{2} \omega = c$ n'est pas une conséquence nécessaire de l'équation à résoudre ; elle vient d'un facteur qui a été introduit par la multiplication, et qui est étranger à la solution du problème.

En effet, la première forme de l'équation générale (page 154) (2) étant :

(1) Adrien-Marie Legendre, mathématicien et géomètre, né à Paris en 1752 et mort à Auteuil en 1834.
(2) Investigatio motuum quibus laminæ et virgæ elasticæ contremiscunt.
(Acta academicæ scientiarum Imp. Petropolitanæ 1779, pars prior. p. 103 et suiv.)

$$o = 2 - 2c2^{\omega}\left(e^{\lambda\omega} - e^{\omega(2-\lambda)}\right)\left(e^{\lambda\omega} - e^{-\lambda\omega}\right)\left(\cos\lambda\omega + \cos(1-\lambda)\omega\right)$$

si on y fait $\lambda = \frac{1}{2}$, elle devient

$$o = 2 - 2e^{2\omega} - \left(e^{\frac{1}{2}\omega} - e^{\frac{3}{2}\omega}\right)\left(e^{\frac{1}{2}\omega} - e^{-\frac{1}{2}\omega}\right)\left(2\cos\tfrac{1}{2}\omega\right)$$

Or, celle-ci n'est pas satisfaite par la supposition $sin. \frac{1}{2} \omega = o$; elle le serait seulement par la supposition $\frac{1}{2} \omega = o$, ou $\frac{1}{2} \omega$ égal à un infiniment petit, cas dont on fait abstraction.

La solution $sin. \frac{1}{2} \omega = o$, ou $\frac{1}{2} \omega = K\pi$ est d'ailleurs inadmissible, puisqu'elle donne des valeurs infinies pour les coefficients γ, γ', δ', page 153 (et toujours en faisant $\lambda = \frac{1}{2}$). C'est ce qu'aurait dû remarquer Euler, lorsqu'il dit, page 156 : *Multiplicemus omnes coefficientes per sin. $\frac{1}{2}$ ω*. On peut bien multiplier l'ordonnée d'une courbe par une constante, afin de rendre cette courbe sensible par une construction géométrique, mais on ne peut pas multiplier par zéro. Il n'y a donc que la seconde solution qui soit légitime, et quant à celle-ci je ne vois rien à lui objecter.

Lorsque Mlle Sophie a voulu considérer le cas général elle est, ce me semble, tombée dans la même erreur qu'Euler, (1) en faisant $sin. \lambda \omega = o$.

---

(1) Léonard Euler, mathématicien, né à Bâle en 1707, mort à Pétersbourg en 1783.

Cette solution est illusoire, elle résulte d'un facteur donné mal à propos à l'équation et elle aurait, comme dans le cas de $\lambda = \frac{1}{2}$, l'inconvénient de rendre infinis les coéfficients γ, γ', δ', etc., de la courbe.

Au reste, excepté la première solution qui demande quelque tâtonnement, pour avoir la valeur précise de ω, il est facile de résoudre généralement l'équation d'Euler, page 154, savoir :

$$0 = 2 - 2e^{2\omega} - \left(e^{\lambda\omega} - e^{\overline{2\lambda\omega}}\right)\left(e^{\lambda\omega}e^{-\lambda\omega}\right)\left(\cos.\lambda\omega + \cos.(1-\lambda)\omega\right)$$

En effet, si on a bien saisi l'esprit de la résolution des six cas principaux, on verra que, passé la première solution, et quelquefois même dans la première solution, la quantité e^{ω} devient si grande, qu'on peut négliger en toute sûreté $e^{-\omega}$ par rapport à e^{ω}, de même que $e^{-\lambda\omega}$ par rapport à $e^{\lambda\omega}$. D'après ce principe, l'équation précédente se réduit à celle-ci :

$$o = 2e^{2\omega} + e^{2\omega}(\cos.\lambda\omega + \cos.\overline{1-\lambda}\,\omega)$$

ou simplement :

$$\cos.\lambda\omega + \cos(1-\lambda)\omega = 2$$

Or, ayant fait $\cos.\lambda\omega = x$, $\cos.(1-\lambda)\omega = y$

on trouvera aisément, suivant les différentes valeurs de λ, une équation algébrique entre x et y, laquelle combinée avec l'équation $x + y = 2$, donnera un nombre déterminé de solutions, par exemple :

$$\lambda\omega = \alpha, \quad \lambda\omega = \beta, \quad \lambda\omega = \gamma.$$

De ces solutions on formera ensuite les solutions générales :

$$\lambda\omega = \alpha + k\pi, \quad \lambda\omega = \beta + k\pi, \quad \lambda\omega = \gamma + k\pi, \text{ etc.}$$

k étant un nombre à volonté.

Ainsi il y aura pour ω autant de fois de valeurs que l'équation en x aura de racines.

Soit, par exemple, $\lambda = \frac{1}{3}$, il faudra satisfaire à l'équation

$$2 = \cos \tfrac{1}{3}\omega + \cos \tfrac{2}{3}\omega,$$

Or si l'on fait $\cos \tfrac{1}{3}\omega = x$, on aura

$$\cos \tfrac{2}{3}\omega = x + \frac{-1 + xx}{2x}, \text{ d'où } x + \frac{x^2 - 1}{2x} = 2, \text{ ou } 3x^2 - 1 = 4x.$$

Et enfin $x = \frac{2 + \sqrt{7}}{3}$: appelons α et β les deux angles compris entre 0 et 180°, qui donnent $\cos \alpha = \frac{2 + \sqrt{7}}{3}$, $\cos \beta = \frac{2 - \sqrt{7}}{3}$ et nous aurons généralement

$$\tfrac{1}{3}\omega = \alpha + k\pi$$
$$\tfrac{1}{3}\omega = \beta + k\pi$$

C'est-à-dire que les valeurs de ω formeront deux suites distinctes :

$$3\alpha, \quad 3\alpha + 3\pi, \quad 3\alpha + \beta\pi, \text{ etc.}$$
$$3\beta, \quad 3\beta + 3\pi, \quad 3\beta + \beta\pi, \text{ etc.}$$

chacune donnant lieu à une manière d'osciller de la lame.

Dans l'application, il faudrait rechercher plus exactement les deux premiers termes 3α, 3β ; mais les autres seront toujours suffisamment approchés.

LEGENDRE.

XIV

DU MÊME

Paris, ce 19 janvier 1811.

La multiplication par $sin\ \tfrac{1}{2}\omega$, contre laquelle je m'étais élevé dans ma première note, s'explique en examinant les choses de plus près, et voici comment.

Avant de faire aucune supposition sur la valeur de ω, l'auteur (page 154) trouve le rapport
$$\frac{\alpha}{\alpha'} = \frac{e^{\lambda\omega} - e^{\omega(2-\lambda)}}{e^{\lambda\omega}e^{-\lambda\omega}} \text{ d'où il conclut}$$
$$\alpha = e^{\lambda\omega}e^{\omega(2-\lambda)}; \quad \alpha' = e^{\lambda\omega} - e^{-\lambda\omega};$$
parce qu'en effet il peut multiplier tous les coefficients α, β, γ, δ, par un même nombre, puisqu'il reste encore un coefficient arbitraire C qui multiplie le tout. Mais comme par suite la valeur $\frac{1}{2} \omega = o$, on trouve $\alpha = o$, et $\alpha' = o$, il s'ensuit qu'on a mal à propos multiplié tous les coefficients α, β, γ, δ, par une quantité infinie, puisqu'un coefficient α, qui, sans cette multiplication aurait été zéro, est devenue une quantité finie.

Pour rectifier cette erreur, il faut donc supprimer le facteur infini, ou multiplier par $sin \frac{1}{2} \omega$.

Cette explication laisserait encore quelque obscurité, et il est bien plus simple de refaire le calcul des coefficients dans la supposition de $sin \frac{1}{2} \omega = o$ ou $\frac{1}{2} \omega = i\pi$, λ étant $\frac{1}{2}$.

Soit donc $sin \frac{1}{2} \omega = o$, et alors en remontant tout simplement aux équations primitives de la page 152, on trouve sans aucune difficulté $\alpha = o$, $\beta = o$, $\delta = o$, $\alpha' = o$, $\beta' = o$, $\gamma' = o$. Il ne reste que γ et γ' qui ne s'anéantissent pas. Mais les équations dont il s'agit n'en déterminent pas la valeur, et on trouve simplement $\gamma = \gamma'$. A cause du multiplicateur commun C, on peut faire $\gamma = 1$ et on aura $\gamma' = 1$. Euler dans son analyse (mal ordonnée) trouve $\gamma' = -\gamma$, mais c'est une erreur manifeste, et les équations III et IV de la page 152 donnent évidemment $\gamma = \gamma'$.

Voilà une difficulté très vraie et très grave, et voyez les conséquences qui en résultent. Si on a $\gamma = \gamma'$, alors l'équation de la portion de courbe L F (page 157) n'est plus $y = -$ C $sin\,(3 + x)$, mais bien $y = +$ C $sin\,(3 + x)$ comme celle de la portion E L.

Il reste donc à chercher laquelle de ces équations est la vraie. On pourrait croire, au premier coup d'œil, que c'est celle d'Euler qui semble indiquer tout de suite des ordonnées négatives pour la portion L F. Eh bien, point du tout. Euler s'est trompé dans cette équation par suite de son erreur sur le signe de γ' et la vraie équation de la portion L F est :

$$y = \text{C sin}\left(3 + t\,\frac{\omega^2 c \sqrt{2}3\beta}{aa}\right) \text{sin}\,\mu\omega$$

absolument comme celle de la portion E L, c'est-à-dire que ces deux portions ne font qu'une seule et même courbe désignée par la même équation. Résultat qui se rapproche entièrement de la théorie que Mlle Sophie voulait adopter, même en dépit des équations d'Euler et de ma note première.

Il suffit pour s'en convaincre de remarquer que puisque *sin* $\mu\omega$ est zéro lorsqu'on fait $\mu = \frac{1}{2}$, les deux suppositions $\mu > \frac{1}{2}$, $\mu < \frac{1}{2}$ donneront deux résultats de signes contraires pour *sin* $\mu\omega$, de sorte qu'avant et après le point L, les ordonnées seront de signes différents.

Voilà donc la difficulté entièrement résolue pour ce point; elle venait de l'erreur de signe qu'a faite Euler dans l'équation $\gamma = -\gamma'$.

Je dois aussi ajouter, contre l'opinion que j'avais avancée dans ma première note, que le facteur *sin* $\frac{1}{2}\omega$, donne la solution admissible *sin* $\frac{1}{2}\omega = o$, ou $\frac{1}{2}\omega = \alpha\pi$. Quant à l'autre solution contre laquelle je ne vois pas d'objection, il me semble qu'on ne peut la rejeter par cette seule raison que les sons rendus par la lame dans les deux portions ne s'accorderaient pas entre eux. Les oscillations peuvent très bien avoir lieu sans être harmoniques.

J'ai cru, Mademoiselle, ne pas devoir vous faire attendre jusqu'à lundi ces explications que votre discernement appréciera à leur valeur. Je vous les envoie comme une preuve de mon zèle et de mon dévouement.

LEGENDRE.

XV

DU MÊME

28 janvier 1811.

Euler n'a traité qu'en passant et par forme d'exemple son problème § 47; il peut s'y être mépris tant en fait de calcul qu'en fait de raisonnement. Il s'est mépris certainement dans le calcul lorsqu'il a trouvé $\gamma = -\gamma'$, puisqu'on doit avoir $\gamma' = \gamma$. Il se peut aussi que la seconde solution soit purement analytique et ne satisfasse pas aux circonstances physiques du problème. C'est ce que je ne déciderai pas, n'ayant pas assez réfléchi sur ces sortes de questions et n'ayant pas le loisir ni le goût de me livrer à un examen plus approfondi. J'aime donc mieux donner cause gagnée à Mlle Sophie que de lutter avec elle sur un sujet qu'elle a beaucoup médité. Voici seulement ce qui me paraît le plus probable.

Avant toute discussion, il faudrait avoir bien fixé le sens du mot *Simpliciter fixus* qu'emploie Euler. Comme dans ce point, y est toujours zéro, il faut, ce me semble, regarder le stylet comme une aiguille fixe qui traverse la verge au milieu de sa largeur, et autour duquel elle peut tourner dans tous les sens. Je ne vois pas que le mot d'Euler puisse avoir une autre signification.

Cela posé, si l'on a bien déterminé dans le problème IV tous les mouvements que peut prendre une verge élastique dont les extrémités sont *simplement fixes,* parmi tous les mouvements réguliers possibles il y en aura un certain nombre dans lesquels le point milieu de la verge demeurera en repos. Ces derniers mouvements satisferont au problème du § 47, il ne s'agira donc que de retrancher de la solution générale du problème IV, toutes les solutions qui ne satisfont pas à cette condition.

Pareil raisonnement s'applique à tous les autres cas généraux depuis le problème 1 jusqu'au problème VI, et il s'applique encore au cas où le stylet serait appliqué à un autre point que le milieu, ou même aux cas où plusieurs stylets seraient appliqués en différents points de la verge, au moins suivant des distances qui seront dans un rapport rationnel avec la longueur entière de la verge.

Cette explication peut faire disparaître beaucoup de difficultés, mais je ne me dissimule pas qu'elle est sujette à une objection.

Quand on considère dans les problèmes successifs I, II... VI, les différents mouvements de la verge, on suppose qu'elle est entièrement libre dans les points intermédiaires, et qu'ils n'éprouvent dans leurs mouvements aucune résistance. Le cas n'est plus le même lorsqu'on conçoit un ou plusieurs stylets appliqués en différents points. Si ces stylets ne supportent aucune pression dans aucun sens, la solution telle que nous venons de la concevoir pourra être appliquée; mais s'ils en supportent une, il faudra y avoir égard. Les solutions des problèmes I, II..., VI ne sont plus applicables, et tout notre édifice croule.

Permettez, Mademoiselle, que je vous laisse

vous dégager comme vous pourrez de ces ruines, moi je me sauve, en vous faisant ma très humble révérence.

LEGENDRE.

XVI

DU MÊME

Paris, ce 22 octobre 1811.

Mademoiselle,

Votre Mémoire n'est pas perdu; il est le seul qu'on ait reçu sur la question des vibrations des surfaces (1) On a nommé hier cinq commissaires pour l'examiner. J'ai l'honneur d'en être un.

---

(1) Le concours pour le prix offert par la 1re classe de l'Institut portait sur cette question : « Donner la théorie mathématique des vibrations des surfaces élastiques et la comparer à l'expérience ». Le Mémoire de Sophie Germain avait pour épigraphe : « *Effectuum naturalium ejusdem generis eædem sunt causæ* ». Newton, Philos. nat.

Mrs Laplace (1), Lagrange (2), Lacroix (3) et Malus (4) sont les quatre autres. Je n'ai rien dit; je vous conseille également de garder le silence jusqu'au jugement définitif.

Je suis, avec tous les sentiments que vous me connaissez, votre dévoué serviteur.

LEGENDRE.

XVII

DU MÊME

Paris, ce 10 novembre 1811.

Mademoiselle, votre Mémoire est en circulation. M. Lacroix l'avait entre les mains lundi dernier. Je m'informerai demain à qui il l'a remis et j'y ferai joindre le supplément. Les com-

---

(1) P. Simon, marquis de Laplace, mathématicien et astronome, né à Beaumont-en-Auge (Calvados) le 28 mars 1749 et mort à Paris en 1827.

(2) Jos.-L. comte de Lagrange, mathématicien, né à Turin en 1736, mort à Paris en 1813.

(3) Sylvestre-F. Lacroix, mathématicien, né à Paris en 1765 mort en 1843.

(4) Et.-L. Malus, physicien, né à Paris en 1775, mort en 1812.

missaires jugeront ensuite s'ils doivent tenir compte ou non de ce suppplément. Je ferai en sorte d'ailleurs que M. de Lagrange ne tarde pas à lire le tout. Il n'y a pas de difficulté, ce me semble, dans le cas particulier où le pendule a la vitesse nécessaire pour remonter jusqu'à l'extrémité du diamètre vertical. Le calcul prouve qu'il faut un temps infini pour que le pendule arrive à ce point, et alors son mouvement sera anéanti.

Agréez, Mademoiselle, l'hommage de mes sentiments les plus distingués,

LEGENDRE.

XVII

DU MÊME

Ce 4 décembre 1811.

Mademoiselle, je n'ai pas de bonnes nouvelles à vous donner de l'examen du Mémoire. On trouve que votre équation principale n'est pas exacte, même en admettant l'hypothèse que l'élasticité en chaque point peut être représentée par $\frac{1}{y} + \frac{1}{y'}$. M. de Lagrange a trouvé que, dans cette hypothèse, la vraie équation (1) devrait être de la forme $\frac{d^2z}{dt^2} + k^2 \left(\frac{d^4z}{dx^4} + 2\frac{d^4z}{dx^2\,dy^2} + \frac{d^4z}{dy^4}\right) = o$, en supposant d'ailleurs z très petit. Je n'ai point vérifié ce calcul; on peut s'en rapporter à son auteur. Mais ce qui du premier coup d'œil confirme son exactitude, c'est qu'en supposant la surface vibrante réduite à une lame d'une largeur constante, ce qui peut s'exprimer en faisant $\frac{dz}{dy} = o$, on retombe sur l'équation $\frac{d^2z}{dt^2} + k^2\,\frac{d^4e}{dx^4} = o$ (2),

---

(1) Voici une note de Lagrange communiquée aux commissaires pour le prix de la surface élastique (déc. 1811) : L'équation fondamentale pour le mouvement de la surface vibrante ne me paraît par exacte, et la manière dont on cherche à la déduire de celle d'une lame élastique en passant d'une ligne à une surface me paraît peu juste. Lorsque les z sont très petits, l'équation se réduit à :

$$\frac{d^2z}{dt^2} + gEbc\left(\frac{d^6z}{dx^4dy^2} + \frac{d^6z}{dy^4dx^2}\right);$$

Mais en adoptant, comme l'auteur $\frac{1}{y} + \frac{1}{y'}$, pour la mesure de la courbure de la surface, que l'élasticité tend à diminuer, et à laquelle on la suppose proportionnelle, je trouve dans les cas des z très petits une équation de la forme.:

$$\frac{d^2z}{dt^2} + k^2\left(\frac{d^4z}{dx^4} + 2\frac{d^4z}{dx^2dy^2} + \frac{d^4z}{dy^4}\right) = o,$$

qui est bien différente de la précédente.

(2) Mémoire d'Euler cité plus haut.

qui est, autant qu'il m'en souvient (car je n'ai pas le volume sous la main), l'équation donnée par Euler pour les lames élastiques vibrantes. Votre équation ne donnerait pas ce résultat. La source de votre erreur paraît être dans la manière dont vous avez cru pouvoir déduire l'équation de la surface vibrante de l'équation d'une simple lame ; c'est dans les doubles intégrales que vous vous êtes égarée. Elles ne se prêtent nullement aux substitutions que vous avez employées. Il fallait, pour l'équation de la surface, suivre la méthode indiquée par Lagrange dans la nouvelle édition, page 148 (1), en ajoutant le terme convenable pour représenter la force due à l'élasticité. Au reste, ces choses sont sujettes à des difficultés particulières, qui n'ont pas été encore bien éclaircies, et il y aurait même des objections à faire contre l'analyse de l'article même que je cite.

M. Biot, qui a eu communication de votre Mémoire, prétend avoir trouvé la vraie équation de la surface élastique vibrante. Il m'en a communiqué une qu'il dit avoir montrée il y a long-

---

(1) *Mécanique analytique,* éd. revue et augmentée ; Paris, 1811, 2 vol. in-4.

temps à M. de Laplace, et qui n'est pas la même que celle qu'a trouvée M. de Lagrange d'après votre hypothèse.

Je n'en rends pas moins justice à des efforts qui sont louables en eux-mêmes, quoiqu'ils n'aient pas l'issue que j'aurais désirée ; mais c'est une raison de plus de garder l'incognito, et je vous promets de mon côté de garder le plus profond silence.

J'imagine que la même question sera posée avec un nouveau délai; ainsi miséricorde n'est pas perdue. Au contraire, il faut plus que jamais songer à emporter la palme.

Agréez, Mademoiselle, les sentiments affectueux de votre dévoué serviteur.

LEGENDRE.

XVII

DU MÊME

Ce 4 décembre 1813.

Mademoiselle, je ne comprends pas du tout l'analyse que vous m'envoyez ; il y a certainement erreur, ou dans l'écriture, ou dans le raisonnement ; et je suis porté à croire que vous n'avez pas une idée bien nette des opérations qu'on fait sur les intégrales doubles dans le calcul des variations. Votre explication des quatre points ne me satisfait pas davantage. Lagrange a eu raison de considérer deux éléments consécutifs dans la courbe élastique, et de mesurer l'élasticité par l'angle compris entre les deux éléments. On n'a pas d'éléments analogues dans les surfaces, ou du moins ceux que nous avons considérés ne sont pas dans le signe de l'analogie. Un élément de la surface a pour projection $dx\,dy$, l'élément suivant a pour projection

$$(dx + ddx)\,(dy + ddy);$$

ces deux projections font deux carrés séparés. Ensuite l'idée des plans ne s'accommode pas avec ces projections, parce qu'un plan ne passe pas par quatre points. Il y a donc dans tout cela beaucoup d'obscurité.

Je ne me charge pas de vous lever toutes les difficultés dans une matière que je n'ai pas cultivée spécialement, et qui n'a pas d'attrait pour moi; ainsi, il est inutile que je vous donne un rendez-vous pour en causer. D'ailleurs le sort en est jeté, il n'y a plus rien à changer au Mémoire, et avec toute ma bonne volonté je n'y pourrais rien faire.

Il paraît reconnu cependant que votre équation est réellement celle de la surface vibrante. En mettant l'analyse à part, le reste peut être bon, en ce qui concerne l'explication des phénomènes. Si la commission de l'Institut était de cet avis, vous pourriez au moins être mentionnée honorablement (1); mais je crains bien que l'analyse manquée ne nuise beaucoup au Mémoire, malgré ce qu'il peut contenir de bon.

Dans tous les cas, vous aurez la ressource de faire imprimer vos recherches en rétablissant la vraie analyse ou en la supprimant, et votre travail vous fera encore honneur. C'était peut-être le parti qu'il fallait prendre à l'origine. Mais je vous promets toujours le plus profond secret, et, si vous n'avez pas commis d'ailleurs quelque indiscrétion, la chose sera comme non avenue.

---

(1) La question proposée en 1811 fut remise au concours de 1813. Le Mémoire de Sophie Germain, résultat de cette deuxième série de recherches, obtint la mention honorable.

Agréez, je vous prie, mes hommages et mon entier dévouement,

LEGENDRE.

XVIII

INSTITUT DE FRANCE
CLASSE DES SCIENCES PHYSIQUES ET MATHÉMATIQUES

Paris, janvier 1816.

M. Delambre (1) a l'honneur de présenter ses hommages à Mlle Germain et de lui envoyer deux billets d'Institut, présumant bien que ses amis lui en demanderont plus qu'elle n'en aura à distribuer, si, comme il le suppose, elle en a reçu hier ou aujourd'hui. Mais M. Delambre ayant appris par M. Sedillot (2) que Mlle Germain n'en avait pas encore reçu hier soir, il craint qu'il n'y ait eu quelque oubli, et la prie, dans ce cas, d'avoir recours à lui, parce que les

---

(1) J.-Bapt.-Joseph Delambre, astronome, né à Amiens le 19 septembre 1749, mort le 18 août 1822.

(2) J.-Jacques-Emmanuel Sedillot, astronome et orientaliste, né à Enghien-Montmorency en 1777, mort à Paris en 1832.

billets imprimés étant épuisés, il peut y suppléer par un billet à la main pour autant de personnes qu'il conviendra à Mlle Germain de lui en indiquer. M. Delambre désirerait bien qu'elle se rendît elle-même à la séance, il aurait le plus grand plaisir à lui faire son compliment et à lui renouveler l'assurance de sa respectueuse considération.

XIX

SOPHIE GERMAIN A POISSON (1)

(1816.)

Le jugement prononcé par la classe m'a appris que je m'étais abusée sur la démonstration qui vous a été soumise ; mais il ne m'a pas fait connaître quelle est la nature de l'erreur que j'ai commise. M. Hallé (2), à qui j'ai témoigné combien je serais curieuse de savoir en quoi pèche ma démonstration, a bien voulu se charger de vous prier d'éclaircir mes doutes. Je ne crois pas

(1) Siméon-Denis Poisson, mathématicien, né à Pithiviers en 1781, mort à Sceaux en 1840.
(2) J.-Noël Hallé, médecin, né à Paris en 1754, mort le 11 février 1822.

m'être trompée dans la manière dont l'équation générale a été déduite de l'hypothèse ; il faut donc que ce soit l'hypothèse elle-même qui n'ait pas été justifiée d'une manière satisfaisante.

Dans la vue de vous éviter la peine de revoir la démonstration, j'ai reproduit dans la note ci-jointe (1) les raisonnements sur lesquels elle est

---

(1) Voici cette note : « Quelles que soient les forces que l'on considère, elles sont proportionnelles à l'effet qu'elles produisent ou tendent à produire. — Les forces d'élasticité tendent à détruire la différence entre la forme naturelle des corps qui en sont doués et la forme que les mêmes corps ont été forcés de prendre par l'action d'une cause extérieure. — Les forces d'élasticité qui agissent sur un corps élastique quelconque, ont donc pour mesure la différence entre la forme naturelle de ce corps, et la forme qu'une cause extérieure le force de prendre. — L'effet produit par une force est explicitement ou implicitement l'ensemble des effets produits par la même force. — Explicitement, si on considère successivement tous les divers effets sans exprimer qu'ils dépendent les uns des autres; implicitement, si la liaison qui existe entre les mêmes effets permet de les considérer comme un fait unique. — L'effet des forces d'élasticité qui agissent sur une surface est de détruire la différence entre la courbure naturelle de la surface, et la courbure que la même surface a été forcée de prendre par l'action d'une cause extérieure. Mais la question sur la courbure d'une surface n'est pas susceptible d'une réponse simple ; elle se compose de l'ensemble des questions relatives à la courbure des courbes résultantes des sections de la même surface faites dans toutes les directions, et sous toutes les inclinaisons possibles. — L'ensemble des différences entre les courbures des courbes résultantes des diverses sections de la surface, considé-

fondée. Je les ai écrits à mi-marge, afin qu'il vous soit plus facile de marquer l'endroit où vous avez jugé que la chaîne du raisonnement est interrompue.

Plus j'ai de respect pour votre jugement, plus je dois attacher d'importance à obtenir les éclaircissements que je sollicite de votre complaisance.

Veuillez agréer, Monsieur, l'assurance de ma considération la plus distinguée,

S. GERMAIN.

XX

POISSON A S. GERMAIN

Paris, ce 15 janvier 1816.

Mademoiselle, M. Hallé vient de me remettre

rées avant et après l'action de la cause extérieure, est donc explicitement la mesure des forces d'élasticité qui agissent sur cette surface. — Il existe entre les courbures des courbes formées par les diverses sections de la surface une liaison telle, qu'il est permis d'exprimer leur somme par celle des seules sections principales. — L'effet des forces d'élasticité est donc implicitement exprimé par la somme des seules différences entre les courbures principales de la surface, considérées avant et après l'action de la cause extérieure.

une lettre que vous me faites l'honneur de m'adresser et qui contient plusieurs questions relatives à votre Mémoire. Le reproche que la commission lui a fait porte moins sur l'hypothèse dont vous êtes partie, que sur la manière dont vous avez appliqué le calcul à cette hypothèse. Le résultat auquel ce calcul vous a conduite, ne s'accorde avec le mien que dans le seul cas où la surface s'écarte infiniment peu d'un plan, soit dans l'état d'équilibre, soit dans l'état de mouvement. On imprime succintement mon mémoire, et je me propose de vous en offrir un exemplaire; aussitôt que l'impression sera achevée.

Permettez donc, Mademoiselle, que nous ajournions la discussion à l'époque où vous aurez pu comparer mes résultats aux vôtres.

Agréez l'hommage de mon respect et de ma haute considération.

Poisson.

XXI

LEGENDRE A S. GERMAIN

Paris, 31 décembre 1819.

Votre équation, Mademoiselle, est très juste,

mais la conséquence que vous en tirez n'est pas admissible ; car de ce que $p^3 = A(p^2-q)$, il ne s'ensuit pas que q est divisible par p^2 ; on a exactement $\frac{q}{p^2} = 1 - \frac{p^3}{A}$; mais $\frac{p^3}{A}$ est-il un entier, parce que $\frac{p^3}{A}$ en est un?

Voilà le nœud.

Je vous préviens, au reste, que depuis que je vous ai parlé pour la première fois de ce moyen de recherche, l'opinion que j'avais qu'il pouvait réussir est maintenant bien affaiblie, et qu'en somme je crois qu'il sera aussi stérile que bien d'autres. C'est pourquoi vous ferez très bien de ne pas vous en occuper davantage, de peur de perdre un temps qui peut être employé beaucoup plus utilement à d'autres recherches.

Recevez, Mademoiselle, mes hommages respectueux et tous les souhaits qu'une véritable affection peut inspirer.

LEGENDRE.

XXII

JOSEPH FOURIER A SOPHIE GERMAIN

Jeudi matin (1 juin 1820) (1).

Mademoiselle,

Monsieur Legendre a bien voulu m'engager de votre part à prendre connaissance d'un Mémoire sur les propriétés des surfaces élastiques. J'ai lu fort attentivement cet écrit, et j'y ai trouvé de nouvelles preuves de l'importance et du succès de vos recherches sur cette question difficile. Je me propose d'avoir l'honneur de me rendre chez vous après-demain samedi à huit heures et demie du soir, et de vous rendre compte de mes réflexions sur l'objet de ce Mémoire. Cette heure m'a été indiquée comme vous étant la plus commode. Si vous préfériez une autre

---

(1) Cette lettre ne porte pas la date de l'année ; mais nous présumons qu'elle a été écrite en 1820 : en premier lieu, le 1er juin de cette année est un jeudi ; et en second lieu, S. Germain nous apprend elle-même dans la préface de ses *Recherches sur la théorie des surfaces élastiques,* qu'avant de publier ce Mémoire, elle demanda des conseils à Fourier.

heure, ou un autre jour, je vous prie d'avoir la bonté de le faire dire au porteur de cette lettre. Je serai très empressé de m'y conformer; et dans le cas où l'on ne me donnerait de votre part aucune indication différente, j'aurais l'honneur de me présenter samedi.

Agréez, Mademoiselle, l'hommage du respect de votre très humble et obéissant serviteur.

FOURIER.

XXIII

LEGENDRE A SOPHIE GERMAIN

Paris, 23 juillet 1821.

Mademoiselle, j'ai reçu mardi dernier le Mémoire (1) que vous avez bien voulu m'envoyer, avec beau papier, belle couverture et une petite lettre fort obligeante, mais trop modeste. Je vous fais mon compliment bien sincère d'avoir enfin triomphé de votre répugnance à rendre

(1) *Recherches sur la théorie des surfaces élastiques*, Paris, 1821, in-4.

publiques des recherches qui vous ont coûté tant de travaux. J'espère que vous n'aurez pas lieu de vous repentir de votre courage, et que cette première émission, qui était la plus difficile, sera bientôt suivie de plusieurs autres qui obtiendront sans doute l'estime et le suffrage des connaisseurs.

Je n'ai pu encore que parcourir les premières pages de votre Mémoire, et vous pensez bien que je suis loin de pouvoir porter un jugement sur cet ouvrage, qui est du nombre de ceux qu'on ne peut apprécier que par une étude longue et approfondie; car, sans doute, vous repousseriez vous-même un jugement qui ne serait fondé que sur un examen superficiel.

J'ai trouvé votre Avertissement très bien rédigé, il présente fort nettement l'état de la question; vous proposez votre opinion de la manière la plus modeste et, si l'on avait quelque chose à vous reprocher, ce serait les compliments dont en quelque sorte vous accablez le géomètre (1) dont vous combattez l'opinion. Puisse-t-il répondre dignement à cet assaut de civilité; c'est ce que je désire plus que je n'espère.

(1) Poisson.

J'ai été fâché de ne pas voir dans l'*errata* le mot *campanarum* à la place de *campanorum* qui, malheureusement, est répété trois ou quatre fois.

Aussitôt que nous pourrons faire un petit séjour à Paris, nous nous empresserons d'avoir l'honneur de vous voir. Ma femme se porte assez bien maintenant. Elle vous fait mille tendres compliments auxquels vous me permettrez, Mademoiselle, de joindre mes hommages respectueux.

LEGENDRE.

XXIV

Paris, 23 juillet 1821.

*Le secrétaire perpétuel de l'Académie
à Mademoiselle Sophie Germain.*

Mademoiselle,

L'Académie a reçu avec le plus grand intérêt l'ouvrage que vous avez bien voulu lui adresser et qui est intitulé : *Recherches sur la théorie des surfaces élastiques*, que vous venez de publier.

Elle me charge de vous remercier, en son nom, de l'envoi de ce Mémoire intéressant qu'elle a fait déposer honorablement dans la bibliothèque de l'Institut, et de vous exprimer sa reconnaissance de cette nouvelle preuve que vous lui donnez de vos talents.

Agréez, je vous prie, Mademoiselle, l'hommage de mon respect.

DELAMBRE.

XXV

CAUCHY (1) A SOPHIE GERMAIN

Paris, ce 24 juillet 1821.

Mademoiselle, j'ai reçu l'ouvrage que vous avez eu la bonté de m'adresser, ouvrage que le nom de son auteur et l'importance du sujet recommandent également à l'attention des géomètres. Je n'ai pour le moment à vous offrir en revanche qu'un volume (2) dans lequel j'ai

---

(1) Augustin-L. Cauchy, mathématicien, né à Paris en 1789, mort en 1857.

(2) *Cours d'Analyse de l'École royale polytechnique*, 1re partie. Analyse algébrique, 1821, in-8.

cherché à éclairer les principales difficultés de l'analyse algébrique. Véuillez bien l'agréer, je vous prie, avec l'hommage de ma considération distinguée et de mes très humbles respects.

Augustin Cauchy.

XXVI

NAVIER (1) A SOPHIE GERMAIN

Paris, 2 août 1821.

Mademoiselle, j'ai reçu avec reconnaissance l'ouvrage que vous avez bien voulu m'adresser. La lecture que j'en ai faite m'a inspiré beaucoup d'intérêt, et j'apprécie autant qu'il le mérite un écrit aussi remarquable, que bien peu d'hommes peuvent lire, et qu'une seule femme pouvait faire.

J'ai l'honneur d'être avec respect, Mademoiselle, votre très humble et très obéissant serviteur.

Navier.

(1) Cl.-L.-M.-Henri Navier, mathématicien et ingénieur né à Dijon en 1785, mort à Paris en 1836.

XXVII

FOURIER A SOPHIE GERMAIN

Vendredi matin, 1822 (1).

Mademoiselle, je ne puis assez vous exprimer combien je suis reconnaissant de l'intérêt que vous m'accordez et de la grâce parfaite avec laquelle vous l'exprimez. Les personnes que vous aimez et que vous protégez ne doivent pas être malheureuses. Je me permettrai de vous recommander de ne point sortir; car l'air est très froid et un grand nombre de personnes sont fort incommodées. J'étais revenu à pied mardi soir du faubourg Saint-Honoré, j'ai été saisi d'un rhume qui m'a causé des douleurs vives dans tout le corps. La médecine concevant le langage de la géométrie appelle cette indisposition une courbature. La mienne était certainement d'un degré très élevé. Enfin elle a cessé entièrement, et j'ai pu sortir.

(1) D'après le contenu de cette lettre, il est facile d'établir que Fourier l'écrivit en 1822, année pendant laquelle il fut élu secrétaire perpétuel de l'Académie des sciences.

Je ne puis douter maintenant que le vœu du plus grand nombre de mes collègues soit de me choisir, et celui de mes concurrents qui se flatte le plus est dans une grande erreur. Mais il a recours à tant d'artifices qu'il y aurait de l'imprudence à ne pas le redouter.

M. Desfontaines (1) m'a dit que M. Legendre s'était entretenu avec lui de cette élection et que, sans disconvenir de l'intérêt qu'il prenait à M. D*** (2), il l'avait assuré que dans tous les cas possibles il me donnerait son suffrage. M. Desfontaines en paraît convaincu. Je ne doute pas, Mademoiselle, que votre démarche et, permettez-moi de le dire, votre éloquence ne l'aient touché. Un suffrage que je vous devrai a encore plus de prix à mes yeux. Celui de M. de Jussieu (3) est très honorable par lui-même, et je ne doute pas que vous ne l'ayez déterminé.

L'élection n'aura lieu qu'au commencement de novembre. Je suis surpris qu'à cette époque

(1) René-Louiche Desfontaines, botaniste, né à Tremblay (Ille-et-Vilaine), en 1752, mort à Paris en 1833.
(2) Probablement F.-P. Ch. baron Dupin, mathématicien, né à Varzy (Nièvre) en 1784, mort à Paris le 20 juin 1873.
(3) Ant.-Laurent de Jussieu, botaniste, né à Lyon en 1748, mort à Paris en 1836.

M. de Jussieu soit encore à la campagne. J'apprends avec peine l'absence de M. de Montmorency, car son avis m'aurait été favorable. Enfin les dieux en décideront. Mais ce qui est indépendant des dieux ce sont mes sentiments de reconnaissance et de respect.

Je vous prie d'en agréer l'hommage,

FOURIER.

XXVIII

DU MÊME

Vendredi matin.

Mademoiselle,

Je regrette extrêmement de n'avoir pu répondre aussi promptement que je l'aurais désiré au sujet du Mémoire de mathématique que vous nous avez envoyé. Je me suis acquitté fidèlement de la commission que vous m'aviez donnée en m'adressant cette pièce. M. Cuvier était chargé lundi dernier de la lecture de la correspondance. Je l'ai prié de présenter votre Mémoire, et j'en ai indiqué l'objet. Après la lecture, on a nommé MM. Laplace, Prony (1) et Poisson commissaires. J'insisterai autant qu'il sera nécessaire pour qu'ils fassent le rapport que vous désirez. Si M. Poisson a le dessein de montrer quelque opposition au résultat de vos recherches, il ne pourra s'empêcher de céder à l'autorité de l'expérience que personne ne sait mieux consulter que vous. Autant que j'ai pu prendre connaissance de la discussion dont vous vous êtes occupée, il m'a paru que vous mettez dans tout son jour l'insuffisance de l'hypothèse théorique dont il a voulu déduire l'équation du quatrième ordre, que vous avez trouvée. Je n'aurais pu concourir moi-même à l'examen et au rapport de ce Mémoire sans me détourner des occupations instantes dont je me trouve chargé. Toutes les personnes présentes à la séance ont entendu avec le plus grand intérêt l'annonce de votre Mémoire. La difficulté du sujet, la célébrité des auteurs qui l'ont traité et votre nom ne pouvaient manquer d'exciter l'attention. Nous nous en sommes entretenus avec plusieurs per-

---

(1) Gaspard-Clair-F.-Marie Riche, baron de Prony, mathématicien et ingénieur, né en 1755 à Chamelet (Rhône), mort à Paris en 1829.

sonnes à l'Académie et chez M. de Laplace. Je vous remercie, Mademoiselle, des nouvelles marques d'intérêt que vous me donnez en vous occupant de ma santé et de mes travaux. C'est une obligation fâcheuse que celle des discours publics, et les personnes dont j'estime le plus les suffrages sont celles que je crains le plus d'avoir pour auditeurs.

J'aurais préféré de vous rendre compte de vive voix au sujet de la présentation de votre Mémoire, et je profiterai d'une autre occasion pour vous en parler. Je suis présentement retenu par des occupations beaucoup moins agréables.

Agréez, Mademoiselle, avec l'hommage de mes remercîments, celui de mon respect.

J. FOURIER.

P.-S. Le procès-verbal que j'ai rédigé contient la mention de la lecture de votre Mémoire, et la lettre, par laquelle je vous informe des noms des commissaires, ne vous est point encore parvenue, parce qu'on n'a coutume de les expédier qu'après que le procès-verbal a été lu et adopté.

XXIX

INSTITUT DE FRANCE

ACADÉMIE ROYALE DES SCIENCES

Paris, le 30 mai 1823.

Le Secrétaire perpétuel de l'Académie.

Mademoiselle,

J'ai l'honneur de vous prévenir que toutes les fois que vous vous proposerez d'assister aux séances publiques de l'Institut, vous y serez admise dans l'une des places réservées au centre de la salle. L'Académie des Sciences désire témoigner par cette distinction tout l'intérêt que lui inspirent vos ouvrages mathématiques et, spécialement, les savantes recherches qu'elle a couronnées en vous décernant un de ses grands prix annuels.

Agréez, Mademoiselle, l'hommage de mon respect.

FOURIER.

XXX

DU MÊME

Dimanche, 1ᵉʳ juin 1823.

J'ai l'honneur de me rappeler au souvenir et à la bienveillance de Mademoiselle Germain. Je désirais depuis longtemps me présenter chez elle, mais des occupations urgentes m'en ont détourné. Je lui envoie ci-joint : 1° une lettre officielle; 2° un billet de centre pour la personne qui l'accompagnerait. Si Mademoiselle Germain ne se propose pas d'assister à la séance, je la prie de disposer du billet comme elle le jugera convenable et, s'il était nécessaire, j'en pourrais remettre un ou plusieurs autres, mais non du centre.

Hélas, je devrais bien plutôt garder tous ces billets. Je suis condamné à causer au public un grand ennui, et je vais paraître demain comme une faible lueur au milieu d'un feu d'artifice. Mais je suis résigné à toutes les comparaisons possibles. Il m'a paru raisonnable de prendre dès le début un ton grave et simple que je puis conserver, et de m'abstenir de toute prétention à des succès que je ne pourrais pas obtenir et que je ne désire point. Ce que je désire surtout c'est de conserver l'estime et le souvenir de mademoiselle Germain.

Je la prie de recevoir l'expression de mon respect.

FOURIER.

XXXI

DU MÊME

Mardi soir, 3 juin 1823.

Je renouvelle l'expression de mes éternels remercîments pour les témoignages de bonté et d'amitié que j'ai reçus de mademoiselle Germain.

J'envoie deux billets dont l'un est converti en billet de centre. Jamais on n'a montré autant d'empressement, et il y a plus d'un mois que M. Cuvier et moi avons reçu des demandes sans nombre. Mais n'eussé-je qu'un seul billet, j'en disposerais certainement pour mademoiselle Germain.

Je suis encore bien incertain de savoir si je pourrai profiter de l'offre très obligeante et très aimable concernant la place de la loge. Car le matin nous aurons une longue séance. Mais si je vais le soir aux Italiens, ce sera seulement pour occuper une place dans la loge, et je ne pourrais y aller qu'à huit heures et demie.

Je prie bien instamment mademoiselle Germain de disposer de cette loge, et je renvoie le billet. Mais si elle a la bonté d'insister à cet égard, je désire qu'elle veuille bien se contenter de me renvoyer par le porteur un bon pour une place. J'espère être assez heureux pour en profiter. Mille respects et mille remercîments.

J. Fourier.

XXXII

CAUCHY A S. GERMAIN

Sceaux-Penthièvre, ce 23 juillet 1823.

Mademoiselle, j'ai reçu la lettre que vous m'avez fait l'honneur de m'écrire avec le Mémoire qui l'accompagnait. Je vous remercie d'avoir bien voulu m'adresser un exemplaire de cet ouvrage que je lirai avec tout le soin que réclament et l'importance du sujet et le mérite de l'auteur.

Agréez, je vous prie, l'hommage du respect avec lequel je suis, Mademoiselle, votre très humble et très-obéissant serviteur.

A. L. Cauchy.

XXXIII

INSTITUT DE FRANCE

ACADÉMIE ROYALE DES SCIENCES.

Paris, le 24 juillet 1823.

Le Secrétaire perpétuel de l'Académie à Mademoiselle Sophie Germain.

Mademoiselle, l'Académie a reçu l'ouvrage que vous avez bien voulu lui adresser et qui est intitulé : *Remarques sur la nature, les bornes et l'étendue de la question des surfaces élastiques, et équation générale de ces surfaces.* J'ai l'honneur de vous remercier, au nom de l'Académie, de l'envoi de cet ouvrage. M. Cauchy a été désigné pour en faire un rapport verbal. Ce volume sera déposé dans la bibliothèque de l'Institut.

J'ai l'honneur, Mademoiselle, de vous offrir l'assurance de mon respect.

Baron FOURIER.

XXXIV

SOPHIE GERMAIN A..... (1)

Ce 18 juillet***

Monsieur, Je vois avec plaisir que mes nouvelles remarques ont été renvoyées à votre jugement, aucun autre ne m'aurait paru aussi sûr.

J'ai suivi votre avis, en imprimant ; je m'estimerai heureuse si vous prenez la peine de me

---

(1) Nous n'avons pu retrouver la date précise de cette lettre, ni savoir à qui elle fut adressée.

communiquer vos observations. Il y a dans ce petit écrit trois choses qui me semblent de quelque importance : 1° La définition de la question d'où résulte la connaissance des conditions de ce cas particulier du mouvement des solides doués d'élasticité. On voit, sans que j'aie eu besoin de le dire, que les nombreuses expériences de monsieur Savart sont étrangères à cette question. Elles ne pourraient être expliquées qu'à l'aide d'une théorie plus étendue, et telle que celle dont vous vous êtes déjà occupé. En effet, si dans les expériences dont je parle on parvenait à séparer les différentes couches dont on peut concevoir que l'épaisseur soit composée, chacune d'elles présenterait des figures particulières, l'épaisseur varierait aussi à raison du mouvement. Et, en effet, l'expérience rend alors sensibles les différences d'épaisseur produites par le mouvement. Je m'en suis moi-même assurée et, d'ailleurs, M. Savart en a fait l'observation. J'avais prié M. Ampère (1) de vous demander où je pourrais trouver ce que vous avez publié sur le cas géné-

---

(1) André-Marie Ampère, physicien, né à Lyon en 1775, mort à Marseille en 1836.

ral du mouvement des corps élastiques, il ne l'a pas fait, et je n'ai pu retrouver qu'un premier aperçu insuffisant à mon instruction. Autant que je puis me rappeler ce que vous avez pris la peine de m'expliquer vous-même, le mouvement devrait être considéré comme composé et produit par des forces qui agiraient suivant toutes les directions possibles ; le mouvement des surfaces présenterait le cas particulier où la résultante des forces qui agiraient sur chacune des molécules, serait perpendiculaire aux différents plans tangents. Je serais bien enchantée que vous voulussiez reprendre ce genre de recherches, et mon faible travail prendrait à mes yeux une importance réelle, s'il pouvait contribuer à y ramener votre attention.

Une seconde considération sur laquelle je voudrais avoir votre avis est celle des courbures moyennes. J'en avais déjà parlé dans le premier Mémoire que j'ai publié. Il arrive, par rapport à la courbure, ce qu'on observe dans une foule d'autres manières d'être des corps. Je veux dire que l'état réel des points, dont la position est également éloignée de ceux auxquels appartiennent les manières d'être extrêmes, donne l'état moyen du système. C'est ainsi que la température des points qui sont également éloignés de ceux qui possèdent le maximum et le minimum de température, est égale à la température moyenne de la pièce. Ici, il faudrait une égale quantité de chaleur pour faire changer une température moyenne donnée. A l'égard des surfaces, il faudrait des forces égales pour faire changer une courbure moyenne donnée, en sorte que la courbure de la sphère est toujours comparable à celle d'une surface de figure quelconque. Il m'a paru que cette remarque pouvait être de quelque utilité, et elle m'a servi à donner une forme assez simple à l'équation générale des surfaces. Enfin cette équation même me semble incontestable, et je mettrais beaucoup d'intérêt à savoir ce que vous en pensez.

Peut-être trouverez-vous que c'est abuser de votre complaisance d'ajouter l'ennui de ce commentaire à celui de la lecture du petit Mémoire. Je n'aurais d'autre excuse que l'importance que je mets à votre jugement. Je vous prie, Monsieur, d'en agréer l'assurance en même temps que celle de mon respect.

FIN.

ANNEXES

MOULAGE PHRÉNOLOGIQUE DE LA TÊTE DE SOPHIE GERMAIN.

Appartenant au Muséum.

ANNEXES

PIÈCE N° 1

Extrait de la phrénologie de Bruyères.

La planche n° 7 contient un exemple d'un grand développement de l'organe attribué au penchant de l'habitativité : c'est un buste, *moulé sur nature après la mort*, de Mlle Sophie Germain, connue par son talent en mathématiques ; elle était sédentaire et casanière, et, pendant un grand nombre d'années, elle n'a point quitté sa chambre ; ses occupations contribuaient à donner de la force à son instinct casanier ; elle a remporté au concours de l'Institut trois accessits pour différents travaux et un prix pour un Mémoire sur la théorie des lames vibrantes. Elle était originale et visait à la singularité ; l'estime de soi et la fermeté sont très prononcées sur sa tête ; elle s'est en outre toujours montrée bonne et affectueuse ; l'organe du calcul est très marqué. Dans l'hypothèse d'un organe de la concentrativité, le développement considérable de la région de l'habitativité sur cette tête peut faire admettre que les deux organes existent ensemble à un haut degré.

Et, en effet, Mlle Germain était exclusivement livrée à ses travaux de calcul avec une grande concentration d'esprit.

PIÈCE N° 2

EXTRAIT DU BULLETIN MUNICIPAL OFFICIEL DU 1er AOUT 1883.

La distribution des prix aux élèves de l'école Sophie Germain a eu lieu dimanche 29 juillet 1888, sous la présidence de M. de Ménorval, membre du Conseil municipal de Paris.

M. de Ménorval a prononcé le discours suivant :

« Mesdames, Mesdemoiselles et Messieurs,

« Je redoutais et je désirais depuis longtemps l'honneur qui m'est fait aujourd'hui de présider à cette fête de jeunes filles. La tâche devient, il est vrai, moins difficile, en restant aussi attrayante, à mesure que nous nous éloignons des luttes du passé. Votre cause est gagnée, Mesdemoiselles ; on ne peut plus vous appliquer l'odieuse maxime : « La force prime le droit ». Il n'y a plus à démontrer votre droit à un enseignement aussi élevé que celui des garçons, votre aptitude à le recevoir. Vous avez fait comme le philosophe devant qui l'on niait le mouvement ; vous avez marché ; vos succès ont montré vos talents. Vous peuplez les facultés ; on ne compte plus vos diplômes de bachelier, de licencié, d'agrégé, de docteur en médecine ou en droit ! Vous prenez glorieusement votre revanche de l'oppression séculaire qui vous maintenait dans l'ignorance, pour faire de vous les complices de toutes les servitudes. J'ai toujours devant les yeux ces pauvres petites écolières de Port-Royal, soumises à un travail de seize heures par jour ; gardant le silence, ou parlant bas, du lever au coucher, ne marchant jamais qu'entre deux religieuses, l'une devant, l'autre derrière, pour empêcher le péché mortel d'une distraction ; passant d'une méditation à une oraison ou à une instruction ; se récréant le dimanche par un peu d'arithmétique et astreintes à mépriser les soins d'un corps « destiné à servir aux vers de pâture ! »

« Il faut arriver à la fin du dix-huitième siècle, à l'époque de la Révolution, pour voir enfin traiter cette question sociale qui est la première de toutes, parce qu'elle les comprend toutes : la place que les filles doivent occuper dans l'enseignement public. Condorcet n'hésite pas à leur ouvrir toutes grandes les portes de l'école. « L'instruction, dit-il, doit être « la même pour les femmes et pour les hommes; elles « doivent partager cette instruction, afin de pouvoir « suivre celle de leurs enfants ». Condorcet aurait aujourd'hui satisfaction complète; la troisième République a compris qu'elle devait être « réparatrice », ou qu'elle ne serait pas; au milieu des désastres de la guerre la plus terrible, au milieu des douleurs de l'invasion, elle s'occupait de ce qu'il y a de plus faible au monde, l'enfant, qu'il faut rendre fort, et elle vous faisait, dans ses soucis, une part égale à celle des garçons; elle vous assurait non seulement l'enseignement primaire, mais l'enseignement secondaire. Les villes, rivalisant d'ardeur avec l'État, créaient en grand nombre des lycées de jeunes filles; le Conseil municipal de Paris fondait cette École supérieure de la rue de Jouy, dont la réussite a dépassé nos espérances, et qui, admirablement administrée par une directrice secondée d'un personnel d'élite, servira de modèle aux établissements analogues que nous voulons ouvrir.

« La femme a reçu des compensations merveilleuses à sa faiblesse physique, mais les hommes, qui font les lois, l'ont traitée avec la barbarie de l'ignorance. Ce n'est qu'à partir de 1791 qu'elle a obtenu une part égale à celle de ses frères dans l'héritage de ses parents. Aujourd'hui encore elle est frappée, dans la plupart des pays, de nombreuses incapacités légales. En France, elle ne peut être témoin dans les actes de l'état civil ; elle ne peut être tutrice que de ses enfants ; elle perd sa nationalité s'il plaît à son mari de se faire Prussien, et elle est obligée de divorcer avec son époux, si elle ne veut pas divorcer avec son pays. Enfin, ce n'est que de nos jours qu'elle a pu conquérir l'indépendance et la dignité en passant les examens les plus difficiles, et en exerçant d'honorables professions qui longtemps lui avaient été interdites.

« Notre première préoccupation doit donc être de protéger la jeune fille contre sa misère native ; d'élever son intelligence et son cœur pour toutes les luttes de la vie ; de la rendre apte à l'exercice d'une profession trop souvent nécessaire et de la préparer surtout à remplir un jour dignement son rôle d'épouse et de mère de famille. C'est un enseignement de mieux en mieux adapté à sa nature, que nous devons chercher à lui donner, et, de même qu'il faut élever l'homme pour la Cité et les devoirs extérieurs, il faut élever la femme pour la direction de son ménage et l'éducation de ses enfants dont elle doit être la première, sinon la seule institutrice. Replacée ainsi par nous au rang qu'elle n'aurait jamais dû perdre, on ne dira plus :

> Ce n'est rien,
> C'est une femme qui se noie.

« Quand la femme se noie, la société sombre avec elle, et la vraie civilisation d'un peuple peut se mesurer au respect dont l'homme entoure la compagne de sa vie.

« Les anciens donnaient un nom à l'enfant qui atteignait l'âge de raison. Nous avons dû donner un nom à votre école désignée jusqu'ici par le périphrase incommode « d'école de la rue de Jouy », et la recherche de ce nom n'était pas, je vous l'avoue, sans offrir quelque difficulté à vos parrains.

« Comment n'aurions-nous pas songé d'abord à cet aimable archevêque de Cambrai, si supérieur à son état et aux idées de son siècle, lui qui parle avec tant de tristesse « des ténèbres de la caverne profonde où « l'on tenait enfermée et comme ensevelie la jeunesse « des filles ». Mais le nom de Fénelon avait été donné, dans Paris même, à un lycée de l'État, et d'ailleurs, par un sentiment facile à comprendre, nous ne voulions pas vous mettre sous un autre patronage que sous celui d'une femme.

« Sévigné alors? l'État nous avait devancés en invoquant le souvenir de l'illustre marquise pour l'école normale supérieure de Sèvres.

« Un autre nom du grand siècle était sur toutes les lèvres, et, chose singulière, chacun hésitait à le prononcer. Quelle maîtresse en pédagogie pourtant que Mme de Maintenon! qui mieux qu'elle aima et connut les jeunes filles? « Il faut égayer leur éducation », dit-elle quelque part, bannissant ainsi d'un seul mot l'ennui lourd et idiot qui pesait sur cette pauvre jeunesse. « Élevez-les pour ce qui les attend, une vie de « ménage modeste et retirée, toute au devoir entre un « mari à aider dans l'administration de sa petite for- « tune, des enfants à élever, des serviteurs à di- « riger ».

Elle dit aussi : « Saint-Cyr n'est pas fait pour la « prière, mais pour l'action ». — « Convaincre les « enfants qu'on les aime, et que ce qu'on fait est « pour leur bien ». — « Avoir toujours beaucoup de « complaisance pour tout ce que l'on peut accorder « sans blesser la règle ». — « Ne rien promettre aux « enfants qu'on ne leur tienne ». « Ne jamais cher- « cher à se faire aimer de la jeunesse que par les « moyens qui lui sont utiles ». « Ne jamais se décou- « rager dans l'éducation : ce qui ne vient pas tôt « peut venir tard, mais il se faut armer de beaucoup « de patience ».

« Quel sens vrai et profond de l'éducation ! Pourquoi donc n'avons-nous pas choisi celle qu'on a pu appeler « la première institutrice laïque ?... » Je vais vous le dire, Mesdemoiselles. C'est parce qu'un doute, — je ne dis même pas un soupçon, — a pu peser sur un moment de sa vie, et que le moindre murmure ne doit pas effleurer la réputation d'une femme. C'est aussi, peut-être, parce qu'elle a manqué sinon de bonté, au moins du courage de la bonté. L'histoire, de mieux en mieux éclairée, constate, il est vrai, qu'elle a seulement « toléré » les persécutions contre les protestants sans y prendre part. Est-ce assez vraiment? et ses plaintes contre de telles violences n'ont-elles pas été trop « discrètes »? L'extrême souci qu'elle a montré de ménager son précieux crédit, lui a enlevé l'estime complète et surtout l'affection de la postérité.

« Nous avons alors jeté les yeux sur une gloire plus modeste et pure de tout alliage ; sur une personne qui n'a vécu que pour l'honneur de son sexe, pour les conceptions les plus hautes de la science et de la philosophie, et dont la trop courte existence peut être proposée comme un modèle de toutes les vertus. Son nom, que l'avenir connaîtra mieux, appartient à l'histoire des progrès de l'esprit humain et peut être cité à côté de ceux des plus grands génies du dix-huitième siècle, les d'Alembert, les Diderot, les Condorcet, dont elle procède directement.

« Sophie Germain est née à Paris, en 1776, l'année même du renvoi de Turgot, d'une famille d'orfèvres, tous artisans célèbres depuis près de deux siècles, et dont quelques-uns furent échevins de notre ancien Hôtel de Ville. Son père, député du Tiers aux États Généraux, puis membre de cette immortelle assemblée qui donna à la France sa première constitution, débute ainsi dans un de ses discours : « Je suis mar-
« chand, je demeure dans la rue Saint-Denis. Je viens
« combattre les banquiers et tous ces messieurs qu'on

« appelle faiseurs d'affaires ; je fais profession publi-
« que de regarder l'agiotage comme un crime d'État ».
Voilà un beau langage, plein de bonhomie, de franche
allure plébéienne. La jeune Sophie, à peine âgée de
quatorze ans, entendait dans la maison paternelle les
discussions qui occupaient tous les esprits, et prédisait
la durée et la véritable portée d'un mouvement que
beaucoup considéraient comme une tourmente passagère. Enfermée dans la bibliothèque de son père, un
jour où elle fuyait la foule qui grondait dans la rue, elle
lit l'histoire de la mort d'Archimède. Elle se passionne
aussitôt pour cette science géométrique, si attrayante
que les menaces les plus terribles ne peuvent en déta-
cher, et elle prend, sur l'heure, la résolution héroïque
de s'y adonner complètement.

« La voilà seule, sans maître, sans autre guide qu'un
« Bezout », qui, jour et nuit, travaille les mathématiques. Sa famille s'effraie d'un labeur qui peut com-
promettre sa santé. On lui retire ses livres, le feu, les
vêtements, la lumière, pour l'obliger à se reposer ; elle
se relève la nuit et, par un froid tel que l'encre gèle
dans son écritoire, elle se remet à ses chères études. Ses
parents cédèrent devant cette résistance invincible,
dont le génie seul est capable, et la laissèrent désormais disposer de son temps à son gré.

« Une telle vocation explique ses progrès invraisemblables : elle comprend le calcul différentiel, mais elle
ne peut lire les ouvrages latins d'Euler et de Newton.

Cette difficulté n'était pas faite pour l'arrêter : elle apprend le latin, et les maîtres n'ont bientôt plus de secrets pour elle. C'est dans de si sérieux travaux que l'enfant, devenue jeune fille, traversa les années de la Révolution, sans se désintéresser pourtant des grands événements dont elle était témoin et qu'elle était faite pour comprendre, car nous verrons plus loin qu'elle n'était restée étrangère à aucune des branches de l'activité humaine.

« Nous sommes en 1794. Lagrange propose l'établissement de cette « École centrale des travaux publics » qui va devenir « l'École polytechnique ». Sophie a dix-huit ans ; son sexe lui interdit l'entrée de l'École ; mais elle se procure les leçons des professeurs ; elle fait les rédactions demandées aux élèves et les envoie à Lagrange, sous le pseudonyme de Le Blanc. C'est ainsi que le grand mathématicien la connut, remarqua son génie, la félicita, et devint son conseiller et son appui.

« L'âge de la nouvelle géomètre, les détails sur ses commencements difficiles, l'approbation de quelques savants, piquèrent la curiosité, provoquèrent des sympathies, et valurent à Mlle Germain les relations les plus honorables. Dès lors, elle put se tenir au courant, par la conversation, et par une vaste correspondance, même à l'étranger, du mouvement scientifique dû aux efforts de Cuvier, de Geoffroy Saint-Hilaire, de Gœthe, de Lamarck, de Legendre, de Monge, de Bichat, de Berthollet, de Fourcroy, de Laplace.

« En 1808, un physicien allemand, Chladni, déjà célèbre par ses recherches sur les vibrations des surfaces élastiques, vint à Paris répéter ses expériences devenues maintenant vulgaires et que vous avez sans doute vues dans vos cours. Il saupoudrait de sable fin des plaques élastiques dont les vibrations se traduisaient aux yeux par les figures qu'elles dessinaient, démontrant ainsi que les vibrations des corps sont soumises à des lois mathématiques. Napoléon, présent à ces expériences, fit proposer un prix extraordinaire à l'Institut pour qu'elles fussent soumises au calcul. Mlle Germain se résolut à prendre part au concours.

« Elle avait alors trente-deux ans ; elle n'avait encore osé rien publier. Le problème proposé était des plus difficiles ; il avait tenté les plus grands savants et n'avait été résolu que d'une manière partielle. D'Alembert avait donné la solution du cas « linéaire », c'est-à-dire du mouvement vibratoire « à une seule dimension » ; il s'agissait de considérer un cas plus compliqué, la théorie mathématique des « surfaces » élastiques, c'est-à-dire le mouvement vibratoire « à deux dimensions ».

« Lagrange déclara que la question ne serait pas résolue sans un nouveau genre d'analyse ; les géomètres s'abstinrent. Seule, Sophie Germain, soutenant dignement l'honneur de votre sexe, ne désespéra pas. Elle lutta huit ans — huit ans ! entendez-vous ? — envoyant mémoire sur mémoire — deux fois le concours fut remis — et ce ne fut qu'en 1816 que son dernier mémoire fut couronné dans la séance publique de l'Institut.

« L'émotion fut grande, quand l'ouverture du billet cacheté fit connaître que c'était une femme qui remportait le prix. Sophie Germain avait désormais conquis une place parmi les savants, et tous les témoignages de l'époque montrent quelle confraternité intellectuelle s'établit entre elle et les hommes les plus illustres de ce temps. C'est entourée de leur respect, de leurs conseils, de leurs encouragements, traitée par eux en égale, participant à leurs travaux, assistant aux séances de l'Institut, qu'elle passa ses dernières années malheureusement attristées par les souffrances d'un mal qui ne pardonne pas. Elle mourut, encore jeune, dans toute sa liberté d'esprit, le 27 juin 1831, âgée de cinquante-cinq ans.

« Mesdames et Messieurs, si ce récit d'une vie bien modeste, sans péripéties, sans événements, vous a, malgré tout, offert quelque intérêt, il faut en rapporter l'honneur à celui qui est là à côté de moi, à mon collègue et ami, M. Hippolyte Stupuy. C'est lui qui, d'une main pieuse, — comme jadis Cicéron retrouvant le tombeau d'Archimède, — a relevé au Père-Lachaise la tombe oubliée de Sophie Germain ; c'est lui qui a écrit sa vie, publié et commenté ses dernières œuvres et qui a révélé au monde étonné cette noble existence presque ignorée. M. Stupuy est un poète, un mathématicien et un philosophe. Cette union de facultés que l'on croit à tort opposées se retrouve à un haut degré chez Sophie Germain, qui apparaît comme l'un des plus grands penseurs de notre époque, dans son « Discours sur l'état des sciences et des lettres aux différentes époques de leur culture ». Selon elle, la pensée de l'homme, quelle que soit la nature de ses travaux, est soumise à des lois uniformes, et le caractère du vrai, dans le monde inorganique, c'est le sentiment de l'ordre, de la simplicité et de la proportion ; il n'y a que des barrières fictives entre la raison et l'imagination. Elle croit que les opérations cérébrales ne peuvent être expliquées que par l'expérience, et elle l'exprime magistralement : « L'esprit humain obéit à « des lois ; elles sont celles de sa propre existence ».

« Donc, la loi en tout, la loi qui exclut le hasard, dernière explication de l'ignorance ! La science fait reculer le hasard comme elle fait reculer les causes premières. Elle répond à la question « comment ? » à la « question combien ? » ; elle ne répond jamais à la « question « pourquoi ? »

Je vous assure que je ne sais pas pourquoi cette pierre tombe, et si vous me répondez avec votre livre : « parce que » la terre l'attire, ou « parce que » tous les corps s'attirent ; à mon tour, je vous demanderai « pourquoi » les corps s'attirent, et votre livre restera court. Mais je sais « comment » cette pierre tombe dans quelle direction et avec quelle vitesse. Je sais

« combien » elle parcourt d'unités d'espace dans chaque unité de temps, et vous le savez comme moi.

— Si des lois numériques président à ces mouvements et à ces relations des corps dans l'espace et dans le temps, d'autres lois aussi exactes président aux opérations de la pensée, à nos sentiments et à nos passions.

« Mais je me hâte de terminer cette analyse trop longue, quoique bien incomplète, de conceptions si sérieuses. Vous chercherez à ressembler à Sophie Germain, non pas par son génie qui fut exceptionnel, mais par d'autres qualités aussi précieuses et plus accessibles : par sa modestie, son courage, ses goûts studieux, son égalité de caractère qui la fit aimer de tous ceux qui la connurent. Vous chercherez à ressembler à celles de vos aînées dont on va tout à l'heure dire les succès, non seulement aux concours des grandes écoles, non seulement dans les examens, mais ce qui vaut mieux encore dans le commerce, dans l'industrie, où des chefs bien inspirés commencent à les appeler ; dans les diverses professions qu'elles ont embrassées et où elles montrent des aptitudes remarquables, grâce à leur première éducation.

« Vous êtes pressées, Mesdemoiselles, de voir commencer votre vraie fête à vous, et je crois que les esprits inquiets qui songent à supprimer les distributions de prix seraient bien mal venus, s'ils vous demandaient votre assentiment en ce moment. Pour moi, je pense que la République n'a pas assez de fêtes et qu'elle ne saurait donner trop d'éclat à celles de la jeunesse. Elle vous appelle aujourd'hui, comme votre mère à toutes, pour se réjouir de vos progrès ; elle fait de vous toutes des sœurs, réunies dans un même élan de vos jeunes cœurs : l'amour de cette Patrie si longtemps éprouvée, qui ne recule devant aucun sacrifice pour vous rendre dignes d'elle ! »

PIÈCE N° 3

EXTRAIT DU *BULLETIN MUNICIPAL OFFICIEL* DU 5 AOUT 1890

Samedi 2 août 1890, a eu lieu la distribution des prix aux élèves de l'école supérieure de filles Sophie Germain, rue de Jouy.

M. Stupuy, membre du Conseil municipal de Paris et du Conseil départemental de l'instruction primaire, présidait, assisté de M. Davrillé des Essards, membre du Conseil municipal. Après l'inauguration du buste de Sophie Germain, commandé par la ville de Paris à M. Zacharie Astruc, M. Stupuy a prononcé le discours suivant :

« Mesdames,
« Mesdemoiselles,
« Je vous remets, au nom du Conseil municipal de

Paris, le buste de Sophie Germain, la femme éminente qui est la patronne de votre école.

« En vous l'offrant, la Municipalité parisienne n'apporte pas seulement un hommage à une grande mémoire; elle donne en même temps une marque de sympathie à votre établissement; indiqué l'intérêt qu'elle attache à vos études, se fait un plaisir d'affirmer, une fois de plus, sa satisfaction à votre distinguée directrice, ainsi qu'au personnel enseignant dont le concours dévoué ne se dément pas. Cette année encore, j'ai pu constater, soit par les succès obtenus, soit par les examens de passage, quelle place honorable tient l'école Sophie Germain parmi ses rivales; combien l'enseignement qu'on y reçoit répond à la pensée qui en a inspiré la fondation; à quel point, sous une habile direction aidée du savoir et du zèle des professeurs, les services qu'elle rend sont importants dans l'ordre pratique comme dans l'ordre moral.

« Assurément, Mesdames, Mesdemoiselles, c'est une agréable mission pour moi d'avoir à vous remercier et à vous féliciter devant celle dont l'image, grâce à la statuaire, présidera désormais à vos travaux. Mais s'il y a de ma part, en ce jour où nous l'inaugurons, félicitations et remerciements, n'y aura-t-il pas, de la vôtre, engagement et résolution de persévérer et même de mieux faire encore? Je tiens le contrat pour signé.

« C'est à un artiste depuis longtemps recommandé

par des œuvres remarquées, Zacharie Astruc, que le Conseil municipal a confié le soin de reproduire les traits de Sophie Germain. Il était difficile de mener une telle œuvre à bonne fin. Aucun portrait de l'illustre mathématicienne n'existe ; du moins, malgré de longues recherches, n'en a-t-on pas trouvé. Toutes les personnes de son intimité ont disparu. Point de renseignements, à cet égard, dans les rares et courtes notices qui, autrefois, avaient parlé de ses écrits. Vous savez que son nom lui-même était tombé dans un injuste oubli. Fallait-il se contenter d'une image purement idéale ? Heureusement, la tête de Sophie Germain avait été moulée sur son lit de mort pour une étude phrénologique ; le Muséum possédait ce moulage unique et, quand le souvenir du monde savant se réveilla, un exemplaire de ce document précieux me fut offert par les professeurs : c'est lui que l'artiste a consulté, étudié, reproduit. La figure que nous avons sous les yeux est donc, quant à la forme, d'une exactitude rigoureuse.

« Mais ce plâtre inerte, au crâne sans chevelure, à la physionomie sans regard, sur lequel la mort laisse apercevoir sa froide rigidité, il fallait l'animer, lui attribuer une réalité vivante, le forcer en quelque sorte à reprendre l'expression perdue ; et, pour cela, que faire ? L'artiste a compris qu'il trouverait le secret d'une résurrection, non dans la banale étude du modèle qui porte les signes de l'inévitable destruction, mais dans la connaissance de l'œuvre qui a résisté au temps. Aussi le buste de Sophie Germain qu'il nous donne n'est-il pas celui d'une femme savante, en costume sévère, préoccupée uniquement de mathématiques : c'est celui de l'une des femmes de ce dix-huitième siècle à la fois si sérieux et si charmant, femme supérieure dont la tête méditative est égayée par un sourire ; et, si nous pouvions l'ouvrir, le livre qu'elle tient à la main nous parlerait sans doute moins des « Surfaces élastiques » que de « l'État des sciences, « des lettres et des arts aux différentes époques de « leur culture ».

« En est-il ainsi ? Zacharie Astruc a-t-il réussi à résumer, dans un ensemble harmonieux, les traits réels de Sophie Germain et le caractère général de ses productions intellectuelles, c'est-à-dire de son génie ? Je n'hésite pas pour ma part à reconnaître que, sous le ciseau d'Astruc, la philosophie et l'art, la vérité et l'idéal ont trouvé une égale satisfaction ; notre sculpteur mérite donc notre éloge et nos applaudissements.

« Mesdemoiselles,

« Vous vous étonneriez si je n'essayais pas de tirer un enseignement de la cérémonie qui se joint aujourd'hui à la distribution annuelle des récompenses.

« Un poète latin, parlant des grands hommes,

affirme que nous en sentons le prix quand ils ont disparu. Soit, ne discutons pas. Mais voilà précisément l'utilité des monuments. Les honneurs rendus à la mémoire des bienfaiteurs de l'humanité suppléent leur présence et leurs exemples qui nous manquent ; et c'est ainsi qu'à l'aide de l'éloquence, de la poésie, des beaux-arts, ils continuent après leur mort à prêcher la vertu aux vivants. Le personnage n'est plus, mais à l'aspect de son image on se rappelle ses travaux, ses luttes — car jamais rien de grand ne s'est fait sans plus ou moins d'opposition, — sa ténacité pour léguer une découverte utile ou une belle œuvre à la postérité, sa mort tragique quelquefois, et l'on se dit avec Diderot que mieux vaut une noble chimère qui fait mépriser le repos et la vie, qu'une réalité stérile. J'ajoute que rien ne fortifie mieux en nous le sentiment de la justice ; que quiconque concentre toutes ses forces, tous ses projets, toutes ses vues dans l'instant où il vit diffère peu de la brute, et qu'il est de la nature de l'homme de s'entretenir du passé et de l'avenir.

« Sans doute, les hautes facultés et la puissance de travail qui font la gloire durable sont le privilège de quelques-uns ; sans doute les conditions sociales sont telles que le plus grand nombre des ouvriers de la tâche humaine restent, pour les générations futures, à l'état de bienfaiteurs anonymes ; mais il appartient à tous d'élever leur âme par l'admiration de ce que leurs semblables ont fait de bon et de beau dans le passé, en d'autres termes d'étendre leur existence. A ce point de vue, le marbre et le bronze transformés en hommage apparaissent comme des agents stimulateurs de nos meilleurs penchants : ils solidarisent les siècles, indiquent le devoir, éveillent la bienveillance, consacrent la civilisation. Quel exemple nous en trouvons ici même! Pendant cinquante ans, seuls, quelques esprits d'élite conservent le souvenir de Sophie Germain; voilà que de toutes parts, aujourd'hui, en Allemagne, en Italie, en Angleterre, sa biographie est recherchée, son livre traduit, son nom célébré, et, autour du marbre dans lequel elle semble revivre, vos jeunes cœurs battent en écoutant son éloge.

« Ce besoin de justice, d'admiration et, parfois, de réparation, est si bien dans la nature des choses, nôtre dette est si grande envers nos prédécesseurs, que nombre de bons esprits songent à instituer des fêtes publiques en l'honneur des disparus dont l'œuvre personnelle a servi l'œuvre commune ; ce serait là, à coup sûr, un excellent procédé pour développer l'esprit historique et le sentiment de continuité. Nos pères de la Révolution avaient compris l'importance de cette idée; plus près de nous, le guide de ceux qui pensent, Auguste Comte, en a démontré la valeur morale.

« Il convient d'y réfléchir.

« Cependant, c'est ici le lieu de nous rappeler, Mesdemoiselles, ce « sentiment d'ordre et de proportions », c'est à savoir la mesure, que Sophie Germain nous conseille de respecter toujours. La mesure, ce semble, est en toutes choses et surtout dans une matière aussi délicate, difficile à trouver. Essayons.

« Rendre une justice solennelle aux créateurs du patrimoine intellectuel et moral dont nous profitons, cela est bien ; mais il importe aussi de ne pas laisser notre esprit s'attarder dans une vénération bénévole : si, depuis les tailleurs de silex des cavernes jusqu'aux promoteurs de la déclaration des Droits de l'homme, nous saluons ceux qui ont mis le bien-être où était le dénûment, le savoir où était l'ignorance, la dignité civique où était l'oppression, c'est précisément pour les remercier de nous avoir arrachés aux lamentables conditions de notre origine, de nous avoir affranchis du passé. Gardons-nous des cultes inconscients. Telle doctrine fut autrefois un procédé de civilisation qui, dans un milieu plus éclairé, devient un moyen d'arrêter tout progrès ; or, le progrès étant la loi de l'histoire, le passé est respectable surtout par la raison qu'il prépare l'avenir. Nous vivons dans un temps où il n'est plus permis, tant le savoir est accessible à tout le monde, de croire, à la façon de saint Augustin, parce que c'est absurde.

« Vous souvient-il de la fable où des jeunes gens

demandent à un vieillard qui plante des arbres :

> Quel fruit de ce labeur pouvez-vous recueillir?
> Autant qu'un patriarche il vous faudrait vieillir.
>   A quoi bon charger votre vie
> Des soins d'un avenir qui n'est pas fait pour vous?

« Et le vieillard, continuant sa besogne :

> Mes arrière-neveux me devront cet ombrage :
>   Eh bien! défendez-vous au sage
> De se donner des soins pour le plaisir d'autrui?
> Cela même est un fruit que je goûte aujourd'hui.

« Travailler pour autrui! Voilà la mesure que nous cherchions : le véritable grand homme sera celui qui, dans un passé sans retour possible, aura consacré ses jours à l'utilité et à l'honneur de l'espèce humaine ; voilà aussi le germe de cette philosophie morale, couronnement du progrès séculaire, qui impose aux générations vivantes le souci de la postérité. Les jeunes gens de La Fontaine se préoccupaient de l'intérêt immédiat de l'individu, et l'individu passe ; son vieillard, au contraire, songeait au bonheur de l'espèce, et l'espèce n'a point de fin. Ah! comme Diderot a raison de s'écrier : « Si nos prédécesseurs n'avaient rien fait « pour nous, et si nous ne faisions rien pour nos ne- « veux, ce serait presque en vain que la nature eût « voulu que l'homme fût perfectible. »

« Je termine.

« J'ai voulu, au moment où nous glorifions ensemble une existence bien employée, vous indiquer combien nous est favorable à nous-mêmes le culte de ceux qui nous ont aimés et servis sans nous connaître. Suis-je parvenu à vous faire comprendre que la double impulsion qui nous entraîne, vers le passé par la reconnaissance, vers l'avenir par la sympathie, mettant en communication les vivants avec leurs lointains ancêtres et leurs lointains héritiers, peut susciter dans le cœur quelque chose de lumineux et de suave ? — que chaque progrès intellectuel s'accompagne d'un progrès moral ? — qu'il est beau de consacrer dans le souvenir des hommes, dans l'éternité des temps, dans la gloire des choses, tout ce qui a été fait de grand pour l'humanité ? — que les familles, les sociétés, l'histoire et la poésie, la science et les beaux-arts n'auraient pas été, ou disparaîtraient, sans le généreux sentiment qui sème ce que d'autres récolteront ? que, pour faire tourner l'effort de tous au bien de tous, il s'agit d'étendre encore chez l'homme cet instinct de sociabilité auquel il doit, de siècle en siècle et de race en race, le développement de ses facultés, l'amélioration de sa nature, son idéal et sa morale ?

« Si nous nous sommes compris, Mesdemoiselles ; si votre esprit a saisi la nécessité de se plier à la vérité des choses, dont la connaissance, comme les légendes

des anciens âges, n'est point une affaire de foi sans examen ; si votre cœur s'est ému à la pensée d'avoir bientôt, à votre tour, le devoir d'accroître le trésor des progrès accomplis que nous vous transmettons, vous apporterez, aujourd'hui dans vos études et plus tard dans votre conduite, la résolution de servir avec tendresse ces deux filles immortelles de notre histoire : la Patrie et la République. Pour moi, au souvenir de cette touchante solennité, où les palmes de la gloire se mêlent aux lauriers de la jeunesse, j'oserai dire, modifiant le mot de Titus : Je n'ai pas perdu ma journée. »

PIÈCE N° 4

EXTRAIT DE « *LA PHILOSOPHIE POSITIVE* » REVUE DIRIGÉE

PAR LITTRÉ

Numéro de septembre-octobre 1879.

Appréciation du docteur Segond.

Œuvres philosophiques de SOPHIE GERMAIN, suivies de Pensées et de Lettres inédites et précédées d'une Étude sur sa vie et ses œuvres, par H^{te} STUPUY.

Un poète sympathique et autorisé, publiant les œuvres philosophiques d'un grand géomètre, et les accompagnant d'une savante Étude, est une très intéressante nouveauté qui n'excitera plus aucune surprise quand les remarquables considérations de Sophie Germain, sur les sciences et les lettres, seront plus généralement appréciées.

En 1832, un an après la mort de Sopihe Germain, Libri, de l'Institut, qui avait été reçu dans son intimité, inséra dans le *Journal des Débats*, une Notice nécrologique dans laquelle il peignit sous les traits les plus séduisants, le noble caractère de Sophie Germain, qui, au point de vue scientifique, malgré la grande variété de ses connaissances, n'avait donné, dans ses travaux, que les témoignages d'un géomètre éminent. L'année suivante, Lherbette, pour remplir un pieux devoir, publiait le discours sur l'*État des sciences et des lettres aux différentes époques de leur culture*, trouvé dans les manuscrits de sa tante. Ce discours tomba entre les mains d'Auguste Comte. Dès ce jour, Sophie Germain prit rang parmi les philosophes ; plus tard, elle eut sa place dans le système de commémoration institué par le fondateur de la philosophie positive ; elle y figure, en regard de Hegel, dans le mois consacré à Descartes ; et dès 1835, Auguste Comte, appréciant le vrai caractère du *Discours sur les lettres et les sciences*, écrivait :

« J'attacherai toujours le plus grand prix à la con-
« formité générale que j'ai aperçue dans cet écrit,
« avec ma propre manière de concevoir l'ensemble

« du développement intellectuel de l'humanité (1) ».

Une telle consécration doit suffire pour reconnaître l'importance de la publication si heureusement accomplie par M. H. Stupuy, et, disons-le tout d'abord, il y avait un grand mérite à offrir dignement au grand public, la lecture d'une œuvre si profonde et si variée ; à cet égard, on ne saurait discuter le plein succès de l'Étude de M. H. Stupuy, aussi nous ne croyons pas devoir la mieux caractériser, qu'en y reconnaissant l'empreinte des caractères communs à toutes les œuvres élevées de l'esprit, caractères déterminés par Sophie Germain, l'*ordre*, la *proportion*, la *simplicité*.

Ceux qui liront l'Étude de M. H. Stupuy, liront nécessairement Sophie Germain, mais ici, à défaut du texte, nous devons au lecteur quelques développements que M. H. Stupuy a évités, pour ne pas troubler l'harmonie de son travail.

Le discours de Sophie Germain se divise en deux parties ; dans la première, inductive et abstraite, elle énonce une loi et la précise par deux exemples caractéristiques, empruntés à la poésie et à la science. Dans la seconde partie, surtout déductive et enrichie d'un grand nombre de documents, elle poursuit la démonstration de ses principes à travers les âges et dans toutes les œuvres de l'esprit humain.

---

(1) *Philosophie positive*, 1re édit., t. 2, p. 604.

Nous suivrons le même ordre dans cette courte analyse.

Dès les premières pages du discours, Sophie Germain pose les principes et tire les enseignements :

La pensée de l'homme dans ses divers travaux, est assujettie à des lois ; et le caractère du vrai, en toutes choses, est un sentiment spontané d'ordre et de proportions. Donc, les sciences et les lettres sont dominées par ce sentiment qui leur est commun. L'ordre et la simplicité, dit Sophie Germain, sont des nécessités intellectuelles ; on ne saurait donc contester l'identité du type universel du beau et du vrai.

Mais tandis que ce type peut servir en général de guide au goût et à la raison, on doit reconnaître que dans les sciences exactes, il faut arriver à la connaissance certaine d'un ordre déterminé et de proportions connues et mesurables. Aussi l'intelligence ne s'y arrête pas à des ressemblances avec le modèle intérieur ; il lui faut toucher la vérité de plus près ; et l'attention s'y absorbe tout entière dans l'heureuse réalisation des conditions qu'elle cherche partout ailleurs.

Dès ce moment, on peut juger de la prédilection de Sophie Germain pour la logique mathématique qui lui procure une sorte d'idéalisation du vrai ; et on peut prévoir les hardiesses qu'elle y puisera dans l'analyse des phénomènes sociaux. Il faut d'ailleurs pour l'excuser et même pour sympathiser avec ces hardiesses, ne pas oublier le salutaire engouement qui, au dix-huitième siècle, fit de la géométrie une véritable mode. C'est à cette source pure des vérités abstraites, que s'apaisait la soif de vérité de nos pères.

Après l'énoncé du principe, suit la démonstration générale. Sophie Germain demande s'il y a une grande différence entre les impressions du savant et celles que nous procure un ouvrage d'imagination. On s'attend bien que la réponse sera négative, car, pour Sophie Germain, l'esprit humain, dans ses œuvres, est guidé *par la prévision de certains résultats vers lesquels il dirige tous ses efforts.* Et comme l'esprit humain obéit aux lois de sa propre existence, la méthode sera la même; aussi, dans tous les traits du génie, en éloquence, dans les sciences, les beaux-arts, la littérature, ce qui nous plaît, c'est la découverte d'une foule de rapports que nous n'avions pas encore aperçus.

Après ces formules étroitement liées, nous arrivons à la démonstration si importante de l'identité des procédés intellectuels, dans la poésie et dans la science. Sophie Germain nous montre alors, pour des constructions d'un ordre bien distinct, la même alliance indispensable de l'induction et de la déduction, au discernement et à l'imagination. On ne peut lire sans entraînement cette analyse pénétrante où l'on assiste à la lutte tumultueuse des images abstraites du poète, à la naissance d'une idée simple qu'il reconnaît et dont il s'empare. Chez le géomètre, c'est également une idée simple, féconde, qui surgit à travers la série d'abstractions que l'imagination accumule sur sa route. Ce parallèle, elle le poursuit dans l'exécution de l'œuvre; elle le pousse même jusque dans le choix du style et fait sur la perfection du langage dans les lettres et dans les sciences, des réflexions d'une remarquable justesse.

Tel est très sommairement le fond de cette première partie. Sophie Germain se fondant sur un certain nombre de vérités abstraites, énonce une loi de l'esprit humain. Cette loi, elle en montre la domination effective dans l'ordre poétique et dans l'ordre scientifique, et nous reconnaissons avec elle, dans toute création idéale, comme dans la découverte des lois, l'application des mêmes facultés intellectuelles. C'est toujours l'induction qui généralise d'après les représentations abstraites de l'imagination. Aussi, après une ample exposition, Sophie Germain peut légitimement s'écrier :

« Ah! n'en doutons plus, les sciences, les lettres et
« les beaux-arts ont été inspirés par un seul et même
« sentiment. »

Après cette première généralisation, Sophie Germain cherche à travers les âges la démonstration de ses principes. C'est ici que le génie inductif d'Auguste Comte dut être heureusement frappé du vif sentiment qu'eut Sophie Germain, de l'état d'abord théologique, puis métaphysique de l'esprit humain; et nous devons bien regretter que dès 1820, elle n'ait pas eu avec A. Comte, les relations scientifiques qu'elle avait alors avec Fourier, Ampère, Legendre, Navier, Delambre, etc. On doit même se demander si les souffrances physiques qui l'atteignirent dès 1829, lui laissèrent assez de calme pour lire le premier volume de la *Philosophie positive* qui parut l'année suivante.

Sophie Germain n'ayant pu saisir dans son ensemble la loi des trois états, a, malgré sa netteté de vue sur les premières phases de l'esprit humain, conservé quelques nuages métaphysiques dans l'exposition historique. Néanmoins, Sophie Germain a pu y dévoiler une masse de vérités où poètes, artistes, savants, politiques et moralistes, pourraient puiser à pleines mains ; et, avec ses admirables dispositions artistiques, que n'aurait-elle pas accompli dans divers ordres, si elle avait pu jouir des premières et vives lueurs de la philosophie positive !

Suivons Sophie Germain dans sa brillante exposition : sous le règne initial de l'imagination, la poésie fit d'abord le récit des événements les plus remarquables et peignit les grandes scènes de la nature. Plus tard, le poète put imaginer une action ; mais, pour intéresser, il fallait découvrir les règles qui devinrent plus tard des préceptes : l'unité d'action, l'unité d'intérêt et la clarté de l'exposition.

Au milieu des êtres infinis du monde extérieur, l'homme ne trouva rien de plus merveilleux que lui-même. *Il étendit son existence sur tout ce qui l'environ-*

nait; cherchant sa propre image, il personnifiait les êtres inanimés, les êtres intellectuels, enfants de son imagination. Le type humain devint alors le type universel ; Sophie Germain le montre dans les œuvres de l'antiquité et au moyen âge ; au milieu même des écarts de la raison, on peut le suivre depuis les premières connaissances astronomiques, jusqu'à la fondation de la géométrie générale par Descartes, et aux découvertes de Newton.

A propos de l'alliance entre la mathématique et les sciences physiques, il faut écouter les espérances audacieuses de Sophie Germain sur l'extension du calcul aux questions morales et politiques ; car Sophie Germain a le sentiment que les lois de l'être ne régissent pas seulement les faits qui sont du domaine des sciences cosmologiques, et qu'elles s'appliquent également à l'ordre social, et cette profonde honnêteté qui lui fait aimer la vertu au même titre que l'ordre, lui inspire, en morale, des formules évangéliques. Se fondant sur le théorème relatif à la courte durée de l'action des causes perturbatrices, elle explique comment le vrai et le juste tendent sans cesse à faire disparaître les obstacles qui s'opposent à leur manifestation. Elle démontre de même les tendances progressives à l'anéantissement des actions qui en toutes choses, en morale, en politique, troublent l'ordre naturel.

On suit avec le plus vif intérêt les rapprochements qu'elle fait entre la mécanique rationnelle et

les sciences politiques : l'étude statique et dynamique des éléments principaux des sociétés, les *intérêts*, les *passions*, l'*inertie*; enfin, l'application très rassurante, à l'influence des révolutions sur les forces vives de la société, du théorème général qui montre que, en toutes choses, « les forces perturbatrices sont fonc-
« tions du temps, et que la régularité tend à s'établir
« dans tout système de quelque nature qu'il puisse
« être. »

Aujourd'hui que la loi des trois états, la loi de classement, la fondation de la Sociologie, et la vraie logique scientifique, ont établi le règne indiscutable de la positivité, nous nous engageons plus sûrement dans l'étude de tous ces phénomènes; mais quand Sophie Germain écrivit son discours, tout autres étaient les conditions mentales. Aussi l'admirons-nous d'autant plus que, malgré l'insuffisance de ces moyens logiques, elle fait jaillir, à tout moment, de précieuses vérités.

Dans ces brèves indications, il nous est impossible de relever toutes les beautés d'un discours aussi riche, et si nous ne devions pas nous limiter, nous pourrions encore extraire de cette œuvre un ensemble de données très précieuses pour la théorie cérébrale.

Dans cette vaste systématisation du monde et de l'homme, Sophie Germain, cherchant un même type dans tous les genres de conception, laisse voir à chaque pas sa familiarité avec les opérations mentales dérivant toujours de la contemplation concrète et abstraite qui permet à l'induction de généraliser et à la déduction de systématiser. Cette familiarité ne se dément pas dans les détails. Parle-t-elle de l'analogie dans l'ordre physique, moral et intellectuel et de son influence sur le langage figuré, elle nous prévient contre ceux qui considèrent simplement l'analogie comme une méthode. Pour Sophie Germain, l'analogie existe par elle-même ; notre intelligence est propre à la reconnaître :

« Elle aide nos premiers efforts, elle instruit l'en-
« fant, *quelquefois aussi elle l'induit en erreur...* »

Cette dernière remarque, faute d'avoir été faite par Thurot l'a conduit à nous donner comme exemples d'abstractions, des actes d'insuffisance mentale dans lesquels l'enfant, incapable de discerner une véritable analogie, donnait un même nom à des êtres fort différents au fond. Dans cet ordre de confusions, on arriverait à méconnaître les traits les plus caractéristiques du génie qui, dans les constitutions cérébrales les plus complètes et les plus harmoniques, résulte toujours d'une induction soutenue par les abstractions les plus élevées.

Mais, sans insister davantage sur les questions psychologiques, suivons Sophie Germain dans son étude des lettres, aux différentes époques dont elle a examiné les opinions systématiques. Ici nous devons déclarer que Sophie Germain dépasse toutes les prévisions du lecteur.

La démonstration semblait épuisée, Sophie Germain la reprend, pour les lettres, l'éloquence, la peinture, l'art musical, la pantomime. Faut-il s'étonner que les anciens, très ignorants sur les lois d'un grand nombre de phénomènes, aient atteint la perfection dans tous les genres d'écrire? Non, puisque le beau résulte des lois mêmes de l'entendement et que cette ignorance dut alors laisser une pleine indépendance à l'imagination. Pour émouvoir et pour plaire, le poëte n'avait qu'à suivre les lois de sa propre nature. Lorsque nous cherchons aujourd'hui à imiter la littérature des anciens, les fictions et les formes du style ne sont plus en harmonie avec notre état social et mental.

Pour fortifier ces remarques de Sophie Germain, on peut rappeler à cet égard, la vive réaction de l'école de Racine et de Molière, contre celle de Corneille.

Sophie Germain étudie ensuite avec une grande sagacité les effets déplorables de l'usage des expressions scientifiques, dans les écrits des esprits vagues, et nous montre rigoureusement le pédantisme de la littérature exclusivement vouée aux idées dominantes.

« Il n'est pas permis de faire rire, observe-t-elle,
« si ce n'est aux dépens des personnes qui se montrent
« ennemies des innovations. La raillerie est amère,
« elle a perdu la grâce qui savait en adoucir les
« traits ».

Mais Sophie Germain prévoit une renaissance suscitée par l'application du calcul à l'étude des théories politiques. Nous ne pouvons reproduire ici plusieurs pages où le sentiment du prochain avenir de l'universelle positivité est exprimé avec beaucoup d'ampleur.

Enfin, en arrivant à la dernière partie de cette brillante démonstration, nous rencontrons un chef-d'œuvre sur l'art oratoire et l'art musical ; nous voudrions au moins retracer son brillant parallèle entre l'orateur et le compositeur, nous préférons réserver cette surprise au lecteur des œuvres philosophiques de Sophie Germain.

Au terme de cette analyse bien imparfaite, nous devons cependant résumer nos propres impressions. Si nous avons bien saisi la pensée de Sophie Germain, nous devons concevoir que l'homme, en vertu de sa constitution cérébrale, a pu interroger la nature après avoir démêlé les lois de sa propre organisation. Dans l'univers, comme en lui-même, il a pu reconnaître le vrai, le bon et le beau, à certains caractères d'ordre, de proportions, de simplicité, qui résultaient de sa manière de concevoir ; ce sentiment profond d'unité l'a guidé dans tous ses jugements, dans toutes ses conceptions ; si le poète imagine une action, si le savant cherche à découvrir les lois des phénomènes, c'est toujours par l'application des mêmes procédés à des créations en apparence différentes.

L'auteur dramatique met-il en jeu des personnages de caractères opposés, il les idéalisera chacun dans son type et conformément à sa manière de juger. Le

21.

bon personnifiera toutes les bontés, le cruel sera le type de la cruauté et quand la lutte commencera entre les personnages, il cherchera à s'astreindre à la logique des actes et des sentiments, et le dénouement sera vrai s'il est conforme aux règles d'une saine raison. Si le savant veut découvrir la loi de tout un ordre de phénomènes, il confrontera dans son imagination les impressions les plus vives et les idées générales qui s'y rapportent. Au milieu de toutes ces représentations, l'induction découvrira la loi, cette loi est aussi un idéal, car elle contient les phénomènes observés, elle comprend même ceux qui ne seront observés que plus tard. Si de la science nous passons aux arts de la forme, nous verrons l'idéal se concréter dans la statuaire et la peinture : le cheval arabe de Decamps, comprend les beautés de mille chevaux imparfaits ; la négresse de Cordier comprend tous les traits typiques de l'Éthiopienne ; le chêne peint par Rousseau n'existe pas, c'est le chêne des chênes, car Rousseau a rassemblé en lui les beautés de tous les chênes qu'il a contemplés.

Après les créations idéales dans la science, commence l'œuvre rigoureuse de la déduction, qui s'empare de tout et enlace les faits, les formes, les événements sous la domination de la loi. Mais le cœur aussi a sa logique; et, si l'orateur veut émouvoir, il se conformera aux mêmes règles, aux mêmes convenances.

Dans le lyrisme, le compositeur veut-il être maître de l'imagination et du sentiment, il choisira le mode qu'imposera la sensation ; et l'auteur même du drame devra se soumettre à la fois à la connaisssance des procédés du langage musical et aux règles de notre constitution mentale.

Sophie Germain nous montre aussi, avec ravissement, le degré de positivité que la mathématique a pu introduire en astronomie et en physique ; elle essaie de l'étendre aux phénomènes sociaux, mais elle envisage, abstraitement, des cas comparativement très simples. Elle sent bien d'ailleurs la difficulté de ces problèmes, car elle nous poùsse aux études encyclopédiques, dont le complet épanouissement mettra l'homme en possession de toutes les vérités. Alors la justice ne sera plus que la conséquence nécessaire de l'universelle révélation scientifique, et chacun aimera la vertu comme on aime l'ordre. La conviction de Sophie Germain est telle qu'on se laisse conduire par ce géomètre au cœur pur, par cet algébriste plein de poésie et de lyrisme.

Mais il faut cependant, près d'un demi-siècle après l'œuvre de Sophie Germain, regarder autour de nous et reconnaître que les plus grands politiques ne sauraient, pour le moment, prévoir à très longue distance, car les problèmes sociaux sont d'une extrême complication ; et cependant la philosophie positive, après la logique mathématique, nous a donné la logique expérimentale et comparative ; et nous avons la certitude que la *sociologie* est une science, mais la plus complexe, et où la difficulté de prévoir nous impose des prudences qui excèdent de beaucoup nos aspirations. Et c'est là la pierre d'achoppement des hommes d'État dont le principal mérite doit souvent consister à se contenir.

En effet, qui pouvait prévoir l'Empire et la Restauration, après la chute effective de la royauté? Qui a prévu le second Empire après la Révolution de 1848? Qui pouvait clairement concevoir la possibilité d'un 16 mai, au lendemain de nos derniers désastres? Et si nous voulons même envisager des problèmes plus simples et les emprunter à la plus récente actualité, comment expliquer hier, sur l'amnistie, aujourd'hui sur le procès des ministres, les solutions les plus opposées, entre politiciens, dont les aspirations paraissent au fond les mêmes? Peut-on contester les convictions profondes de chaque parti? Et qui oserait affirmer que dans un des deux camps il n'y a que des hommes de mauvaise foi? Non, des deux côtés on raisonne, des deux côtés il y a une logique et celle qui a prévalu pour le moment, se fondant sur de tristes expériences et sur l'apparition de nouveaux éléments de perturbation, a cru devoir faire une part à la pitié et une part à la justice.

Malgré ces objections tirées de la complexité des moindres phénomènes sociologiques, nous voulons revenir aux aspirations de Sophie Germain ; car, si le parallélogramme des forces ne suffit pas à l'explicacation de certains événements, si nous ne sommes pas entièrement rassurés, en matière de révolution, par le théorème qui montre que les forces perturbatrices sont fonctions du temps, nous voulons cependant espérer fermement avec Sophie Germain, le triomphe inévitable de la vérité, dans les sciences, dans les lettres, dans la politique et dans la morale.

Dr SEGOND,

Professeur agrégé à la Faculté de médecine de Paris.

PIÈCE N° 5

LA NEUE FREIE PRESSE

Un long feuilleton a été consacré à l'édition des œuvres de Sophie Germain par la *Neue Freie Presse*, de Vienne, du 22 août 1888. Il est signé du docteur Jerusalem.

Une note de ce feuilleton signale qu'un travail de Hugo Gœring (in *Zeitschrift für Philosophie und philosophische Kritik*, col. 91) sur Sophie Germain, *précurseur d'Aug. Comte*, n'est en grande partie qu'une reproduction de l'Étude de Stupuy.

Monsieur le docteur Ritti, qui a traduit le feuilleton du journal viennois, a présenté dans la *Revue occidentale* des observations fort intéressantes au sujet de cette singulière affirmation que Sophie Germain aurait été le précurseur d'Auguste Comte. Nous croyons devoir les mettre sous les yeux de nos lecteurs :

« M. Hugo Gœring est depuis longtemps un admirateur de Sophie Germain; il s'étonne — et avec raison — que la France littéraire et philosophique ait oublié de fêter le centenaire de sa naissance (1er avril 1876). Notre confrère lui, s'est souvenu, et, à cette occasion, il a communiqué, dans une association philosophique de Berlin, une étude sur la femme de génie que sa patrie semblait méconnaître. Le jour était proche cependant où un premier hommage allait être rendu à sa mémoire. Mon excellent et savant ami H. Stupuy, publiait, en 1879, le recueil des écrits philosophiques de l'illustre mathématicienne et le faisait précéder d'une Étude sur sa vie où l'on ne sait ce qu'il faut admirer le plus, de la hauteur de la pensée ou de l'élégance du style. Grâce à lui, le long silence qui s'était fait sur l'œuvre de Sophie Germain fut enfin rompu; des appréciations, toutes bienveillantes et quelques-unes pleines d'admiration, furent publiées dans les journaux et les Revues en France, en Allemagne, dans tous les pays où la philosophie et la pensée libre sont en honneur.

M. Hugo Gœring a fait plus et mieux ; il a traduit les *Considérations générales sur l'état des sciences et des lettres,* ainsi que les *Pensées diverses,* recueillies par H. Stupuy ; le tout est précédé d'une notice historique sur la vie et les travaux de Sophie Germain, notice à tous égards excellente, d'autant plus qu'elle est en grande partie la reproduction de celle de Stupuy.

Parmi les éloges qu'il adresse à cette femme éminente, il en est un qui, à mon avis, paraît discutable, et mérite d'être discuté ; c'est le titre de précurseur (Vorläuferin) d'Ang. Comte, qu'il lui décerne quelque part. Le mot est-il juste ? Cela mérite examen.

Au point de vue purement chronologique, il est de toute évidence que Sophie Germain (1776-1831) a précédé Aug. Comte (1798-1857), et par suite se trouve être sa devancière. L'évidence est moindre en ce qui concerne les idées. Aug. Comte a pris date pour les siennes ; dès 1820 et 1822, en deux publications capitales, il a posé les bases de sa doctrine et en a fait ressortir les importantes conséquences sociales. Il n'en est pas de même pour Sophie Germain. On ignore absolument à quelle époque elle écrivit son opuscule philosophique, qui ne fut publié qu'après sa mort par un de ses parents. Celui-ci affirme, il est vrai, qu' « elle avait écrit ces feuilles dans les instants
« où les vives douleurs auxquelles elle a succombé
« ne lui permettaient pas de se livrer à l'étude des

« sciences mathématiques qui l'ont illustrée ». A
cette affirmation, Stupuy objecte « qu'il est sans té-
« mérité de supposer que, tout imparfait qu'il fût en-
« core, quant à l'exécution, lorsque la mort arracha
« la plume des mains de l'écrivain, un ouvrage d'une
« si haute portée avait été conçu longtemps aupara-
« vant, longuement médité, souvent remanié et re-
« touché, et la preuve en est dans le manuscrit, qui
porte des corrections laissant certaines phrases inachevées et douteuses ».

En présence de ces deux assertions contraires, le
plus simple encore est de s'en rapporter aux dates.
Le premier volume du *Cours de philosophie positive*
parut en 1830, le deuxième en 1835. Dans l'intervalle, en 1833, fut publié l'opuscule de Sophie Germain, lequel, à ce moment, ne saurait plus être considéré comme ayant préparé le positivisme. Aug.
Comte en eut connaissance et, l'occasion se présentant à propos des travaux acoustiques de son illustre
contemporain, dont la « perte récente est si regrettable », il s'empressa de porter sur l'œuvre et son auteur le jugement suivant qu'il est intéressant de reproduire : « Son excellent discours posthume indique
« en Sophie Germain une philosophie très élevée, à
« la fois sage et énergique, dont bien peu d'esprits
« supérieurs ont aujourd'hui un sentiment aussi net
« et aussi profond. J'attacherai toujours le plus grand
« prix à la conformité générale que j'ai aperçue dans

« cet écrit avec ma propre manière de concevoir
« l'ensemble du développement intellectuel de l'hu-
« manité ».

Sophie Germain — et cela ne saurait en rien diminuer l'admiration que nous lui portons — ne mérite
donc pas le titre de précurseur d'Aug. Comte, malgré la « conformité générale » qui existe entre ses
vues philosophiques et celles de ce penseur. Son opuscule philosophique, qui ne vit le jour qu'après la constitution de la philosophie positive et la création des
lois sociologiques, n'a exercé aucune action sur la pensée du fondateur du positivisme. Lui qui savait rendre
toute justice et toute reconnaissance à ses devanciers
et qui — on vient de le voir — a si dignement et si
noblement apprécié l'œuvre de Sophie Germain, n'aurait pas manqué de la classer lui-même parmi ses pré-
curseurs philosophiques, si elle avait eu réellement
quelque influence sur l'origine et le développement
de ses idées, au même titre que d'autres penseurs,
tels que Hume, Condorcet, Joseph de Maistre, etc. »

M. le docteur Ritti, remarquant que la « conception
« abstraite et métaphysique de l'*être* qui semble la
« clé de voûte du système de Hegel » se retrouve
dans Sophie Germain, explique ainsi la décision prise
par Auguste Comte de les associer l'un à l'autre dans
son calendrier :

« Sans entrer ici dans les détails de la grande construction métaphysique de Hegel, on sait qu'à sa base, ou si l'on préfère, à son point de départ, se trouve l'*être*, non tel être, mais l'être général et indéterminé, la *notion de l'être*. Dans cette notion si simple, se trouve le germe d'une contradiction, c'est le *non-être*. Il faut être métaphycisien pour pouvoir démontrer que cet être, qui est à la fois et qui n'est pas, devient, et comment le *devenir* est la conciliation des deux termes qui semblaient s'exclure.

Toute cette conception de l'*être*, de ses conditions et de ses lois, malgré toute la clarté de Sophie Germain, a, comme le dit avec raison M. Pierre Laffitte, « un parfum de métaphysique allemande et surtout « hégélienne ».

Sophie Germain qui connaissait bien la philosophie de Kant, devait connaître aussi celle de Hegel; peut-être même avait-elle été en relation personnelle avec celui-ci lors de son voyage à Paris, en 1827. Cette hypothèse n'a rien que de plausible : Hegel ayant été beaucoup fêté dans le monde académique, où fréquentait Sophie Germain (1) ».

---

(1) *Revue occidentale* (1ᵉʳ novembre 1890).

PIÈCE N° 6

EXTRAIT DU *JOURNAL DES SAVANTS*

ŒUVRES PHILOSOPHIQUES DE SOPHIE GERMAIN, *suivies de pensées et de lettres inédites, avec une Étude sur sa vie et ses œuvres, par H. Stupuy.*

Paul Ritti, éditeur, Paris 1879.

Sophie Germain a su, sans le secours d'aucun maître, sans y être encouragée par son entourage, étudier et comprendre les plus hautes théories mathématiques, et sur cette route réputée difficile, dépasser de bien loin les rares personnes de son sexe qui y avaient, avant elle, fait admirer leur pénétration et vanter leur génie. Ses succès scientifiques sont incontestables : une correspondance exclusivement mathématique, continuée pendant plusieurs années sous le pseudonyme de Leblanc ne permet pas de prêter à la haute estime que lui témoigne un juge illustre et sévère une explication étrangère à la science. Qui oserait lui contester le titre de géomètre lorsque Gauss lui écrit : « *Monsieur*, j'ai lu avec plaisir les choses que vous « avez bien voulu me communiquer. Je me félicite « que l'arithmétique acquiert en vous un ami aussi « habile, surtout votre nouvelle démonstration pour « les nombres premiers dont 2 est résidu ou non ré- « sidu, m'a extrêmement plu, elle est très fine ».

Les réflexions de Sophie Germain sur la théorie des nombres ont donc su, sous la signature de M. Leblanc, attirer l'attention et mériter l'estime du plus grand géomètre du siècle, mais, c'est par l'étude persévérante d'un problème de physique mathématique, que son nom est surtout devenu célèbre. Le grand prix des sciences mathématiques a été décerné, en 1816, à son Mémoire sur la théorie des surfaces élastiques, et son analyse difficile et savante, quoique fondée sur des principes physiques très contestables, justifie le jugement porté par Biot : « Mlle Germain est probable-
« ment la personne de son sexe qui ait pénétré le plus
« profondément dans les mathématiques ».

L'opuscule dont on vient de donner une édition nouvelle avait été, lors de sa première publication en 1833, beaucoup moins remarqué que les écrits mathématiques de son éminent auteur. Sophie Germain y montre cependant un esprit ferme et élevé, dont les aspirations vers une inflexible rigueur logique n'excluent ni l'enthousiasme ni la finesse du goût. La précision de son style atteste, en plus d'une page, l'intelligence et l'habitude des démonstrations mathématiques.

Une circonstance, à nos yeux moins importante, paraît avoir frappé surtout le nouvel éditeur et former à ses yeux le plus flatteur et le plus important des succès de Sophie Germain. Auguste Comte, dans son cours de philosophie positive, en mentionnant les études de Sophie Germain sur les surfaces élastiques, ajoute en note : « On apprécierait imparfaitement la « haute portée de Mlle Germain si on se bornait à « l'envisager comme géomètre; quel que soit l'émi-« nent mérite mathématique dont elle a fait preuve, « son excellent discours posthume sur l'état des « sciences et des lettres aux différentes époques de leur « culture, indique, en effet, une philosophie très éle-« vée, à la fois sage et énergique, dont bien peu d'esprits « supérieurs ont aujourd'hui un sentiment aussi net « et aussi profond. J'attacherai toujours le plus grand « prix à la conformité générale que j'ai aperçue dans « cet écrit avec ma propre manière de concevoir l'en-« semble du développement intellectuel de l'huma-« nité ».

C'est ce discours, aujourd'hui fort oublié, sur lequel nous voulons attirer l'attention des esprits curieux de toute aspiration sincère vers la vérité.

Le premier chapitre est fort court. L'auteur, étudiant les voies de l'esprit humain, aperçoit le développement des sciences et des lettres dominées par un sentiment commun. « Dirigées vers un même but, « nos recherches, dit-elle, dans les différents genres « d'étude emploient des procédés qui sont aussi les « mêmes : Les oracles du goût ressemblent aux arrêts « de la raison ».

Attentive à signaler le solide terrain sur lequel les œuvres excellentes et durables se rejoignent et se touchent, Sophie Germain oublie que la diversité nécessaire des méthodes reste égale cependant à la variété infinie des sujets. L'enchaînement logique et clair des parties, la simplicité source de l'élégance, la sévérité qui sacrifie sans hésiter le résultat d'une inspiration malheureuse, tout cela se rencontre assurément chez le savant comme chez le poète, chez le calculateur comme chez l'écrivain, et l'ingénieux auteur développe en termes excellents ces vérités incontestables mais incomplètes. Sa conclusion, comme toute proposition générale, ne serait utile et vraie que si l'on pouvait en accepter les conséquences particulières. La marche de l'esprit humain est partout la même et la séparation qu'on prétend faire entre les facultés de l'esprit n'a rien de réel. Telle est la proposition générale, et l'on pourrait avant de l'accepter, demander à l'auteur si Molière, en s'appliquant aux sciences, aurait pu, suivant lui, devenir un Képler ou un Newton, et si l'auteur du livre des *Principes* avait les qualités nécessaires pour devenir le rival de Shakspeare. Si elle se récrie qu'on exagère sa pensée pour la combattre, il reste évident qu'elle a voulu seulement signaler certaines qualités nécessaires et communes à tous les grands esprits dont ces points de contact, si excellents qu'ils soient à signaler, ne laissent la séparation ni moins réelle ni moins profonde.

Sophie Germain dont le style ferme et pur atteste la culture littéraire, semble d'ailleurs, non seulement

indifférente, mais complètement étrangère au mouvement si vif, à l'ardeur si empressée qui, dans le domaine du goût, entraînait alors et passionnait les plus brillants esprits. Elle écrit en 1831 : « Les lettres ont
« perdu leur éclat, elles n'attirent plus vers elle l'at-
« tention des peuples, elles ne sont plus l'objet de
« l'enthousiasme de la jeunesse; la poésie, si elle ne
« trouve pas moyen de se rattacher à quelques-unes
« des idées qui intéressent les discussions politiques
« est également dédaignée ».

Ni les *Méditations,* ni les *Orientales,* ni les *Contes d'Espagne et d'Italie* n'avaient égayé et charmé le cabinet de travail de Sophie Germain, peut-être que, sans la lire, elle avait entendu vanter la *Villéiade.*

Dans le second chapitre qui termine l'ouvrage, Sophie Germain expose *à priori,* sans développements historiques, la marche vraisemblablement suivie par l'esprit humain dans les progrès accomplis jusqu'ici et dans ceux que lui promet l'avenir. Rien n'est acquis qui soit à ses yeux définitif. Aucune doctrine affirmative ne lui semble mériter les honneurs de la discussion et faire naître l'embarras du doute.

« Cherchant partout sa propre image, l'homme, dit-
« elle, a tout d'abord personnifié les êtres inanimés.....
« et confondant la littérature et la science, il prenait
« pour sujet de ses études tantôt l'homme lui-même
« ou quelqu'un des dieux, demi-dieux ou génies dotés
« par lui de l'intelligence ou des passions humaines....

« Fidèle à sa pensée constante, l'homme n'a jamais
« cessé de regarder son existence propre comme le
« type de toutes les autres existences. Après s'être
« dit : les esprits existent, ils connaissent, ils veulent,
« ils agissent et leurs actions se manifestent par les
« changements matériels qu'ils opèrent, il devait
« chercher en lui-même quelque chose de semblable ;
« nos connaissances, nos volontés et le principe de
« nos actions ont donc été attribuées à une substance
« immatérielle qui, suivant la diversité de ces opéra-
« tions, a reçu différents noms ». Ce n'est pas tout.
« La régularité des mouvements célestes, la constance
« des phénomènes sublunaires, ont décélé des lois im-
« muables. Les volontés d'une multitude de personnes
« n'ont pas ce caractère; l'homme a dit alors : un seul
« être a voulu l'univers et il le gouverne, ses volontés
« sont immuables, le Créateur de l'univers devait
« précéder son œuvre, il n'a pas commencé ». Par une
induction qui semble à l'auteur moins naturelle,
Mlle Germain ajoute : « On avait été mené directe-
« ment à dire que le Créateur de l'univers n'a pas
« commencé, l'idée qu'il ne doit pas finir est pour
« ainsi dire symétrique de la première. Eh bien, en
« s'appropriant le genre de limites que son esprit
« avait atteint, l'homme ne l'adopte plus pour son
« origine, il en fait le terme de son existence immaté-
« rielle ».

C'est par cette voie très simple que l'esprit humain

a pu, suivant Sophie Germain, créer et adopter la croyance à l'âme immatérielle et immortelle et à l'éternité d'un Dieu unique. Pour tous ces points, placés pour elle en dehors des limites imposées au domaine scientifique, Sophie Germain ne semble ni convaincue par le raisonnement qu'elle esquisse ni désireuse de les rendre plus décisifs. C'est par ce scepticisme résigné plus encore que dédaigneux qu'elle a mérité, sans doute, les louanges d'Auguste Comte. « Malgré ces
« formes absolues de l'enseignement philosophique,
« l'homme doué d'un esprit juste, dit-elle, sentait au
« fond de sa conscience que l'étude ne pouvait le con-
« duire à aucune certitude véritable ».

Sophie Germain félicite son siècle d'avoir renoncé à beaucoup d'antiques erreurs. « Nous conservons ce-
« pendant, dit-elle, dans nos argumentations, l'inva-
« riable habitude de juger la nature des choses par la
« possibilité de nous en former une idée. Ainsi, nous
« disons hardiment que la matière est divisible à l'in-
« fini parce qu'il nous est facile de continuer à l'infini
« l'opération arithmétique de la division, nous disons
« qu'elle ne peut penser parce qu'elle est divisible à
« l'infini, et, cependant, nous ne savons toutes les
« choses ni *à posteriori*, puisque l'expérience ne saurait
« les atteindre, ni *à priori*, puisque la matière ne
« nous étant connue que par de simples perceptions,
« nous ignorons complètement son essence ».

Le scepticisme de Sophie Germain a ses bornes;

elle croit au progrès de la science, et dans ces paroles de d'Alembert : « Pour qui saurait l'embrasser d'un « coup d'œil, l'univers serait un fait unique, une « grande vérité, » elle aperçoit le but de nos travaux et le secret de nos efforts. « Il existe en nous, dit-elle, « un sentiment profond d'unité, d'ordre et de pro- « portion qui sert de guide à tous nos jugements. « Dans les choses morales, nous en tirons la règle du « bien, dans les choses intellectuelles, nous y puisons « la connaissance du vrai, dans les choses de pur « agrément, nous y trouvons le caractère du beau ; « mais ces lois de notre être contiennent-elles la vé- « rité tout entière, et le type intérieur qui nous sert « de modèle et convient à notre manière de sentir, a- « t-il, en dehors de nous, une réalité dont nous puis- « sions montrer la certitude ? »

De cette question soulevée déjà par plus d'un penseur, Sophie Germain rapproche cet autre doute : « Notre logique est-elle celle de la raison absolue ou « convient-elle uniquement à la raison humaine ? » Bien convaincue de l'absolutisme des nécessités logiques, elle aborde avec une consciencieuse impartialité cette discussion redoutable, énumère les objections, les expose avec une exacte précision pour les réfuter ensuite et montrer avec une logique éloquente comment nous avons pu commettre tant de méprises en portant en nous le type du vrai.

« Les sciences mathématiques, dit-elle, ont com-

« posé longtemps tout le domaine des idées exactes ;
« partout ailleurs on ne retrouvait que les vains
« efforts du génie pour arriver à la connaissance de
« la vérité, et les erreurs sans nombre que les doc-
« trines insuffisantes des premiers inventeurs traî-
« naient à leur suite. Le langage mystérieux employé
« par les philosophes formait, avec la langue précise
« et claire des sciences exactes, un contraste singulier
« qui inspirait aux géomètres le plus profond mépris
« pour les autres sciences. Mais lorsque les phéno-
« mènes célestes vinrent se ranger sous les lois du
« calcul, l'étude des mathématiques devint plus gé-
« nérale, et les bons esprits furent frappés d'une ma-
« nière d'argumentation si différente de celle de l'é-
« cole.

« La langue mathématique est celle de la raison
« dans toute sa pureté ; elle interdit la divagation,
« elle signale l'erreur involontaire ; il faudrait ne pas
« la connaître pour la faire servir à l'imposture ».

Ce sont les déductions de cette langue parfaite qui servent à prouver, suivant Sophie Germain, que l'unité d'essence, l'ordre et les proportions du sujet que l'esprit humain cherche obstinément dans les objets de son attention, n'expriment pas seulement les conditions de notre satisfaction intellectuelle, mais qu'elles appartiennent à l'être ou à la vérité.

Quand une question physique a été soumise au calcul mathématique, la nature, docile à la voix de l'homme, vient sanctionner les oracles de la science, et l'on ne peut douter que « le type de l'être ait une « réalité absolue, lorsqu'on voit la langue du calcul « faire jaillir d'une seule réalité dont elle s'est em-« parée, toutes les réalités liées à la première par « une erreur commune ».

C'est par l'emploi de la langue parfaite, mais bornée des mathématiques, que Sophie Germain espère « l'a-« bolition des idées systématiques et la conquête des « régions qui en furent longtemps le domaine ».

Bien éloignés encore de réaliser ces hautes espérances, nous avançons avec lenteur vers l'état de perfection intellectuelle, dont plus d'un penseur éminent a signalé avant elle le lointain avènement. Pour des yeux assez clairvoyants, capables de voir, suivant la prédiction conditionnelle de d'Alembert, dans l'univers un fait unique, ce fait, Sophie Germain l'affirme, devrait lui-même être nécessaire ; la distinction entre le contingent et le nécessaire n'étant, au fond, que celle qui se trouve entre les faits dont on ignore la cause et ceux dont on connaît la nature.

Si l'entière réalisation de ces hautes espérances demeure éloignée, l'heure approche cependant, le triomphe se prépare, et Sophie Germain ne craint pas de promettre au domaine de la certitude des accroissements prochains et considérables.

« Peu d'années s'écouleront, dit-elle, avant que les « sciences morales et politiques subissent la même

« transformation que les sciences physiques. Déjà
« l'opinion s'attend à ce changement, et en devance
« même la réalisation par un enthousiasme irréfléchi
« pour les doctrines qui en font naître l'espérance,
« mais les dangers de cet enthousiasme erroné ne
« seront pas durables, et, dans peu, le goût dont il
« est le symptôme sera pleinement satisfait. Les mé-
« thodes existent ; une difficulté née de l'amour-
« propre peut seule en reculer l'emploi ; les hommes
« capables de traiter de pareilles questions ont peur
« de ne pas être estimés de leurs pairs, et de ne pas
« avoir des juges éclairés dans des personnes non ini-
« tiées aux sciences. Un pareil obstacle ne peut sub-
« sister longtemps, et nous pouvons, dès à présent,
« regarder les sciences morales et politiques comme
« appartenant au domaine des idées exactes ».

Quels sont les systèmes accueillis en 1831 par un enthousiasme irréfléchi ? Il est aisé de le deviner. On retrouverait plus difficilement ces esprits assez puissants pour réduire à des principes rigoureux les sciences morales et politiques, assez défiants d'eux-mêmes pour ne pas espérer qu'ils se feront comprendre, assez orgueilleux enfin pour cacher une solution dont leurs contemporains ne sont pas dignes. Sophie Germain se borne à quelques réflexions, dans lesquelles la mécanique seule semble l'éclairer et la conduire sans que l'étude de l'histoire et l'observation des faits soient appelés à contrôler les analogies ingénieusement signalées.

Les lois simples et régulières du mouvement des planètes sont, pour Sophie Germain, le modèle et le type à venir des théories scientifiques dont le domaine, peu à peu, doit embrasser l'ensemble des connaissances humaines. Elle oublie peut-être que d'autres mouvements non moins naturels, non moins dociles aux lois rigoureuses de la mécanique s'accomplissent plus près de nos yeux, et qu'à la majestueuse régularité des phénomènes célestes, on peut, sans excès de défiance, opposer les caprices de l'empire des vents et l'inconstance des abîmes de la mer.

Sous le titre général d'*Œuvres philosophiques de Sophie Germain*, on a réuni au discours sur les sciences et les lettres, quelques pensées écrites par elle à l'occasion de ses lectures, sans intention, bien certainement, de les livrer au public. En confirmant l'opinion depuis longtemps formée sur l'esprit élevé et hardi de l'auteur, elles restent bien loin d'atteindre l'élégante perfection, qu'un mot de plus ou de moins ferait souvent disparaître dans les courts chefs-d'œuvre où les maîtres en ce genre l'ont laborieusement cherchée et atteinte.

Choisissons une seule citation, au risque de faire croire à trop de sévérité dans le jugement qui précède :

« Quand les hommes instruisent leurs semblables,
« l'envie, active envers les vivants, se rend difficile
« pour tout ce qu'ils proposent. C'est avec effort que

« la vérité s'insinue ; mais lorsque la mort et le temps
« les ont séparés de l'envie, lorsque leurs pensées ont
« reçu l'hommage de plusieurs générations, le génie
« vu dans l'éloignement a quelque chose de respec-
« table et de sacré ; il s'établit une sorte de prescrip-
« tion, et il faut autant d'efforts pour rectifier ces
« anciennes pensées qu'il en a fallu pour les faire ad-
« mettre ».

Quelques lettres signées de noms illustres dans la science complètent ce court volume ; l'éditeur y a admis trois lettres de d'Ansse de Villoison, qui par des louanges exagérées, exprimées en vers latins, avait irrité Sophie Germain et blessé sa modestie. Il croit nécessaire de lui adresser, avec ses excuses et l'expression de ses regrets, sa parole d'honneur d'imposer silence à son admiration enchaînée désormais par le désir d'obtenir son pardon.

Une lettre de l'astronome Lalande, conservée à la Bibliothèque Nationale, et antérieure de cinq années à celle de Villoison, montre que Sophie Germain, à l'âge de vingt ans, recevait déjà très rudement les admirateurs trop empressés. Jusqu'où Lalande, âgé de soixante ans, avait-il porté l'exagération de ses hommages ? Il est difficile de le deviner, mais quels que fussent ses torts, l'indignation de Sophie Germain paraît avoir dépassé la mesure. Lalande, quoi qu'il en soit, s'excuse dans la lettre suivante qui est inédite :

Au Collège de France, 4 novembre 1797.

« Il était difficile, Mademoiselle, de me faire sentir plus que vous ne l'avez fait hier, l'indiscrétion de ma visite et l'improbation de mes hommages, mais il m'était difficile de le prévoir. Je ne puis même encore le comprendre, et le concilier avec les talents que mon ami Cousin m'a annoncés. Il me reste à vous faire des excuses de mon imprudence ; on apprend à tout âge, et les leçons d'une personne aussi aimable et aussi spirituelle que vous, se retiennent plus que les autres. Vous m'avez dit que vous aviez lu le Système du monde de Laplace, mais que vous ne vouliez pas lire mon Abrégé d'astronomie ; comme je crois que vous n'auriez pas entendu l'un sans l'autre, je n'y vois d'autre explication que le projet formé de me témoigner l'indignation la plus prononcée, et c'est l'objet de mes excuses et de mes regrets.

« Salut et respect,

« Lalande ».

Sophie Germain était sœur de l'excellente Mme Dutrochet, dont la bonne grâce affectueuse et la vivacité spirituelle charmaient encore, il y a bien peu d'années, la société d'élite qu'elle aimait à réunir chaque semaine dans la maison même où avait étudié Sophie Germain. Plus d'une fois, les derniers témoins des

ANNEXES. 393

succès de la jeune géomètre y ont confirmé les souvenirs d'admiration, dont une amitié, restée sans nuages jusqu'au dernier jour, n'excluait pas chez l'aimable et heureuse octogénaire la pensée que son illustre sœur, en consacrant à la science tout son esprit et tout son cœur, n'avait pas choisi la meilleure part (1).

PIÈCE N° 7

COMPTE RENDU DE *L'ACADEMIE DES SCIENCES*

M. Chasles présente de la part de M. le prince Boncompagni un exemplaire d'une lettre de Gauss à Mlle Sophie Germain, photolithographiée à Florence. Elle comporte quatre longues pages d'une écriture très fine et très serrée (2).

Mlle Germain avait fait passer ses travaux de ma-

---

(1) Était-ce bien là le sentiment de la sœur de Sophie Germain? Une indication précise eût été, pour le moins, intéressante.

Le portrait psychologique tracé par Libri, qui l'avait connue; les Lettres du général Pernety, de Gauss (le plus grand géomètre du siècle, vient-on de nous dire), de Fourier qui, lui aussi, fut secrétaire perpétuel de l'Académie des Sciences, pour ne rappeler que ces noms illustres parmi tant d'autres, témoignent de ce fait que Sophie Germain ne prenait pas une part médiocre de la vie, puisqu'elle « *s'oubliait toujours pour ne songer qu'aux autres* ». On rencontre chez elle une hauteur morale dont l'auteur de l'article du *Journal des Savants*, trop préoccupé, ce semble, de railler l'Œuvre philosophique et d'amoindrir le jugement favorable d'Auguste Comte, n'a pas été touché. H. S.

(2) Voir cette lettre dans la *Correspondance*, page 274.

thématiques sous le couvert d'un élève de l'École polytechnique. Ils ont été analysés récemment par M. Bertrand, dans le *Journal des Savants*.

Cette lettre de Gauss offre un très grand intérêt, non seulement par les questions les plus élevées de l'analyse des résidus cubiques et des résidus bicarrés, et la mention des travaux astronomiques auxquels Gauss se livrait depuis cinq ans, mais surtout au point de vue historique des relations qu'il croyait entretenir depuis six ans avec un élève de l'École polytechnique.

« Votre lettre du 20 février, dit-il, mais qui ne m'est parvenue que le 12 mars, a été pour moi la source d'autant de plaisir que de surprise ». — « Comment vous décrire mon admiration et mon étonnement en voyant se métamorphoser mon correspondant estimé, M. Leblanc, en cet illustre personnage, qui donne un exemple aussi brillant de ce que j'aurais peine de croire ? » — « Les Notes savantes, dont toutes vos lettres sont si richement remplies, m'ont donné mille plaisirs ».

La lettre, fort étendue, se termine ainsi :

« Continuez, Mademoiselle, de me favoriser de votre amitié et de votre correspondance, qui font mon orgueil, et soyez persuadée que je suis et serai toujours avec la plus haute estime,

« Votre plus sincère admirateur,

« CH.-FR. GAUSS. »

« Brunswick, ce 30 avril 1807, jour de ma naissance ».

La séance est levée à quatre heures un quart.

(*Journal officiel de la République Française,*
du 21 novembre 1879.)

PIÈCE N° 8

Le moulage de la tête (sans cheveux) de Sophie Germain existe dans la Galerie d'anthropologie du *Museum d'histoire naturelle*. C'est à l'obligeance de Monsieur Albert Gaudry que nous devons l'épreuve d'après laquelle le buste de la grande géomètre, qui figure aujourd'hui à l'École supérieure de jeunes filles de la rue de Jouy, a été reconstitué.

Voici les lettres qui en constatent l'authenticité :

Paris, 28 mai 1881.

A Monsieur Hip^{te} Stupuy.

Monsieur,

Le modèle du buste de Mlle Sophie Germain qui existe dans la galerie d'anthropologie a été communiqué par M. Hamy à M. Georges de Courcel, 178, boulevard Haussmann, à Paris. M. de Courcel a fait faire à ses frais par M. Stahl un moule à bon creux de ce buste ; il l'a confié à la garde de M. Stahl, à la condition que celui-ci n'en tirerait aucune épreuve sans le consentement de M. de Courcel. Si vous obtenez de M. de Courcel qu'il m'envoie une lettre par laquelle il autorise M. Stahl à tirer une épreuve pour vous, je m'empresserai de satisfaire à votre demande.

Veuillez, Monsieur, agréer l'expression de mes sentiments les plus distingués,

Albert GAUDRY,
Professeur administrateur au Muséum d'histoire naturelle.

8 juin 1881.

Monsieur,

J'ai reçu la lettre de M. de Courcel autorisant à se servir de son moule à bon creux et j'ai demandé à M. Stahl de s'occuper de suite de faire le moulage de Sophie Germain.

Veuillez, Monsieur, agréer l'expression de mes sentiments distingués.

Albert GAUDRY.

Paris, 10 juin 1881.

Monsieur,

J'ai l'honneur de vous informer que le buste de Sophie Germain est à votre disposition.

On peut le faire prendre à l'atelier de moulage, 55, rue de Buffon, tous les jours de 11 heures à 4 heures.

Veuillez agréer, Monsieur, mes salutations empressées.

STAHL.

M. H^{te} Stupuy.

PIÈCE N° 9.

Nous croyons intéressant de reproduire l'acte de naissance, l'acte de baptême et l'acte de décès de Sophie Germain.

Copie d'un acte de naissance reconstitué en exécution de la loi du 12 février 1872.

Extrait du registre des baptêmes, mariages et sépultures de l'Église royale, collégiale et paroissiale de Ste Opportune, à Paris en l'année mil sept cent soixante et seize.

L'an mil sept cent soixante et seize, le premier avril est née et le même jour a été baptisée, Marie Sophie, fille de s^r Ambroise François Germain, négotiant et ancien marguillier de cette paroisse et de D^{lle} Marie Catherine Gruguelu, son épouse, rue St Denis de cette paroisse ; le parrein Sr Jean Antoine Martin, négotiant et marguillier en charge de la p^{sse} St-Germain-l'Auxerrois, rue des Bourdonnais susdite p^{sse} oncle maternel de l'enfant ;

la marreine D^lle Marie Anne Tardif, épouse de s^r François Marchant, ancien secrétaire du roy, cul-de-sac Clairvaux, p^sse St Merry, grande tante paternelle. Lesquels ont signé avec nous, le père présent, collationné a l'original et délivré par moy vicaire soussigné. Le cinq mars mil sept cent quatre vingt onze à Paris, signé : Simon, vic. de *Ste-Opportune.*

Admis par la commission, loi du 12 février 1872. Le membre de la commission, signé : Perodeaud.

Pour expédition conforme,

Paris, le sept août mil huit cent quatre vingt-quinze.

Extrait des registres des baptêmes de la paroisse de Ste Opportune réunie à celle de St-Jacques-le-Majeur, section des Lombards.

L'an mil sept cent soixante et seize le premier avril est née et le même jour a été baptisée Marie Sophie fille de Sr Ambroise François Germain, négotiant et ancien marguillier de cette église et de demoiselle Marie Madeleine Gruguelu son épouse, rue St Denis de cette paroisse. Le parrain, Sr Jean Antoine Martin, negotiant et marguillier en charge de la paroisse de St Germain Lauxerrois, rue des Bourdonnais, susdite paroisse de St Germain Lauxerrois, oncle maternel de l'enfant. La marraine Marie Anne Tardif, épouse du s^r François Marchant, ancien secretaire du roy, cul-de-sac de Clairvaux, paroisse de St Merry, grande tante paternelle, lesquels ont signé avec nous, le père présent. Signé : Pion, curé.

Collationné à l'original par nous vicaire archiviste de la paroisse de St-Jacques-le-Majeur, à Paris, le 29 octobre 1792, l'an premier de la république francoise, signé : Souzue.

La presente coppie de l'Extrait cy dessus certifiée sincere et conforme a l'original par moy soussigné le vingt deux novembre 1792, Gruguelu.

Extrait des Minutes des Actes de décès reconstitués en vertu de la loi du 12 février 1872.

11ème Arrondissement de Paris. — Année 1831.

L'an mil huit cent trente et un, le vingt septième jour du mois de juin, une heure de relevée. Par devant nous Joseph Démonts, adjoint au maire du onzième arrondissement de Paris faisant les fonctions d'officier public de l'état civil sont comparus MM. Amand Jacques Lherbette, propriétaire, âgé de trente-neuf ans, demeurant rue Caumartin, n° 29, neveu de la défunte et Marc Pierre Gaigne, propriétaire, âgé de soixante-trois ans, demeurant rue du Chaume, n° 17, ami, Lesquels nous ont déclaré que le vingt sept de ce mois, une heure du matin, Marie Sophie Germain, rentière, âgée de cinquante-cinq ans, native de Paris, y demeurant rue de Savoie, n° 13, quartier de l'École de médecine, est décédée en ladite demeure, célibataire, et ont les déclarants, signé avec nous le présent acte de décès après lecture, le décès ayant été dûment constaté, signé : Gaigne, Lherbette et Démonts, adjoint. Pour extrait conforme délivré le vingt mars mil huit cent trente deux. Le maire du 11ème arrond., signé : Gillet.

Admis par la commission, loi du 12 février 1872. Le membre de la commission, signé : Felix Charoy.

Pour expédition conforme,

Paris, le cinq septembre mil huit cent soixante dix-huit.

TABLE DES MATIÈRES

	Pages.
Préface de la nouvelle édition	v
Étude sur Sophie Germain	1
Considérations sur l'état des sciences	75
Pensées diverses	193
Correspondance	245
Annexes	333

www.ingramcontent.com/pod-product-compliance
Lightning Source LLC
Chambersburg PA
CBHW071905230426
43671CB00010B/1477